本著作由西南林业大学专著出版基金、云南省哲学社会科学创新团队建设项目（云南生态旅游本土化与创新研究）共同资助出版

成海 著

“圈子”的建构与实践

旅游规划的民族志

中国社会科学出版社

图书在版编目(CIP)数据

“圈子”的建构与实践：旅游规划的民族志／成海著．—北京：中国社会科学出版社，2014.12

ISBN 978-7-5161-5358-1

Ⅰ．①圈…　Ⅱ．①成…　Ⅲ．①旅游规划-研究-中国　Ⅳ．①F592.1

中国版本图书馆CIP数据核字(2014)第305931号

出 版 人　赵剑英
责任编辑　任　明
特约编辑　乔继堂
责任校对　王佳玉
责任印制　何　艳

出　　版　中国社会科学出版社
社　　址　北京鼓楼西大街甲158号（邮编100720）
网　　址　http：//www.csspw.cn
　　　　　中文域名：中国社科网　　010-64070619
发 行 部　010-84083685
门 市 部　010-84029450
经　　销　新华书店及其他书店

印刷装订　北京市兴怀印刷厂
版　　次　2014年12月第1版
印　　次　2014年12月第1次印刷

开　　本　710×1000　1/16
印　　张　14
插　　页　2
字　　数　206千字
定　　价　48.00元

凡购买中国社会科学出版社图书，如有质量问题请与本社联系调换
电话：010-84083683

摘　要

中国目前的旅游人类学研究还远未成为研究主流，其原因之一就是对旅游研究的民族志缺失。本书选取了国内外还没有学者涉足的研究领域：以民族志的视角研究旅游规划圈子，以期对旅游规划圈子进行基于民族志观察的民族志理解，为建构中国旅游人类学研究的主体性提供一份素材。同时，本书通过民族志的研究手段展示和分析旅游规划的圈子文化，以人类学的反思精神呼吁旅游规划圈子的自觉和反思意识，避免旅游规划圈子自娱自乐的“内卷化”倾向。

作为国内第一份具有探索和实验性质的旅游规划民族志，作者在文献综述的基础上，用吉登斯的现代性理论回顾了旅游规划在中国的兴起以及旅游规划圈子的形成（第一章）；分析了旅游规划编制主体作为旅游专家系统的构建（第二章）；从不同的视角展示了旅游规划的过程（第三章）；讨论了旅游规划圈子的核心竞争力——创新的产生（第四章）；接着分析了旅游规划编制主体之间的博弈关系（第五章）；还有旅游规划文本风格及其权威（第六章）；文章还探讨了旅游规划涉及的权力、话语和公平问题（第七章）；最后是笔者结合自己的田野经历和个人理解，对旅游规划圈子的反思性总结（第八章）。笔者试图说明：旅游规划圈子的建构与实践，实际上就是旅游规划专家系统的建立及运作的过程，是一种现代性的后果。

本书提出了以下独立见解：

第一，旅游规划者凝视是旅游凝视理论的一方面，其所蕴含的“权力”和“权威”，本质上就是吉登斯所谓的“脱域的”（disembedded）专家系统所代表的专业知识的权力和权威，是“现代性的后果”。旅游规划的过程就是脱域的专家系统“重新植入”（reembedding）旅游目的地的过程，换句话说，是专业技术知识“域化”的过程。旅游规划者凝视不仅仅代表自己的目光，更要代表甲方、游客和政府等各相关利益主体的目光，是多种力量作用下的“合力凝视”。

第二，旅游目的地的社会生态系统是一个多成分、多变量、具有耗散结构的开放系统，也必然存在着熵增现象。作为一种智力劳动过程，旅游规划是一项复杂的信息组织、运用及创新活动，表现为人们试图通过知识（信息）来指导旅游地的旅游业发展，最大限度地抵消旅游目的地社会生态系统的熵增，对旅游地的旅游业来说意味着输入一种负熵，以消除旅游业发展过程中的不确定性，本质上是为旅游地寻找、开发、创造负熵的过程。

第三，旅游规划表面上只是甲乙双方之间的一种市场行为，但由于旅游规划的对象是具有公共性质的旅游目的地，终极目的是服务于社会公众（包括东道主和游客），因此本质上应该是一种为社会公众提供旅游服务并使相关利益主体公平受益的实践活动，具有典型的公共服务性和社会共享性，是一种社会公器，承担着为社会提供公共产品的责任和任务。

第四，旅游规划编制者及其实施者应超越旅游产业经济属性的传统思维模式，以一种价值至上与社会良心的姿态，“为天地立心，为生民立命，为往圣继绝学，为万世开太平”，体现终极关怀的人文精神，超越现代性，使旅游活动成为推动人类社会和谐幸福的强劲动力。

关键词：旅游规划；圈子；民族志；现代性；脱域

目　　录

绪　论

改革开放以来，尤其是自2001年国务院《关于进一步加快旅游业发展的通知》下发以来，全国很多省市加快了旅游业发展的步伐，旅游业逐渐成为很多省市经济中“最具活力和发展最快的经济产业”，受到了各级政府和全社会的高度重视与大力支持，并且相继有很多省市已明确地将旅游业作为其经济的主导产业，并在政策、资金等方面给予了前所未有的支持。[①] 在这种背景下，作为旅游业发展的“第一道工序”，旅游规划由于巨大的市场需求而逐渐发展了起来。

丹尼尔·贝尔在《后工业社会的来临》一书中写道：“一个社会对于正在发生的事情找不到语言来表达是可悲的。”[②] “社会需要叙事，需要叙事建立起码的对社会事实的共识。”[③] 当旅游业已经成为一种社会事实的洪流时，擅长在事实里呈现并理解社会的民族志研究没有理由对此熟视无睹。

一　写作背景及动机

（一）写作背景

大学毕业6年之后的2002年，笔者放弃了本科所学的机械专业，进入了一个完全陌生的领域——旅游管理专业攻读硕士学位。从2003年开始接触旅游规划，逐渐走入了旅游规划圈子并成为其中的一员，

---

① 刘晓明：《对旅游规划热的冷思考》，《特区经济》2005年第6期。

② ［美］丹尼尔·贝尔：《后工业社会的来临——对社会预测的一项探索》，高铦、王宏周、魏章玲译，新华出版社1997年版，第327页。

③ 高丙中：《汉译人类学名著丛书总序》，商务印书馆2006年版。

开始了自己的旅游规划生涯，截至2014年7月共参与20余个旅游规划项目，其中任副主持的有5个。硕士研究生期间，学院开设的《旅游人类学》课程使笔者学会了用人类学的视角看待分析问题，并因此奠定了对人类学的兴趣。2007年，笔者有幸考入云南大学民族研究院攻读旅游人类学方向的博士学位。基于笔者的学科背景及科研经历，在导师杨慧教授的指导和建议下，选取了国内外还没有人涉足的研究领域：以民族志的视角研究旅游规划圈子，以期对旅游规划圈子进行基于民族志观察的民族志理解。

"现代国家需要尽可能广泛的社会事实，并且是超越个人随意性的事实。"① 对社会事实的把握是学术的基础，因此社会科学的使命首先是呈现社会事实，然后以此为据建立理解社会的角度，建立进入"社会"范畴的思想方式，并在这个过程中不断磨砺有效呈现社会事实并对其加以解释的方法。② 民族志是在人类学对于前工业社会的调查研究中发展起来的学术利器，多学科的运用使民族志已经发展成为能够有效对现代社会进行调查研究的方法和文体。

笔者认为，中国目前的旅游人类学研究还远未成为研究主流，其原因之一就是对旅游社会事象的民族志缺失。正如高丙中所言："学术群体没有一个基本队伍担当起民族志事业，不能提供所关注社会的基本事实，那么，在每个人脑子里的'社会事实'太不一样并且相互不可知、不可衔接的状态下，学术群体不易形成共同话题，不易形成相互关联而又保持差别和张力的观点，不易磨炼整体的思想智慧和分析技术。"③

综观目前国内的旅游人类学研究圈子，学者们大多是来自高校和科研院所的专业人类学学者，他们的日常研究工作基本都属于纵向科研课题，几乎不接触旅游规划过程。旅游规划圈子则不同，其本身就是市场经济的产物，其成员也主要来自高等院校、科研机构、规划公

① 高丙中：《汉译人类学名著丛书总序》，商务印书馆2006年版。

② 同上。

③ 同上。

司、设计院、国际组织等具有规划资质的单位。两者隶属于不同的结构体系，工作性质和目的都不一样，圈子人员很少交叉，大多数做人类学研究的不做旅游规划，做旅游规划的也几乎不做人类学研究，因此没有一个基本的学术团队对中国的旅游社会事象进行民族志研究，直接导致了中国的旅游人类学研究缺乏基本的“素材”。笔者作为“局外人中的局内人”，[①] 不仅具有长达十余年的旅游规划实践和人类学田野工作基础，同时，笔者在博士研究生阶段得到了系统的人类学理论熏陶，有可能避免在研究过程中“主体的对象化”所带来的主体性迷失，避免研究者自我的“植入其中”或“沦为研究对象”，[②] 为比较客观地研究奠定了良好的基础。

（二）写作动机

1. 探索旅游人类学研究的新领域

人类学介入旅游研究，开创了旅游研究和人类学研究的新气象。但是，由于传统人类学关注弱势“他者”的学科兴趣倾向，旅游人类学从诞生之日起就特别钟情于研究东道主社会的文化变迁问题。时至今日，旅游人类学的研究主题和学科视野仍然相当局限，主要局限于利用人类学传统理论对旅游活动和旅游现象进行分析，特别是限于对东道主及游客社会的分析上，总体上注重旅游带来的不良文化变迁问题。

---

① 自从人类学学科诞生以来，主流的研究取向是“我者”对“他者”“异文化”的观察和研究（客位视角），并在“他者迷，我者清”的潜意识支配下，将这种观察和研究自我标榜为“客观”和“科学”。事实上，对于“他者”而言，这种全新的解读虽然像镜子一样，可以在某种程度上映射出“他者”不能自觉的文化图景，促进“他者”的文化自觉，并在一定程度上促进不同文化之间的理解和交流。但不可否认的是，对于“他者”而言，“我者”毕竟是“局外人”，以“局外人”的视角来看“局内人”，更多的可能是对“局内人”文化的歪曲和误解——无论是作为殖民主义一部分的人类学，还是后现代主义民族志对文本话语的关注，都说明了传统人类学主流研究取向的这一“重大缺陷”。笔者认为，理想的人类学研究不仅应该包括“局外人”对“局内人”的研究，还应该包括“局内人”对“局内人”的研究。但从人类学的历史和现实情况来看，前者较多，后者凤毛麟角。为此，笔者试图以“局内人”的身份，用相对“局外”的视角和方法对“旅游规划圈子”这一“我者”进行人类学观察和反思，为中国的旅游人类学研究提供一份“素材”。

② 彭兆荣：《民族志“书写”：徘徊于科学与诗学间的叙事》，《世界民族》2008 年第 4 期。

实际上，人类学的经典并不在于理论的说明，而在于那些长期流传的民族志典范，在于那些绚丽的画面和深层的描述，在于那些生动的东西背后展现的多样文化。[①] 民族志研究依据社会整体观所支持的知识论来观察并呈现社会事实，对整个社会科学、对现代国家和现代世界具有独特的知识贡献。[②]

笔者以民族志的视角研究旅游规划圈子的形成及其文化，试图为旅游研究团体和社会公众提供一份旅游规划事象的民族志，呈现和建构旅游产业蓬勃发展的时代背景下关于中国旅游规划的社会事实，为当今中国的旅游人类学提供进一步研究的“议题”，开创新的旅游人类学研究领域，拓宽旅游人类学研究的学术视野。

2. 对旅游规划进行人类学反思

我国的旅游规划编制起步于20世纪80年代，初期发展缓慢，进入21世纪以来，逐渐形成了全国性的旅游规划编制高潮。总体上看，旅游规划的兴起是“市场经济对计划经济的超越，是市场经济的理性化、逐利化的要求，也是市场之中有计划的具体体现，规划就是生产力的重要组成部分，规划水平的高低和编制执行情况是区域经济水平甚至综合国力的重要体现”[③]。通过民族志方法来反思旅游规划活动的主体（自我）及其背后所依赖的假设、价值、认同和话语，为当前蓬勃发展的旅游规划热注入理性的冷思考，避免旅游规划走向“污名化”的危险，具有重要的理论意义和实践价值。

作为一份具有探索和实验性质的旅游规划民族志，无论是不是真正意义上的“民族志”文本，笔者都希望这样的探索能产生双重的意义和效果：对于规划圈子外的社会公众而言，它能使陌生的旅游规划圈子及其文化变得熟悉，变成一种社会公众可以理解的社会事实，接受社会公众的审视，为建构中国旅游人类学研究的主体性提供一份

① 刘珺珺：《〈物理与人理——对高能物理学家社区的人类学考察〉译者前言》，上海科技教育出版社2006年版。

② 高丙中：《汉译人类学名著丛书总序》，商务印书馆2006年版。

③ 陈晓亮：《关于旅游规划中若干理论问题的讨论》，《甘肃农业》2006年第12期。

素材；对于规划圈子内部的成员来说，则承担着使熟悉的陌生化、他者化，以自我批评的态度，反思旅游规划的圈子文化，避免旅游规划圈子在自娱自乐中走向“内卷化”①。

笔者相信，“我们的研究必须是经验性、解释性、批评性和知识性的综合，从而必须在注重事实的同时，不以肤浅的观察作为事实根据来反对学术解释和学术批评”。② 正因为如此，笔者并不奢望也不可能通过自己的民族志叙述完全“客观”地再现旅游规划圈子的所有“事实”，本质上它不过是笔者对旅游规划圈子及其文化基于民族志观察的民族志理解，而且这种观察和理解是具体的、历史的“经验事实”③。某种程度上，它不是一个再现性的文本，如果套用斯蒂芬·泰勒的话说，笔者希望它是一个“唤起”④ 的文本——唤起社会对自身的反思，特别是唤起旅游从业者的反思，以期能促进旅游业及全社会的不断进步和超越。

二　相关研究综述

笔者试图用民族志的方式对云南旅游规划圈子进行解读，离不开诸多学者对旅游人类学、旅游规划及民族志研究的早期成果支持，对这三个研究领域进行简要的回顾及评述，不仅是本书行文的理论基础，而且还是笔者建构学术“共同话语”的一种努力和尝试。

---

① “内卷化”一词源于美国人类学家格尔茨（Clifford Geertz）《农业内卷化》（*Agricultural Involution*）。根据格尔茨的定义，“内卷化”是指一种社会或文化模式在某一发展阶段达到一种确定的形式后，便停滞不前或无法转化为另一种高级模式的现象。此后，这一概念便被广泛应用到了政治、经济、社会、文化及其他学术研究中，意指一个社会或组织既无突变式的发展，也无渐进式的增长，长期以来，只是在一个简单层次上自我重复。

② 纳日碧力戈：《人类学理论的新格局》，社会科学文献出版社 2001 年版，第 55 页。

③ 李立：《小说化：民族志书写的一种可能性》，《云南民族大学学报》（哲学社会科学版）2006 年第 5 期。

④ ［美］斯蒂芬·A. 泰勒：《后现代民族志：从关于神秘事物的记录到神秘的记录》，李荣荣译，载詹姆斯·克利福德、乔治·E. 马库斯《写文化——民族志的诗学与政治学》，商务印书馆 2006 年版，第 164 页。

（一）旅游人类学研究

旅游人类学的产生源于人类学家对于旅游研究的关注，其本质是用人类学的视角来研究旅游事象。从源头上看，人类学产生于19世纪60年代，而人类学介入旅游研究是20世纪60年代的事，而正式的旅游人类学研究则是以1977年瓦伦·史密斯（Valene L. Smith）的《东道主与游客》（*Hosts and Guests*）一书为标志。[①] 20世纪70年代，随着旅游活动在西方社会的进一步普及，人类学学者对旅游的研究也越来越成熟，旅游人类学凸显为西方人类学的一个分支学科，出现了格雷本（Nelson Graburn）、史密斯（Valene L. Smith）、马康纳（MacCannell）、纳什（Dennison Nash）和科恩（Erik Cohen）等为代表的研究群体。[②]

学者们把人类学的理论观点、研究方法用于旅游研究，逐渐形成了三种视角的旅游人类学研究，即东道主、游客以及客源地社会三个不同的研究视角，主要研究兴趣和焦点集中在旅游客体（东道主及东道主社会）和主体（游客及客源地社会）。其中，关注东道主社会的人类学者认为旅游引发了当地社会文化的变迁，因而把旅游看作一种涵化和发展形式；从游客出发，学者们认为旅游活动的结构、功能与人生经历仪式（Rites of Passage）相似，因而旅游可以看作一种世俗仪式；为了弄清楚旅游的成因，学者到客源地社会寻找答案，认为旅游是一种上层建筑，是依赖于其他更为根本的社会因素的。

在熙熙攘攘的旅游人类学研究大潮中，基本形成了两大研究流派：一是对旅游行为所内含的符号意义的解读，二是对旅游带来的社会文化影响的分析。纳尔逊·格雷本（Nelson Graburn）和丹尼逊·纳什（Dennison Nash）是这两大流派的代表人物。前者热衷于探索旅游的本质，分析游客的旅游体验，是研究旅游符号内涵和文化意义的核心人物；后者对旅游给目的地社会带来的政治经济和文化影响更感

---

① 赵红梅：《旅游人类学理论概谈》，《广西民族研究》2008年第1期。

② 光映炯：《旅游人类学再认识——兼论旅游人类学理论研究现状》，《思想战线》2002年第6期。

兴趣，是旅游的影响研究的重要支持者之一。①

在改革开放后的几年中，中国人类学学者大多忙于人类学的重建，几乎没有关注旅游领域。② 从中国期刊全文数据库的检索情况来看，黄惠焜 1995 年发表在《云南民族学院学报》（哲学社会科学版）第 3 期的论文:《调整视角——让文化人类学积极介入云南旅游资源的开发》是国内最早以人类学的视角研究旅游的学术论文。之后，章建刚翻译美国学者 L. 辛厄的论文《“原始赝品”、“旅游艺术”和真实性的观念》，1995 年发表在《世界哲学》第 S1 期上，文章主要讨论了少数民族工艺品与旅游真实性的问题。2000 年，张晓萍在《思想战线》第 1 期上发表了《纳尔逊・格雷本的“旅游人类学”》一文，译介了国外旅游人类学的先驱纳尔逊・格雷本的理论观点，是中国大陆第一篇以“旅游人类学”为题的学术论文。

1999 年 9 月 29 日至 10 月 1 日，在昆明召开的“旅游、人类学与中国社会”国际学术研讨会在中国旅游人类学发展史上具有里程碑的重要意义。会后出版的由杨慧、陈志明、张展鸿主编的论文集《旅游、人类学与中国社会》是中国大陆第一本以旅游人类学为主题的论文集，也是开启中国旅游人类学研究的先河之作，对中国旅游人类学的发展具有先导作用。

宗晓莲于 2001 年发表在《民族研究》第 3 期的《西方旅游人类学研究述评》，以及同年发表在《思想战线》第 6 期的《西方旅游人类学两大研究流派浅析》，译介了国外当时最新的旅游人类学研究成果，为中国旅游人类学的研究带来了新气象。2002 年，张晓萍等人翻译出版了瓦伦・史密斯的《东道主与游客》，为中国旅游人类学界更加全面地了解国外旅游人类学研究起到了极大的推动作用。2004 年，宗晓莲翻译出版了纳什的《旅游人类学》，进一步促进了中国旅游人类学研究的热潮。同年，彭兆荣的《旅游人类学》集编译、介

① 宗晓莲:《西方旅游人类学两大研究流派浅析》，《思想战线》2001 年第 6 期。

② 孙九霞:《旅游人类学在中国》，《广西民族大学学报》（哲学社会科学版）2007 年第 6 期。

绍、译述和作者独立见解为一体，以专题的方式从不同视角论述了人类学在旅游研究中的应用，提出了现代语境下旅游人类学需要研究的新现象和新问题，为旅游人类学的中国化研究奠定了基础。迄今为止，张晓萍教授和李伟教授（2008）合著的《旅游人类学》是国内最具有系统性与完整性的旅游人类学专著。这部专著一改早期旅游人类学的“西化”表述方式，在借鉴国外最新研究成果的基础上，与中国旅游事象进行了很好地结合，对中国旅游事象更具解释力，对后来者具有借鉴与示范价值。

总的来说，中国旅游人类学研究始于20世纪90年代后期，基本上承袭了西方旅游人类学的研究路径。从中国期刊全文数据库的检索情况来看，研究成果主要集中在对西方旅游人类学研究成果的译介及本土化应用方面，包括西方旅游人类学产生背景、学科性质、理论方法、代表人物及其研究成果等，以及对中国人类学的学科建设构想。还有一些学者运用西方旅游人类学的研究范式、方法对中国旅游业现状及旅游引发的各种社会问题进行探讨，涉及旅游体验、游客和东道主、利益主体关系、社区参与、旅游真实性、文化及变迁、旅游产品开发、旅游审美、族群认同、乡村旅游等。

总体上，国内的旅游人类学研究虽然呈现蓬勃发展的态势，但在众多的研究成果中，普遍表现出试图利用西方旅游人类学理论对中国旅游业进行解读的学术倾向，而且相互“借鉴”和重复的内容较多，本土化的创新研究较少，中国的旅游人类学研究要建构本土化的人才队伍和学科体系，任重而道远。

（二）旅游规划研究

“旅游规划”按字面理解就是“对旅游的规划”，而这里的“旅游”指的是现代旅游系统，规划则指对事物发展的谋划。旅游发展具有客观的规律性，旅游规划就是规划人员基于对这种客观规律的把握而对规划对象所进行的趋利方案设计。具体来说，旅游规划是指为了开发和保护旅游资源，根据旅游业的历史、现状和市场要素的变化所制定的目标体系，以及为实现这一目标体系在特定的发展条件下对旅游发展的要素所做的安排。[①] 学术界普遍认为科学化的旅游规划工作最先出现在美国，[②] 但具体年代存在不同的说法。目前被较多学者认同的结论有两个：一是在1959年由美国旅游学者完成的夏威夷州的旅游规划研究工作；[③] 二是20世纪30年代美国学者从土地利用角度切入旅游规划的早期研究工作。[④] 1963年，联合国国际旅游大会强调了旅游规划的重大意义，随后，旅游规划编制工作开始在世界各地大规模展开，到70年代，旅游需要规划的观念逐渐被许多国家及国际组织所认同和重视。[⑤] 之后，国外众多学者对旅游规划做了大量研究，但从发表文章来看，研究内容主要限于旅游规划的理论及方法，其中Gunn、Murphy、Baud-Bovy & Getz、Inskeep、Pearce、Jafari等学者在这方面进行了卓有成效的研究。[⑥]

从国内的情况看，中央政府和许多地方政府于20世纪70年代开始设立专门的旅游管理机构，旅游业的发展渐渐兴旺起来。最先从事旅游科学研究的是地理学术背景的部分学者。[⑦] 陈传康在1978年首次提出旅游地理学是中国地理学综合研究方向之一的观点，1979年年底中国科学院地理研究所组建了以郭来喜为领导的旅游地理学科研究组，开始编辑出版《旅游地理文集》，成为中国旅游科学研究的重要专业出版物。[⑧] 1979年7月，邓小平同志在视察黄山时明确指示，发展黄山旅游业，“省里要有个规划”[⑨] ——这是国家领导人最早提及

① 于定明：《旅游规划法律问题探析》，《旅游学刊》2004年第4期。

② 许春晓：《中国旅游规划的市场研究历程（上）》，《旅游学刊》2003年第3期。

③ 吴人韦：《旅游规划的发展历程与趋势》，《旅游科学》1999年第4期。

④ 郭来喜：《中西融通互鉴，加快旅游规划体系建设》，《国外城市规划》2000年第3期。

⑤ 许春晓：《中国旅游规划的市场研究历程（上）》，《旅游学刊》2003年第3期。

⑥ 贾婷婷、蔡君：《国外旅游规划的发展历程及主要规划方法评述》，《河北林业科技》2010年第1期；李九全：《国外社区旅游规划的研究进展及其主要理念》，《经济地理》2008年第1期。

⑦ 许春晓：《中国旅游规划的市场研究历程（上）》，《旅游学刊》2003年第3期。

⑧ 王兴中：《中国现代旅游地理学研究的发展与展望》，《人文地理》1996年第11期（增刊）。

⑨ 王德利：《对安徽旅游规划的思考》，《财贸研究》1998年第2期。

的区域旅游发展规划问题。同年，国家旅游局率先组织编制了我国第一部正式的旅游业发展规划——国家级旅游业发展规划《关于1980年至1985年旅游事业发展规划（草案）》。[①]

1984年，《经济地理》上刊登了张克东翻译的H. Robinson的文章——《旅游业规划》，成为我国最早以旅游规划为题的论文。根据许春晓的研究，从严格意义上考察，由学术界完成的中国第一个旅游规划研究课题，应该是郭来喜1984年主持的《华北海滨风景区昌黎段开发研究》（即学术界所说的中国黄金海岸的旅游规划与开发研究），发展到1990年年初，旅游规划专家完成的旅游规划项目不下200项。[②]

中国旅游规划的发展历程，经历了70年代末的起步时期、80年代的资源基础规划时期、90年代的市场导向规划时期、21世纪初至今的目的地整合规划时期。[③] 1979—1991年属于资源导向型发展阶段，这一时期整个中国大陆处于市场经济的启蒙阶段，旅游业发展处于供不应求的状态，整个旅游业开发处于市场营销学概念上的“生产观念”阶段，因此旅游规划的指导思想就是以资源调查和开发为重心，尽可能多地开发旅游资源，旅游规划圈子也主要由地理学背景出身的学者组成，主要代表人物分别是第一代的陈传康[④]、郭来喜[⑤]和

① 许春晓：《中国旅游规划的市场研究历程（上）》，《旅游学刊》2003年第3期。

② 同上。

③ 邹统钎、万志勇：《中国旅游规划思想的演变（上）——中国旅游规划30年回顾与反思》，《北京第二外国语学院学报》2009年第5期。

④ 陈传康（1931—1997），北京大学教授，我国著名的地理学家、旅游学家、地理哲学家，我国旅游地理学的开创者和主要奠基人。他的贡献包括三个方面：首先，作为旅游地理学的奠基者，他在旅游地理学的理论基础、基本概念和基本原理方面作出了巨大贡献；其次，陈传康通过大量的实践，对区域旅游开发进行了探索；再次，将旅游地理学与区域发展战略和城市规划以及与地段设计研究相结合（邹统钎，2009）。

⑤ 郭来喜（1934— ），我国旅游地理学的另一奠基人。他是我国一位极具战略眼光的旅游规划者，他的工作和视野远远超过一般意义上的旅游规划，已经上升到国家战略规划的层面。

第二代的保继刚[①]、吴必虎[②]。此外，同济大学陈德昌 1988 年主编的《风景名胜研究》论文集，其中既有对旅游资源的评价问题，也有对开发规划问题的论述。卢云亭 1988 年的著作《现代旅游地理学》也涉及旅游规划问题。同年，孙仲明任主编的《旅游开发研究论集》也是当时一部重要的著作。到了 20 世纪 90 年代，风景名胜区规划的理论研究已经较为成熟，丁文魁完成了《风景区的开发与规划编制》。总体而言，资源导向型阶段的旅游业发展显得十分保守和朴素，没有过于花哨的包装和吹嘘，没有今天广被诟病的“过度规划”问题。

从 1992 年到 2002 年，随着中国大陆市场经济体系的完善，市场意识深入人心，旅游业发展进入了竞争激烈的“买方市场”，旅游规划思想也在旅游业发展要求的带动下逐渐转向了市场导向型。1992 年 6 月 9 日，江泽民同志在中共中央党校的讲话中，首次提出了“社会主义市场经济体制”的概念，标志着中国市场经济体制建设进入了历史新阶段。同年，国家旅游局借鉴国际上举办大型主题年活动的成功经验，开始举办系列中国旅游主题年活动——1992 中国友好观光年，说明政府主导旅游市场开发的意识开始成熟。同时，1992 年也是旅游规划研究热点从资源转向市场的节点。因此，1992 年成为学界普遍认可的划分我国旅游规划从资源导向时期向市场导向时期过渡的标志。

在市场导向阶段，大量旅游规划方面的著作问世，包括因斯克普与科伦伯格主编的《旅游度假区的综合开发模式——世界六个旅游度假区开发实例研究》(1993)，邹统钎的《旅游规划与开发》(1993)、《旅游度假区发展规划：理论、方法与案例》(1996)、《旅游开发与规划》(1999)，范业正的博士论文《区域旅游规划与产品

① 保继刚与楚义芳合作构建了适合我国国情的旅游地理学体系，《旅游地理学》一书成为国内影响最为广泛的旅游类著作。

② 吴必虎（1962— ）对旅游规划进行了集大成的研究，其著作《区域旅游规划原理》是目前我国最系统的一本旅游规划著作，堪称旅游规划理论的“百科全书”。环城游憩带（ReBAM）、中国大城市居民出游曲线以及区域旅游规划的“1231”工程框架等理论是其学术思想的代表（邹统钎，2009）。

开发研究》(1997)，李蕾蕾的《旅游地形象策划：理论与实务》(1999)，吴必虎的《区域旅游规划原理》(2001)，王大悟和毕吕贵的《旅游规划新论》(2002)，钟林生的《生态旅游规划原理》(2003)等。

在市场导向阶段，市场营销观念深入人心，旅游业得到了快速发展，同时也充斥着一股急功近利的风气，地方政府为了吸引游客甚至可以“不择手段”，一切都为了取悦游客，旅游规划也不例外。急功近利的最直接后果，就是出现“过度规划”的问题，“伪民俗”盛行。只要游客喜欢，什么都可以以神圣的方式“被建构”，包括族群记忆、历史文化、民族认同等，一切都在“发展”的号召下正大光明地进行。

但是，市场很快就厌倦了这种并不高明的把戏。越来越多的游客倾向于选择小团队的徒步、漂流、观鸟等自然生态旅游，为的就是逃避这种“被规划”的旅游。同时，传统大众旅游的负面效应逐渐为东道主和游客所了解（这很大程度上源于国民整体受教育程度的提高），游客的旅游价值观也发生了巨大变迁，变得更加关注内心的体验，更加关注东道主的贫困、族群认同、话语权及文化变迁等问题。旅游不仅是一种身体和心灵的放松，同时也成了游客进行自我反思的催化剂。2003年5月，三部涉及旅游规划的国家标准[①]正式开始实施，标志着政府对旅游规划的管理逐渐走向规范。同年，Ritchie与Crounch的著作*The Competitive Destination*：*A Sustainable Tourism Perspective*出版，为旅游目的地规划提供了系统的理论框架（邹统钎，2009）。正是在这样的社会背景下，旅游规划思想逐渐朝着社会学、人类学的价值观转向，步入了旅游规划的“人本导向”阶段，强调人本导向和社区参与，以目的地整合为主体框架，向微观化、主体化和专项化方向发展。

① 分别是《旅游规划通则》(GB/T 18971—2003)、《旅游资源分类、调查与评价》(GB/T 18972—2003)和《旅游景区质量等级的划分与评定》(修订)(GB/T 17775—2003)。

在旅游规划的“人本导向”阶段，旅游规划研究进一步深化，产生了大量的理论专著。陆林的《旅游规划原理》（2005）开始引介旅游目的地规划内容。俞孔坚的《“反规划”途径》（2005）提出了全新的规划视角和流程。邹统钎的《旅游景区开发与管理》（2004）、《中国旅游景区管理模式》（2006）、《中外旅游目的地管理比较研究》（2008）以景区为代表，从管理学视角提出了旅游目的地开发规划的理论基础——地格。苗维亚、田敏的《旅游目的地规划建设标准研究与示范》（2008），汪宇明的《山岳型生态旅游目的地规划的理论创新与实践》（2005），王晨光的《旅游目的地营销》（2005），尹隽的《旅游目的地形象策划》（2006），弗兰克·豪伊的《旅游目的地的经营与管理》（2006），Morgan、Pritchard 与 Pride 的《旅游目的地品牌管理》（2006），张超的《旅游目的地产品差异化理论与实践》（2008）等从不同的管理环节为旅游目的地规划提供了理论依据。

从中国期刊全文数据库的检索情况来看，改革开放以来国内对旅游规划的研究，主要集中在规划思想和方法、规划发展历程、规划制度及法律、社区参与、人文价值及旅游规划失灵等方面。

章尚正认为，旅游规划评审围绕甲方追求质量抑或形式、评委追求真理抑或情面、乙方追求声誉抑或利益的“位移”，存在一系列“不足为外人道”的潜规则——潜规则贯穿于评审前的评委遴选、评审本设计与装潢及交付时间控制，评审中的表决、拟写评语、归纳修改意见，评审后的修改本鉴定等诸多环节，并据此认为《旅游规划通则》有必要进行修订和完善。[①] 李志飞在其论文《甲方期待与乙方执著：旅游规划中的博弈》中指出，在旅游规划过程中，甲方和乙方在认识论、资源观、战略观及市场观四个主要方面存在博弈。[②]

在硕士、博士学位论文研究方面，湖南师范大学的许春晓（2004）在其博士论文中，分别从中国旅游规划思想研究的历史阶

① 章尚正：《旅游规划评审中的“潜规则”质疑》，《黄山学院学报》2007 年第 1 期。

② 李志飞：《甲方期待与乙方执著：旅游规划中的博弈》，《旅游学刊》2008 年第 7 期。

段、中国旅游规划思想的萌芽时期、资源导向时期、市场导向时期、人本导向时期，以及中国旅游规划主导思想的演进规律及其驱动力分析六个方面，对当代中国旅游规划思想演变进行了深入研究。另外，浙江大学的平红红在其硕士学位论文中，以旅游规划团队为研究对象，用实证研究的方法探讨旅游规划团队中领导行为各个维度、团队认同与团队公民行为的关系，并分析团队认同在领导行为与团队公民行为之间的缓冲作用——这也是迄今为止与“旅游规划圈子”最为相近的研究论文。但该文主要以管理学中的领导管理理论及团队理论为基础，通过问卷调查收集旅游规划团队的截面数据，然后进行统计学分析和社会学解释，属于人类学意义上的共时研究，与本书的研究主题仍然具有较大差异。

（三）民族志研究

民族志作为人类学的研究工具和一门分支学科虽然是近代才产生的，但民族资料的积累却经历了漫长的发展过程。有文字而又重文献的民族大都有自己的文化特色的民族志，如中国的《山海经》、《蛮夷传》中描写远方异族的文字（偏重想象的）就是具有中国特色的早期民族志。在中世纪，一些商人和朝觐者在东方旅行的见闻，如《马可·波罗游记》，是地理大发现之前的西方民族志代表。[①]

自从人类学诞生以来，古典人类学家受进化论的制约，倾向于借用世界各地的古代历史文献、神话传说和旅行家们所提供的“第二手材料”，将不同时空里的文化元素聚合在一起，来构造宏观的人类文明史，如泰勒的《原始文化》、弗雷泽的《金枝》、韦斯特马克的《人类婚姻史》，等等。[②] 1905 年，里弗斯（W. H. R. Rivers）对印度南部的托达部落进行了大约半年的考察，1906 年发表了其民族志作品《托达人》（*The Todas*），成为人类学学科化历程中第一个基于实

① 高丙中：《民族志发展的三个时代》，《广西民族学院学报》（哲学社会科学版）2006 年第 3 期。

② 龚德全：《后现代语境中的民族志生产：一个困惑的追求》，《广西民族研究》2009 年第 3 期。

地调查为基础完成民族志专著（monograph）的人类学家。[①] 里弗斯在方法上取得了一些重要的进展，但是在时间上没有达到一年的周期，而且也没有与土著人一起生活进行参与观察，搜集资料主要依靠翻译。

20 世纪初，马林诺斯基在西太平洋上长达数年的实地调查奠定了现代人类学田野工作的基本规范，奠定了现代人类学的理论和方法论基础，使人类学家从书斋和安乐椅中走进田野，并生产出了许多经典的民族志作品，如马林诺斯基的《西太平洋上的航海者》、拉德克利夫—布朗的《安达曼岛民》、普理查德的《努尔人》、费孝通的《江村经济》等。其中马林诺斯基在《西太平洋的航海者》的“导论”中总结自己的田野调查经验，确立了“科学人类学的民族志”的准则。马氏之后，民族志成为人类学最重要的研究工具之一，马氏的民族志作品也成为传统民族志的写作范式。

然而，20 世纪中后期，马林诺斯基的整体民族志受到了后人的质疑和批评，首当其冲的就是他曾经一再宣称的其民族志文本的“科学性”与“真实性”问题。美国著名的人类学家马尔库斯和费希尔（Marcus & Fischer）在《作为文化批评的人类学：一个人文学科的实验时代》中就曾提出要用“多点民族志研究”代替传统的“单点民族志研究”，即田野工作者在人类学田野过程中，不应把自身固定在一两个社区里，而应对多个田野点进行深入考察。马尔库斯和费希尔在其著作中不仅对 80 年代的批评浪潮的潜在意义进行了深刻的评述，而且还对民族志创作的主题、风格以及“文学转向”的实质给予了十分深刻的读解。在被认为是人类学最早的后现代主义文本《写文化：民族志的诗学与政治学》中，几乎每一位作者都对民族志话语书写方式的文学性给予了关注，对民族志文本的写作模式、写作策略、修辞的使用（例如反讽、幽默的运用）以及语言技巧的展示等方面进行了文学意义上的探索。此外，美国人类学家郝瑞（Stevan Harrell）在其《人类学研究的种种困惑》一文中，通过他本人从事中国少数民族研究的田野经

① 高丙中：《人类学国外民族志与中国社会科学的发展》，《中山大学学报》（社会科学版）2006 年第 2 期。

历，深入探讨了民族志田野工作所面临的种种困惑，包括研究者感知研究对象的认识论困惑、研究者在论证和阐述中的表述困惑、研究者对他们自己与合作者和研究对象之间人际关系的情感困惑，以及研究者把给人添麻烦的调查写成具有潜在敏感性题目的伦理困惑，等等。①

根据笔者对中文期刊全文数据库、Elsevier 全文期刊数据库、Kluwer 数据库、ProQuest 外文数据库、BP 数据库、CAB Abstracts 数据库、Gale Databases 以及 John Wiley 全文期刊数据库的检索，截至2011 年 3 月 10 日，除了格雷本在其著作《人类学与旅游时代》中曾经专门对旅游民族志进行过专题探讨外，没有发现其他以“旅游民族志”（Tourism Ethnography）为题的专业论文。在 Academic Source Premier 数据库中，找到 5 条与“Tourism Ethnography”相关度较高的专著文献（截至 2011 年 3 月 10 日），分别是克劳斯·韦斯特豪森的《海滩之外：现代旅行者在亚洲的民族志》②、萨丽·安·奈斯的《亚洲的微笑：菲律宾旅游业的民族志》③、尼克·克拉克的《自由独立的旅行者？——在澳大利亚工作度假的英国人》④、L. L. 温·奥斯丁的《金字塔与夜总会：关于阿拉伯人和西方人埃及想象的旅游民族志——从图坦卡蒙国王和阿特兰提斯殖民地，到性狂欢的传说、强盗王子的都市传奇，还有金发碧眼的肚皮舞女》⑤，以及琳达·马拉姆的《身体、海滩及酒吧：泰国南部异性恋男性气质的探讨》⑥。在这

① 郝瑞：《人类学研究的种种困惑（一）》，张海洋译，《民族艺术》2004 年第 1 期。

② Klaus Westerhausen, *Beyond the Beach: An Ethnography of Modern Travellers in Asia*, Bangkok (Thailand): White Lotus Press (Studies in Asian Tourism Series, No. 2), 2002.

③ Sally Ann Ness, *Where Asia Smiles: An Ethnography of Philippine Tourism*, *Philadelphia*, PA: University of Pennsylvania Press, 2003.

④ Nick Clarke, “Free Independent Travellers? British Working Holiday Makers in Australia”, *Transactions of the Institute of British Geographers*, 2004, 29 (4): 499 – 509.

⑤ L. L. Wynn, *Pyramids and Nightclubs: A Travel Ethnography of Arab and Western Imaginations of Egypt, from King Tut and a Colony of Atlantis to Rumors of Sex Orgies, Urban Legends about a Marauding Prince, and Blonde Belly Dancers*, TX: University of Texas press, 2007.

⑥ Malam, Linda, “Bodies, Beaches and Bars: Negotiating Heterosexual Masculinity in Southern Thailandf's Tourism Industry”, *Gender, Place & Culture: A Journal of Feminist Geography*, 2008, 15 (6): 581 – 594.

些与“旅游民族志”相关的文献资料中，没有发现关于旅游规划的民族志文本。

综上所述，作为新兴学科下面的新兴研究领域，旅游民族志还较少有人涉猎，而且仅有为数不多的“旅游民族志”也主要限于对旅游过程的参与和观察，观察对象限于东道主和游客，旅游规划的民族志研究则仍然处于空白状态。

国内外缺乏对旅游规划的民族志研究，笔者认为可能存在以下的原因：首先，旅游规划的旅游业发展过程中属于后台角色，不像东道主和游客那么容易引起关注；其次，人类学的学科传统和属性决定了其对旅游研究的关注必然最先集中在东道主社会的文化变迁方面；再次，笔者认为这是国内缺乏旅游规划的民族志研究的主要原因，即国内的旅游规划市场上，从事旅游规划的专业人员几乎都是城市规划、园林艺术、人文地理和旅游管理方面的专家，很少有民族学和人类学专业背景的规划者。大多数做民族学和人类学研究的不做旅游规划，做旅游规划的又几乎不做民族学、人类学研究，使迄今为止无人涉足该领域。

从相关学者的研究旨趣来看，未来相当长的一段时间内，旅游规划理念和方法研究、规划制度研究、社区参与和人文价值研究将成为旅游人类学对旅游规划研究的主要关注点，而对于旅游民族志的研究短期内不会成为研究主流和方向，特别是旅游规划的民族志考察将有待更多的相关学者涉足和拓展。

三 关键理论及概念界定

（一）圈子及脱域机制

严格来说，在中国，“圈子”并不是一个专门的学术词汇，而是一个具有某种“公理”性质的普通用语。民族志作为为社会提供社会事实的一种视角和工具，应该是基于常识的社会事实说明书，应最大限度地利用公众所普遍认可的概念来表述社会事实，而不是相反。正是基于这样的理念，笔者在文中使用“圈子”一词以社会集体意识的大众化理解为基础，并不想制造一个远离常识的新奇名词，使它看上去充满“异国感”或者是“学术感”。不过，即便如此，对其进行阐释和界定还是必要的。

根据《现代汉语词典》的解释，“圈子”是指：(1) 圆而中空的平面形；环形；环形的东西。(2) 集体的范围或活动的范围。从社会学意义上来说，“圈子”的特定含义就是“社群”、“部落”、“团体”，更准确地说，是一种微观的社会关系网络①。笔者在这里使用该词，是指为了某个相同目标联系在一起的人群及其形成的社会关系总和，与布迪厄（Pierre Bourdieu）的“场域”理论和费孝通的“差序格局”概念有着密切关系。

毫无疑问，布迪厄“场域”理论中的“场论”最早来源于物理学。物理学的常识告诉我们，在磁铁的周围存在看不见、摸不着的磁场，爱因斯坦认为这种物理学意义上的“场”是“相互依存事实的整体”②。美国心理学家勒温（Lewin）借助于物理学场论的观念和方法来进行心理学研究，并在这种研究中形成了自己心理学的场论。③布迪厄在社会学研究中提出“场域”概念既受物理学中磁场论的启发，也与现代社会高度分化的客观事实有关。④ 布迪厄认为：一个场域可以被定义为在各种位置之间存在的客观关系的一个网络（network）或一个构型（configuration）。⑤“在高度分化的社会里，社会世界是由具有相对自主性的社会小世界构成的，这些社会小世界就是具有自身逻辑和必然性的客观关系的空间，而这些小世界自身特有的逻辑和必然性也不可化约成支配其他场域运作的那些逻辑和必然性。”⑥在布迪厄看来，这些“社会小世界”就是各种不同的“场域”，如经济场域、政治场域、艺术场域、学术场域等；社会作为一个“大场

---

① 寿志钢、苏晨汀、周晨：《商业圈子中的信任与机会主义行为》，《经济管理》2007年第11期。

② Schellengberg J., *Masters of Social Psychology*, Oxford University Press, 1978: 70.

③ Lewin K., *Field Theory in Social Science: Selected Theoretical Papers*, Westport, Conn.: Greenwood Press, 1975.

④ 毕天云：《布迪厄的“场域—惯习”论》，《学术探索》2004年第1期。

⑤ ［法］皮埃尔·布迪厄、［美］华康德：《实践与反思——反思社会学导引》，李猛、李康译，中央编译出版社1998年版，第133—134页。

⑥ 同上。

域”就是由这些既相互独立又相互联系的“子场域”构成的。按照这样的逻辑，这里所说的圈子本质上就是场域，只不过“场域”概念更加突出了关系论的思维方式，而“圈子”概念则是中国社会“差序格局”[①] 下的产物，本身就是一种典型的差序格局，有中心，有边缘，强调的是边界概念。因此，本质上，圈子就是场域，场域就是圈子，但“场域”强调了圈子的关系特质，“圈子”则强调了场域的边界性质。

如果说人类社会关系分为开放型和闭合型两类的话，圈子就属于一种闭合型的社会关系网。时至今日，中国社会本质上还是一个以血缘、亲缘、地缘为纽带建立起来的相对封闭的圈子社会，由各种各样的圈子组成并支配着。圈子不仅是中国人进行自我认同和定位的一种方式，也是中国人进行社会资源分配的一种类型。虽然圈子本质上是一种非正式组织，但圈子文化已经深深地影响了正式组织结构，以至于整个中国社会总体上呈现出一种“圈子化”特征。圈子不同于传统意义上的非正式组织，它不仅包括基于感情纽带相联系的各种小团体，还包括基于其他各种目的而联系在一起的松散型组织，甚至还包括圈子化的正式组织。

本书所研究的“旅游规划圈子”是指基于旅游规划需求而形成的一群相互关联的人群及其社会关系总和，其主体包括旅游规划过程中涉及的甲方（规划委托方）和乙方（规划编制方）、东道主以及评审专家等。本质上，旅游规划需求是旅游行业对旅游专家系统的信任与期待所产生的直接后果。对于大多数行外人来说，融合了自然科学和人文社会科学诸多学科知识的旅游专家是旅游业发展所必须信任和依赖的。旅游规划专家及其系统是旅游规划圈子建构的基础和核心。因此，如果用吉登斯的“现代性眼光”来看，旅游规划圈子不是简单

① “差序格局”是费孝通在其著作《乡土中国》中首次提出的概念，他认为中国传统社会结构就是一种差序格局，社会中最重要的社会关系就是以己为中心，按亲疏远近和自己发生社会关系的那一群人，就像石子投入水中，一圈圈推出去，越推越远，也越推越薄。圈子本身就是一种典型的差序格局，有中心，有边缘。从这个意义上说，圈子文化是中国传统社会差序格局的必然产物。

的具有某种地域性的场域，而是一种已经脱域（disembedded）的专家系统；[①] 旅游规划的过程就是脱域的专家系统“重新植入”（reembedding）旅游目的地的过程，换句话说，是专业技术知识“域化”（localization）的过程。

需要指出的是，平红红[②]所研究的旅游规划团队，与本书所研究的“旅游规划圈子”的主体在内涵和外延方面都不同，但两者有着密切的关系：旅游规划团队是旅游规划圈子的主要组成部分，某种意义上可以看成是一个以规划主持人为中心的“圈子”，而旅游规划圈子不仅包括各种旅游规划团队（乙方），还包括旅游规划项目委托方（甲方）、东道主及评审专家等。旅游规划圈子的外延既包括全国范围内的“大圈子”，还包括根据地域、学派及人情等因素分化出来的各种“小圈子”。

（二）“旅游凝视”理论

20 世纪以来，依托于现代科学技术的影像文化向人类的日常生活全面渗透，无所不在的“看”与“被看”唤醒了哲学对视觉的重新思考，视觉中心开始为一种反视觉的倾向所取代。在对视觉中心主义的质疑中，拉康和福柯无疑是最为重要的两个人物，他们的观点也成为后来的“凝视”理论最核心的内容。拉康认为：“在我们与物的关系中，就这一关系是由观看方式构成的而言，而且就其是以表征的形态被排列而言，总有某个东西在滑脱，在穿过，被传送，从一个舞台到另一个舞台，并总是在一定程度上被困在其中——这就是我们所说的凝视。”[③] 福柯在《疯癫与文明》、《临床医学的诞生》和《规训与惩罚——监狱的诞生》等著作中考察了西方现代社会无所不在的注

---

① 按照吉登斯在《现代性的后果》中提出的观点，现代社会的脱域机制将人们的社会关系从它们所处的地方性“情境”中提取了出来，贴上了全球化的标签。他还指出，象征标志的产生和专家系统的建立是现代社会两种典型的脱域机制。

② 平红红：《领导行为、团队认同与团队公民行为的关系研究——基于对旅游规划团队的实证研究》，硕士学位论文，浙江大学，2007 年。

③ Lacan J. , *The Four Fundamental Concepts of Psycho-analysis*, London: Penguin Books, 1979: 73.

视/监视的建制力量，并以英国哲学家边沁所设计的“圆形监狱”来说明现代社会是如何运用无所不在的注视/监视以实施对身体和心灵的规训的。

1975年，劳拉·穆尔维（Laura Mulvey）在其论文《视觉快感与叙事电影》中用“凝视”考察叙事电影中的男性快感，使“凝视理论”逐渐凸显出来，并延伸至电影和文化理论以及知觉理论，对学术界产生了深远的影响。到20世纪90年代初期，“凝视理论”已形成一定规模，并逐渐拓展到文学与文化研究、酷儿理论、后殖民理论、“大屠杀”研究、黑人/白人问题研究和批判种族论等领域，用来解释两个或更多团体之间，抑或群体和“客体”之间的权力等级关系，包括“白人”和“黑人”的凝视，“旅游者”的凝视，异性恋和同性恋者的凝视，“帝王式”的凝视，“大西洋彼岸”的凝视，“动物”的凝视，以及“元小说式”的凝视等。①

1990年，约翰·厄里（John Urry）在其著作《游客凝视》一书中通过借用福柯的“医学凝视”概念，创造性地提出了一个新概念——“游客凝视”（tourist gaze），并迅速成为旅游人类学研究的一个重要理论分析工具。厄里认为，凝视是旅游体验中最根本的视觉特性，凝视与文化实践模式相关，它通过游客对旅游符号的收集和消费而得以构建。游客对日常生活经验中所缺乏的象征性“符号”充满着一种“窥淫癖”似的冲动，而这种“凝视冲动”可以通过对异文化中各种景观的收集和消费而得到满足。

厄里的旅游凝视其实是一种隐喻的说法，是将旅游欲求、旅游动机和旅游行为融合并抽象化的结果，代表了旅游者对“地方”的一种作用力②。从渊源上讲，厄里的“游客凝视”中的“凝视”概念源于福柯著名的“医学凝视”理论，但厄里自认为游客凝视“显然与福柯所关注的那个严肃的医学和医学凝视世界毫无关系，游客凝视关

① ［美］利福德·T. 曼拉夫：《视觉“驱动力”与电影叙事：在拉康、希区柯克和穆尔维作品中读解“凝视理论”》，潘源译，《世界电影》2009年第2期。

② 刘丹萍：《旅游凝视——中国本土研究》，南开大学出版社2008年版，第36页。

注的是愉悦，是假日、旅游和旅行”。[①] 不过，虽然两者之间关注的对象不一样，但本质上还是存在着某种一致性，都是一种被社会组织化和社会系统化的“目光投射”，同知识、权力、话语等现代性特征有着密切关系。现代游客的“凝视”是全球化背景下社会建构的行为，游客和东道主之间看与被看关系本身的不平等隐喻，使游客凝视本质上是一种“权力的凝视”、“男性的凝视”，是一种大众化的“窥淫癖”结构。厄里认为，凝视是旅游体验中最根本的视觉特性，凝视与文化实践模式相关，它通过游客对旅游符号的收集和消费而得以构建。游客对日常生活经验中所缺乏的象征性“符号”充满着一种“窥淫癖”似的冲动，而这种“凝视冲动”可以通过对异文化中各种景观的收集和消费而得到满足。“游客凝视”理论能够洞察和解释现代旅游的运行逻辑及现代游客的种种偏好和行为，是全球旅游产业背景下社会意识对社会事实的及时表达，是一种成功的“借用”。

不过，也有学者指出了“游客凝视”理论的若干不足：

第一，厄里的“游客凝视”理论强调视觉感受在旅游体验中的核心地位受到质疑。有不少旅游活动，例如在滑雪、攀岩等探险和体育旅游项目中，视觉方面的感受并非最重要的旅游体验。基于此，有学者认为厄里的“游客凝视”理论似乎更适宜作为研究自然风景旅游现象时的理论工具。

第二，厄里强调“差异性是理解旅游现象的关键”这一点也有待商榷，至少当今旅游业发展过程中的“麦当劳化”和“迪士尼化”趋势就说明：“差异性”未必是旅游吸引物的唯一要义。

第三，厄里虽然指出游客凝视具有历史性和社会性，但他在解释旅游对旅游地的影响时，似乎只强调游客对东道主社会的单方面凝视，同时暗指游客凝视一直处于主动和支配的地位。但事实上，凝视是双向的，而且东道主在游客凝视过程中决定着游客凝视的内容和方

① ［英］约翰·厄里：《游客凝视》，杨慧、赵玉中、王庆玲、刘永青译，广西师范大学出版社2009年版，第1页。

式，会对游客凝视产生重要影响。在这一点上，厄里的“游客凝视”理论缺乏动态的、客观的解释力。

第四，厄里建构的“游客凝视”概念虽然来源于福柯，但他却没有围绕游客的凝视行为去讨论凝视者与被凝视者之间存在的权力关系，使人们在理解这一概念时不可避免地产生迷惑。①

鉴于此，有学者对厄里的“游客凝视”理论进行了修正和拓展。以色列学者达亚·毛茨②（Cheong and Miller，2000：375；Foucault，1978：99）通过研究到印度旅行的以色列背包客，表达了“权力无处不在，不会依赖于某一特定群体”的双向凝视观。他认为，与那些被制度化安置在“环境泡”（environmental bubble）中的大众游客相比，背包旅游者、漂流旅游者、漫游者及工作旅游者（working tourists）有着更多的机会和东道主进行直接而有意义的接触，他们和东道主之间存在明显的“双向凝视”。在以色列的背包客眼里，印度人是“坐井观天的傻瓜”，同样，在印度人的眼里，那些背着个旅行包到处乱闯的以色列人也是一群“自以为是的疯子”。毛茨认为，以色列背包客和印度当地人之间的“双向凝视”导致了一种互相猜忌的恶性循环，而且只要东道主和游客之间不放弃那种关系疏远的表面接触，彼此的印象不可能改观。理论上，游客凝视和东道主凝视互为依存，相互影响，共同促成了两者之间的相遇，但游客凝视和东道主凝视在权力上是不对称的。于是，东道主发展出了各种技术和策略来对抗这种权力上的不平等，如通过舞台化来调整自己，推销自己，隐藏和保护自己，防止游客凝视对传统文化造成伤害。另外，虽然大多数游客往往出于自负而故意忽略了东道主的目光投射，但是东道主的凝视仍然会介入游客的生活，游客仍然会在不知不觉中按照东道主的期望和想象行事，并在一个连他们自己都没有意识到的“舞台”上表

① 刘丹萍：《旅游凝视——中国本土研究》，南开大学出版社2008年版，第41—42页。

② Darya Maoz，“The Mutual Gaze”，*Annals of Tourism Research*，2006，33（10）：221－239.

演着东道主想象的西方文化。和东道主面对游客凝视一样，游客往往将东道主凝视内化为他们自己的凝视，似乎他们才是凝视的主体。不过，西方游客通过媒体预先建构了游客凝视，而东道主则是通过不断地和游客接触才逐渐建构了东道主凝视。

考虑到凝视主体的多元性和被凝视对象的主体性，笔者认为有必要对旅游凝视（tourism gaze）、游客凝视（tourist gaze）、东道主凝视（local gaze）等进行区分。首先，国内很多学者将厄里的“tourist gaze”译为“旅游凝视”有失准确，混淆了“旅游凝视”和“游客凝视”，应译为“游客凝视”。其次，厄里的“游客凝视”理论和达亚·毛茨的“双向凝视”理论都是不完整的，旅游凝视应该是旅游业各利益相关主体之间多元的、多向度的凝视，是旅游活动中各利益相关主体之间被社会性建构的“目光投射”，其中游客凝视、东道主凝视、旅游规划者凝视及政府凝视是其主要内容。

但是，由于人类学对于知识、权力、话语等主题的学科偏好，一直以来，“游客凝视”成为“旅游凝视”理论的主要研究方向，忽略了对东道主凝视、旅游规划者凝视和政府凝视的研究，特别是对于后两者，学界几乎没有人涉猎。实际上，无论是游客凝视还是东道主凝视，都是旅游规划者通过专业化的凝视建构的产物，是一种“被规划的凝视”，同时也是时时刻刻在政府主管部门监控下的凝视，是一种“被凝视的凝视”。从凝视的性质看，旅游规划者凝视和游客凝视有着明显的区别，前者是一种专家凝视，类似于福柯的医学凝视，代表着一种权力、一种权威（知识的权威），这种专家凝视的目的和后果是为游客凝视建构凝视对象；游客凝视通过消费专家建构的凝视对象而获得旅游体验。旅游规划者凝视所蕴含的“权力”和“权威”，本质上就是吉登斯所谓的“脱域的”专家系统所代表的专业知识的权力和权威，是“现代性的后果”。这种专家系统所代表的权威不仅是“现代性的后果”，而且还受到了现代性的体制保障，这使旅游规划凝视（专家凝视）得以在现代社会畅通无阻地运行并得到高度认可和认同。

不过，虽然旅游规划者凝视和福柯的医学凝视同为专家凝视，但存在着明显的差异。首先，医学凝视关注恢复被凝视对象的常态（健康），而旅游规划专家的凝视则力求打破常态（创新），建构“特色凝视物”。其次，如果说医学凝视是一种“单一凝视”（single gaze）的话，旅游规划者凝视就是一种特殊的“合力凝视”（compound gaze）。医学凝视的背后是医学专家的权威，可以看作一种单作用力；而在旅游规划者凝视目光的背后，维系着甲方、游客和政府等各相关利益主体的诉求，旅游规划者的目光不仅仅代表自己，更要代表甲方、游客和政府等各相关利益主体，是多种力量作用下的“合力凝视”。

值得一提的是，在旅游业发展过程中，政府的凝视作为一种监控力量，有点类似于福柯的“全景敞视”（panoptic）监狱对犯人的监控，控制着旅游凝视的各个环节，将旅游凝视特别是游客凝视和东道主凝视按照“凝视方案”框限在预定的“展演舞台”上，“凝视方案”则是旅游规划者和地方政府合谋的产物。

（三）关于“建构”与“实践”

根据《现代汉语词典》的解释，“建构”指“构建；建立（多用于抽象事物）”。从词源上看，“建构”是一个借用自建筑学的词语，原指建筑起一种构造，与“解构”相反，重在系统的建立。现在，“建构主义”作为一种社会科学的研究取向，被普遍用来描述一种认识论立场。作为认识论的建构主义认为：人的认识本质是主体的“构造”过程，所有的知识都是认知主体基于自己的经验背景而建构起来的产物，认为客观世界乃是通过社会建构而存在。在国际关系研究中，建构主义主张：（1）人类关系的结构主要是由共有观念（shared ideas）而不是由物质力量决定的；（2）有目的行为体的身份和利益是由这些共有观念建构的，而不是天然固有的①。笔者这里所指的

① ［美］亚历山大·温特：《国际政治的社会理论》，秦亚青译，上海人民出版社2000年版，第1页。

“建构”，本质上是一种分析框架①而非某一学派的学术范式，其内涵与认知心理学派和国际关系理论中的“建构”有着同源关系，是指主体为了实现一定的经济和社会目的，通过发挥自身的主观能动性，人为构造一个组织系统的活动过程。

按照马克思主义的观点，“实践”指的是人们主观见之于客观，人的有意识有目的地探索和改造客观物质世界的活动。如果说“建构”强调的是一种客观社会现象的话，“实践”则强调一种有意识的感性社会生活。“圈子”的“建构”本质上是旅游规划圈子主体的实践活动，因此是一种关于“建构”的实践。笔者使用“建构”与“实践”这样的字眼来讨论“旅游规划圈子”，是要表明：旅游规划圈子并不是一种既定的现实存在，而是生成性的，是主体建构和实践活动的结果。主体的建构与实践活动不仅是旅游规划圈子产生的原因，还是旅游规划圈子的存在方式。从这个意义上说，旅游规划圈子永远是一个未完成的存在。

四　研究方法及写作框架

（一）研究方法

田野调查是传统民族志的基础，笔者从 2003 年开始的旅游规划从业经历，是本书写作的田野基础。整个田野经历分为两个阶段：第一个阶段从 2003 年接触旅游规划开始，一直到 2007 年年底；第二个阶段从 2008 年 1 月至 2010 年 8 月。在第一个阶段，笔者主要以当局者的主位身份对旅游规划圈子进行观察和体验，是一种纯粹“局内人”的视角，是自发性的和无意识的田野经历；在第二阶段，笔者在接受了较为系统的人类学训练的基础上，试图以一种专业的田野工作方法有意识地对旅游规划圈子进行观察和体验，相对于第一阶段，是一种真正意义上的民族志田野工作。

在整个田野调查过程中，笔者实际上是身兼两职，在“局内人”

① 焦兵：《现实建构主义：国际政治的权力建构》，《世界经济与政治》2008 年第 4 期。

和“局外人”两种角色中转换身份，希望能够既能避免在研究过程中“主体的对象化”所带来的主体性迷失，又能避免客位观察所带来的“帝国主义”误解①。本书的研究对象和传统的民族志研究对象存在一个明显的区别，即圈子内的主体成员都能够很好地进行自我表述，而且在主流社会拥有相当的话语权，与传统民族志中“沉默的”他者形成了鲜明对比。因此，在田野调查工作中，除了参与观察，对圈子相关人员进行深度访谈也是田野调查的主要工作，包括不同层次的旅游规划人员（知名旅游规划主持人、主要参与者、规划新手等）、政府官员、评审专家以及东道主等。通过访谈，展示圈子内各利益相关者不同的观点，可以揭示圈子内部的各种利益博弈。

对田野调查资料的处理是一个比较复杂而敏感的技术和伦理问题，一方面要符合人类学的学科规范，另一方面又要保护包括访谈对象在内的研究对象的权益等问题。民族志撰写的技术问题，主要是如何取信于读者和公众的问题，在过去的20世纪里，民族志文本经历过“从体验型到阐释型，再到对话型，又到多声部型的演进”，② 最根本的动力就是要树立民族志文本的权威。然而，即使在多声部的民族志文本中，民族志学者还是把持着最终的权威，因为作者有着绝对的撰写权威，作者有权决定让谁说话以及说什么话。只不过，多声部的民族志文本似乎是目前较为理想的民族志撰写方式，使民族志至少在形式上不再显得那么具有殖民色彩，充满帝国主义式的主观臆断。因此，本书的创作就试图采用这种多声部的文本表现方式，通过参与观察和深度访谈，把圈子中不同的利益相关者的声音表现出来，当然，其中必然会融入一些笔者个人的思考和见解。另外，需要说明的是，文中涉及一些地名、人名和规划项目，仅仅是为了阐述的需要，

① 帝国主义是资本主义的垄断阶段，这里泛指资本主义国家对外侵略扩张的倾向，而“帝国主义”误解则是指文化上相对强势的研究者对相对弱势的研究对象在进行客位视角研究时，以一种不平等的“文化中心主义”观点来分析问题，从而导致一种对研究对象的污蔑和歪曲，本质上是文化霸权主义的反映。

② ［美］郝瑞：《人类学研究的种种困惑（一）》，张海洋译，《民族艺术》2004年第1期。

并非针对任何具体的人和事，更无贬损攻击之意。即便如此，为了保护研究对象及相关报道人的权益，文中涉及的人名和地名均进行了化名处理。

当然，通过各种零碎和变动不居的田野资料，不一定就能抽象出独一无二的真理，事实上，无论采取什么方式，民族志文本都只是诸多可能中的个性化叙事而已，本书也不例外。

（二）写作框架

作为国内第一份具有探索和实验性质的旅游规划民族志，本书试图循着旅游规划圈子的结构和旅游规划的主要内容，由表及里，通过案例分析和个人访谈对旅游规划圈子进行多层次全方位的解读。

文章分为绪论、正文和结语三个部分。绪论主要阐明选题背景和意义，回溯国内外研究成果，并对相关理论、概念、方法作简单介绍。接下来的第一章用吉登斯的现代性理论回顾旅游规划在中国的兴起以及旅游规划圈子的形成。第二章分析旅游规划编制主体作为旅游专家系统的构建。第三章从不同的视角展示旅游规划的过程。第四章讨论旅游规划圈子的核心竞争力——创新的产生。第五章分析旅游规划编制主体之间的博弈关系。第六章对旅游规划文本风格及其权威进行解读。第七章探讨旅游规划涉及的权力、话语和公平问题。第八章是笔者结合自己的田野经历和个人理解，对旅游规划圈子的反思性总结。

第一章

规划中国旅游的盛宴

从1984年郭来喜主持《华北海滨风景区昌黎段开发研究》开始算起，中国的旅游规划实践已经度过了30个年头。在这30年的发展历程中，中国的旅游规划市场从无到有，从小到大，强劲的旅游消费需求带动了旅游产业链的形成。旅游业的乘数效应为这个新兴的产业带来了无限的生机与活力，作为旅游业的“第一道工序”，旅游规划自然也“得道升天”，获得了巨大的发展机会和空间。

第一节　全球化背景下的旅游浪潮

一　大众旅游——现代性的后果

安东尼·吉登斯（1990）认为，现代性是指社会生活或组织模式，大约17世纪时出现在欧洲。[①] 历史学家汤因比把人类历史划分为四个阶段：黑暗时代（675—1075），中世纪（1075—1475），现代时代（1475—1875），后现代时期（1875年至今）。[②] 哈贝马斯指出：“与古人相比，人的现代观随着信念的不同而发生了变化。此信念由科学促成，它相信知识无限进步、社会和改良无限发展。”[③] 到目前

---

① ［英］安东尼·吉登斯：《现代性的后果》，田禾译，译林出版社2000年版，第1页。

② ［英］阿诺德·汤因比：《历史研究》（上、下），郭小凌等译，上海人民出版社2010年版。

③ ［德］哈贝马斯：《论现代性》，转引自王岳川《后现代主义文化与美学》，北京大学出版社1992年版，第10页。

为止，学术界对现代性的界定在很多方面还存在分歧，基本一致的看法是：现代性是对中世纪神学观念的批判和对人的主体性的弘扬，崇尚科学和理性，主导精神在于确立秩序、边界和分类，追求准确和清晰。

地理大发现、宗教改革、文艺复兴、启蒙运动推动着现代性的形成，催生出了现代工业文明。第一次工业革命以后，人类社会在利用自然方面迸发出了前所未有的能量，社会变革的步伐明显加快。产业革命不仅带来了社会经济的繁荣，而且由于蒸汽机在交通工具特别是火车上的应用，使更多的人开始有能力支付低廉的旅行费用。1841年7月5日，托马斯·库克利用包租火车的方式组织了一次从莱斯特前往洛赫伯勒的团体旅游，标志着近代旅游及旅游业的开端。①

19世纪末，内燃机技术问世，不仅为交通工具的发展提供了新的动力，更重要的是促成了飞机的发明。第二次世界大战的爆发虽然使旅游活动陷于停滞，但同时也促进了喷气式飞机的发明和大量机场的建设，为战后大众旅游产业的发展奠定了物质基础。20世纪50年代中期，喷气式飞机开始用于民航。此后，随着航空技术的不断发展，飞机的性能和机型也不断更新，旅行的时间成本和经济成本得到了大幅度降低。20世纪90年代，以超音速飞机为代表的各种科学技术，使人类社会从固定不变的“固态现代性”过渡到更加流动的“液态现代性”时代②。通过科学技术对时空的压缩，人类真正进入了地球村时代，对于越来越多的社会群体而言，“距离死了”③，长途旅行更加大众化。

旅游在现代性条件下成为一种时尚，反映了人们对现代性既爱又恨的矛盾纠缠心理，是现代生存条件下“好恶交织”的产物（王宁，1999）。一方面，现代性带来全球范围内的技术进步，不仅为长途旅行提供了技术可能，而且为人们带来了大量可自由支配的收入和时间，使人们对现代性“欲罢不能”；另一方面，现代性还给人类带来

① 李天元：《旅游学概论》，南开大学出版社2000年修订版，第16—27页。

② ［英］齐格蒙特·鲍曼：《流动的现代性》，欧阳景根译，上海三联书店2002年版。

③ Cairncross, F., *The Death of Distance*, London: Orion, 1997.

了全球性的生存危机、经济危机、社会危机和精神危机，特别是人类在现代生存条件下的异化、生活程式化、工作刻板化、都市化及随之而来的生活环境恶化、人际关系疏远化，使旅游充满了大众对现代性无声的批判与控诉的色彩。[①] 现代性的理性主义、工具主义、福特主义的力量渗透进了社会的各个角落，旅游逐步现代化、商品化和标准化。毫无疑问，大众旅游的兴起完全是现代性的一种效应和后果。

不仅如此，现代性和大众旅游业还形成了互相强化的共生关系。

一方面，现代社会的脱域机制（包括象征标志和专家系统两方面）为大众旅游业的全球化提供了保障。这里的象征标志既包括现代货币经济体系，还包括旅游业的标准化体系。现代货币经济体系不仅为大众游客在全球的自由流动提供了金融支持，而且事实上还助长了广大的第三世界国家迷恋上这位“多才多艺的妓女”（马克思语），从而更加巩固了大众旅游业的全球性地位。旅游业的标准化是另一种现代性的后果，星级酒店制度的全球化就是旅游标准化的典型反映。旅游业的标准化为大众旅游业的全球化普及奠定了基础，并为大众旅游业保驾护航。

至于专家系统在大众旅游业的地位和作用，如前所述，全球化的大众旅游业所依赖的科学技术（特别是交通技术和信息技术）无疑是现代专家系统的贡献。而且旅游专家系统还是旅游标准化体系建设不可或缺的支持和保障。正如吉登斯所说，所有的脱域机制都依赖于信任[②]，作为旅游标准化典型代表的星级酒店制度也不例外。为了使星级酒店制度成为全球化的标准，就需要足以让人“信赖”的专家系统提供星级酒店的评定，保证地球上任何一个角落的五星级酒店都具有同等的设施和服务水平。我们在世界各地看到的星级酒店都似曾相识，感觉都是一个个被抽离了当地文化土壤的“集装箱”，就是因

---

① 左晓斯：《现代性、后现代性与乡村旅游》，《广东社会科学》2005 年第 1 期。

② ［英］安东尼·吉登斯：《现代性的后果》，田禾译，译林出版社 2000 年版，第 23 页。

为在星级酒店制度的“脱域”作用下，全球的酒店设施和服务都被标准化了，旅游专家系统在其中起到了支持和保障作用。

另一方面，旅游业的大众化普及又进一步使现代性更加全球化，使现代性的脱域机制更加畅行无阻。首先，大众旅游业的全球化使现代性更加无处不在，任何地方性传统文化都逃脱不了“被脱域”的命运。全球化背景下的大众旅游业需求，为地方性传统文化的“脱域”提供了条件，在旅游产业蛋糕的诱惑下，世界上任何一个角落的传统文化都在准备着把自己打扮成适应现代化和全球化的一出舞台剧。其次，旅游业的全球化吸引了更多的货币流入旅游业，使现代货币经济体系更显得不可或缺，旅游业更加需要现代性体制的支持。再次，旅游的标准化体系全球化传播，反过来更加强化了现代性的力量。最后，旅游业的复杂性需要旅游专家系统的支持和保障，强化了旅游专家系统在现代社会中的地位。

二 后现代旅游的兴起

历史经验不止一次地证明，人类社会思想的进步都是通过批判和否定传统价值观而实现的，但在“非过正不能矫枉”的规律支配下，往往从一个极端走向另一个极端。现代性是对中世纪神学观念的一种反抗，近代以来的社会在用知识和理性反抗宗教蒙昧的时候，却没有想到理性的极致也是一种破坏和伤害。

现代理性主义的盛行，一方面展示了现代性的优越性，另一方面也暴露了现代性的弊端，孕育了自我否定的因素——后现代性。后现代性本质上是对现代性的解构和反抗。作为一种社会文化现象，后现代性首先表现为一种终结技术理性和工具理性的思想趋向。伊格尔顿认为，后现代性是一种思想风格，它怀疑关于真理、理性、同一性和客观性的经典概念，怀疑关于普遍进步和解放的观念，怀疑单一体系、宏大叙事，或者是解释的最终依据。后现代主义是一种文化风格，它以无深度的、无中心的、无根据的、自我反思的、游戏的、模拟的、折中主义的、多元主义的艺术反映这个时代变化的某些方面，这种艺术模糊了“高雅”和“大众”文化之间，以及艺术和日常经验之间的界限。[①] 简而言之，后现代性具有几个基本特征：（1）权威的消解，主体中心地位的丧失与零散化，这可能就是尼采宣布“上帝死了”，巴特宣布“作者死了”以及福柯宣布“人死了”等直观宣示的哲学含义；（2）等级的消解与多元价值观的确立。费德勒式的后现代主义口号“越过边界，填平鸿沟”，所呼吁的是要填平精英主义与大众文化之间的鸿沟。但后现代性暗含的立场是对等级的彻底消解：哲学不优于其他学科，西方不优于东方，白人不优于黑人，男人不优于女人，工业社会也不优于农业社会，等等；（3）深度模式的消失与终极意义的消解。[②] 后现代主义通过对权威的消解和多元价值观的确立，使现代主义视角下的边缘相对于中心取得了前所未有的地位，地方性的文化价值凸显。不过，吊诡的是，在全球化的背景下，这种价值又必须通过现代性的脱域机制，也就是“去地方化”才能得到体现。

不过，对于后现代的提法，学术界也有不同意见。吉登斯断言，我们实际上并没有迈进一个所谓的后现代时期，而是生活在一个高度现代性的时期。[③] 他认为，如果“后现代主义”确有所指的话，最好把它看作是建立在现代性特征基础上的与文学、绘画、造型艺术和建筑相关的形式或运动，或者说，“后现代主义”是一种审美观。[④]“越是民族的，就越是世界的”这句话的背后，所蕴含的就是后现代主义的审美观。美国学者格雷厄姆·默多克认为“后现代死了”，他认为我们现在并不是被后现代这样的东西所取代了，而是仍然处于一个资本主义的时代，资本主义作为现代性的中心不仅没有消失，而且比以前更强大了。[⑤] 我国学者何传启提出的“第二次现代化理论”认为：

---

① ［英］特里·伊格尔顿：《后现代主义的幻想》，华明译，商务印书馆2000年版。

② 左晓斯：《现代性、后现代性与乡村旅游》，《广东社会科学》2005年第1期。

③ ［英］安东尼·吉登斯：《现代性的后果》，田禾译，译林出版社2000年版，第3、143页。

④ 同上书，第3、40页。

⑤ ［英］格雷厄姆·默多克：《“后现代死了”》，章戈浩译，《社会科学报》2005年9月1日第7版。

到2100年，人类社会的发展可分为四个阶段，即原始社会、农业社会、工业社会和知识社会；每一个阶段又分为四个时期，即起步期、发展期、成熟期和过渡期；从农业社会向工业社会的转移过程是第一次现代化，从工业社会向知识社会的转移过程是第二次现代化。第一次现代化的特征是工业化、城市化、民主化、法治化、世俗化，物质生产是第一位的。第二次现代化的特征是知识化、分散化、网络化、全球化、创新化、个性化、生态化、信息化，生活质量是第一位的。第一次现代化是对大自然的掠夺和征服，第二次现代化则是对大自然的贡献和回归。①

无论后现代性是否是一种社会事实，可以肯定的是，西方传统意义上的现代性是有其内在局限性的，因此后现代性思潮才能够成为被广泛关注的焦点。正是在后现代思潮的影响之下，一种不同于现代旅游商业取向的“后现代旅游”逐渐获得广泛的认同和发展。后现代旅游排斥传统大众旅游的过分商业化，追求生命体验的回归，是一种以体验性、探索性、求知性为基本诉求的新型旅游。

英国著名社会学家齐格蒙特·鲍曼认为，由于技术因素而导致的时空障碍弱化甚至消失，“距离不再有任何意义”，被距离所分隔的地域也失去了意义，“游”成了后现代人类生活的本然状态。② 在经济全球化的后现代社会，我们在某种程度上都在移动，并处于“完美的观光者”与“不可救药的流浪者”之间的某个位置。鲍曼甚至认为，“自由度”是后现代社会众多划分阶层的因素中最根本的因素，那些拥有较高自由度的人同时也拥有较高的地位，以至于“在现代流动时期，占多数的定居人口为游牧的和疆域以外的精英所统治”。③“自由”是后现代游客最核心的价值观，他们是“情景控制”的主人，能够自主选择在哪里与世界的哪一部分发生接触，以及自主决定

① 何传启：《第二次现代化理论与中国现代化》，《世界科技研究与发展》1999年第6期。

② 王伊洛、张金岭：《关于游的后现代话语》，《东岳论丛》2004年第3期。

③ ［英］齐格蒙特·鲍曼：《流动的现代性》，欧阳景根译，上海三联书店2002年版，第19页。

何时与之割断联系——这种具有后现代特征的旅游方式为游客提供了“处于控制地位”的满足感。

后现代旅游既孕育于现代性之中，又作为完全对立的力量“渗透到现代性内部去解构、消耗和吞噬它”。① 白光润等人认为，后现代旅游具有情感化、个性化、体验化、主动化及生态化的特征，但后现代旅游的产生与发展并不意味着现代旅游方式的消亡，更不意味着旅游产业价值的丧失，只是旅游产业功能将面临巨大的转变。②

三　全球化视野下的旅游开发

从古代的旅行到旅游，现代工业文明创造了旅游的商业化时代，使旅游成为以满足社会需求和营利为目标的巨型产业。旅游成为一种现代现象，是现代社会高度工业化、都市化的产物。一般来说，游客的流动趋势主要是从经济发达地区流向欠发达地区，城市流向乡村，客观上能够为相对欠发达的目的地带来发展机会，这也是旅游作为一种扶贫方式在全球盛行的主要原因。不过，冈比亚的旅游业开发实践③，使连表面上看来比较明显的“道理”也变得不那么可靠。社会经济欠发达的冈比亚本来希望通过旅游业获得发展，但最终却发现旅游开发对于冈比亚来说不过是一笔透支幸福的赔本买卖，不仅广大的普通民众没有得到预想中的经济收益，而且东道主社区文化逐渐舞台化并丧失了其本来的意义，使旅游业开发变成了一种“甜蜜的悲哀”。

“甜蜜的悲哀”是马歇尔·萨林斯首先提出的概念，指的是西方的现代性所包含的对人性的双重解释，即一方面认为人有权利从各种外在的社会制约中解放出来，另一方面认为这种解放与资本主义造成的剥削和殖民主义侵略的悲哀不可分割。④ “当人们趋利避害之时，

---

① 高宣扬：《后现代论》，中国人民大学出版社 2005 年版，第 11 页。

② 白光润、李仙德：《后现代旅游探析》，《旅游科学》2007 年第 3 期。

③ ［美］丹尼逊·纳什：《旅游人类学》，宗晓莲译，云南大学出版社 2004 年版，第 18—20 页。

④ 王铭铭：《萨林斯及其西方认识论反思》，参见［美］马歇尔·萨林斯《甜蜜的悲哀》译序，王铭铭、胡宗泽译，生活·读书·新知三联书店 2000 年版，第 19 页。

一切都降而成为简单而又悲哀的生活观。我用‘悲哀’是因为，将生活定位为追求幸福的人长期看来无一幸免都是不幸福的。”① 的确，冈比亚的实践表明，对于政治、经济、文化等诸方面均处于弱势的少数民族地区，虽然“雪中送炭”的旅游开发短期看是一出喜剧，但长远来看，旅游开发的结局往往是悲剧性的。在政府主导型的旅游发展模式下，旅游是一场“被预谋”的狂欢盛宴，具有追求政绩冲动的地方政府为了短期的政绩而违背旅游业发展的客观规律，片面追求国内生产总值（GDP）的增长，使东道主社会在狂欢过后剩下的只有悲哀。

不过，情况似乎并不是总那么糟糕。云南丽江凭借自己独特的文化吸引力，成功发展为国际知名的旅游目的地，不仅形成了多主体共赢的“丽江现象”，还作为一种遗产保护与发展的模式和方法得到了联合国教科文组织及中国政府的认可，被总结为“丽江模式”在亚太地区和国内其他地方推广。2000 年 7 月，在北京联合召开的“中国文化遗产保护和城市发展：机遇和挑战”国际会议上，“丽江现象”引起了国内外专家和新闻媒体的高度评价与关注。有学者甚至认为，丽江通过发展旅游业，走出了一条“以文化遗产保护带动旅游发展，以旅游发展促进文化遗产保护”的路子，不仅为处于困惑中的中国遗产（古城）保护事业摸索出一条道路，也为中国西部欠发达地区如何立足自身资源优势加快发展、走可持续发展道路起到了示范作用。2001 年 10 月 18 日，在丽江召开的联合国教科文组织亚太地区文化遗产管理第五届年会上，与会代表一致同意创建一个指导文化遗产旅游在市区级发展的模式与方法，并把这些模式命名为“联合国教科文组织亚太地区可持续性文化旅游发展丽江合作模式”。② 2007 年 12 月中旬到 2008 年 3 月中旬，中央政策研究室、中央财经领导小组办公室组成调研组，就改革开放以来在中国特色社会主义旗帜指引下开

① ［美］马歇尔·萨林斯：《甜蜜的悲哀》，王铭铭、胡宗泽译，生活·读书·新知三联书店 2000 年版，第 67 页。

② 段松廷：《丽江启示录——从丽江现象到丽江模式》，《中国民族》2002 年第 1 期。

拓成功发展之路问题到全国有关地区进行专题调研。2008 年 10 月 7 日，新华社播发了《在中国特色社会主义旗帜指引下开拓成功发展之路——对全国 18 个典型地区的调研综合报告》，丽江市成为全国 18 个典型地区之一，也是西南地区唯一入选的典型地区。调研组认为，丽江市利用当地优势特色资源，做大做强做精旅游产业，以旅游业带动经济社会发展，从名不见经传的西南边陲小镇发展成为富裕繁荣文明和谐的旅游文化名城。①

"丽江模式"的成功表明，科学合理的旅游开发，不仅能够给东道主社会带来经济上的发展机会，而且还能够促进地方文化复兴，使那些处于消亡边缘的少数民族逐渐产生清晰的本民族文化自觉。从这个角度来说，旅游开发对于东道主社会来讲无疑是一种善举，是一种"甜蜜的幸福"。

正反两方面的事实充分说明，旅游开发是一把"双刃剑"，东道主社会在面对旅游发展的机会时，面临着多种可能。对于那些可选择发展机会非常有限的欠发达边远地区来说，旅游业的确比其他产业更加有效。旅游业可以使财富得到重新分配，使富裕地区的财富部分地流向贫困地区，客观上起到了促进贫困地区脱贫致富的作用。虽然旅游开发会导致传统社会的解体，但从某种意义上来说，这种解体是一种有益的解体，因为"'传统社会'的解体是'经济起飞'的前提条件，而外来支配也有必要，因为它能够实现这种有益的解体，否则传统生产的习俗关系会阻碍经济增长"。② 另外，旅游活动能极大地促进不同文化背景的人们进行文化交流，增进相互了解，减少误解和敌对，有利于世界和平和人类进步。正因为如此，在全世界范围内，旅游业总体上呈现出一种正面的形象，得到了大多数国家和地区的认可。

---

① 何世辉、陈琼、曾润民：《丽江成改革开放十八个典型地区之一》，http://www.yn.xinhuanet.com/nets/2008-10/09/content_14593484.htm，2008/10/20。

② ［美］马歇尔·萨林斯：《何为人类学启蒙？——20 世纪的若干教诲》，参见［美］马歇尔·萨林斯《甜蜜的悲哀》附录，王铭铭、胡宗泽译，生活·读书·新知三联书店 2000 年版。

第二节　中国旅游规划市场的形成

一　从旅游事业到旅游产业

中国旅游业的发展经历了从"事业型"到"产业型"的转变。改革开放前，旅游业以外事接待为主，国家的旅游管理机构称作"中国旅行游览事业管理局"。这个时期作为"事业"的旅游接待基本不考虑成本，也不按照经济规律经营，这个时期的旅游业只具备产业雏形，不完全属于产业范畴。1978 年 12 月，中共十一届三中全会确立了将党的工作重心转移到经济建设上来的战略，制定了改革开放的方针，中国从此走上了具有中国特色的市场经济发展道路。虽然早在 1954 年 9 月，周恩来在一届人大一次会议上所作的《政府工作报告》中就提出了"四个现代化"的设想，但直到中共十一届三中全会，中国共产党才把实现社会主义的四个现代化作为时期的主要任务。[①]也就是说，改革开放以后，随着国门的打开，已经在全球其他地方"横行"多年的现代性才真正开始全面而深刻地影响和改变中国社会。在全面的现代化需求压力下，过去被视为"臭老九"的知识分子成为各行各业都需要的专家，重新获得了重视和尊重，现代专家系统得到恢复和重建。1982 年，国家风景名胜区概念的提出，为旅游规划专家系统的建立提供了契机，许多城市规划专业和地理学的学者因此开始介入旅游规划事业。1984 年中央提出国家、地方、部门、集体、个人一齐上，自力更生与利用外资一齐上的旅游建设方针，揭开了全方位发展旅游产业的序幕[②]。1985 年年底，我国正式将旅游业确定为国民经济体系中的一个产业，实质性地实现了旅游业由事业型向产业型的转变[③]。

---

① 师霞：《"四个现代化"是怎么提出来的?》，参见 http：//cpc. people. com. cn/GB/64156/64157/4418435. html，2011 年 1 月 1 日。

② 刘锋：《中国旅游业发展回顾与前瞻》，《新经济导刊》2003 年第 13 期。

③ 许春晓：《中国旅游规划的市场研究历程（上)》，《旅游学刊》2003 年第 3 期。

1992年中央明确提出旅游业是第三产业中的重点产业，之后，中共中央提出的《关于制定经济和社会发展“九五”计划和2010年远景目标纲要的建议》，旅游业被列为第三产业积极发展新兴产业序列的第一位。1996年开始，中国旅游业的开发正式确立了企业化管理与经营模式，尽管当时的计划经济色彩还很浓厚，但是已经开始形成了“有计划的商品经济”的时代语境[①]。1998年中央经济工作会议提出旅游业作为国民经济新的增长点。此后，国家计委把旅游项目列入国债项目，铁路部门及时开行了数百列旅游专列。中央和国务院的支持为旅游业发展打下了坚实的基础。

到20世纪90年代末，全国有30个省、自治区、直辖市把旅游业作为支柱产业、新的经济增长点或第三产业中的支柱产业培育和发展，[②] 28个省、市、自治区做出了“关于加快发展旅游业的决定”[③]，除旅游部门外，林业、文化业、教育业、体育业、农业、商业等行业都大力参与旅游业开发和经营，几乎是全国上下搞旅游，全民办旅游。在旅游热的环境下，各地出现了以景区景点为中心的开发建设热潮，旅游规划需求也就应运而生。

二　旅游规划市场的内驱力

马克思在《路易·波拿巴的雾月十八日》中论述复辟时代的法国农民，评论说：“他们不能代表自己，一定要别人来代表他们。”[④] 爱德华·萨义德把这句话放在《东方学》的扉页，他想表达的意思首先是：西方所谓的“东方学”，实际上乃以否认东方人代表自己的能力和剥夺东方人代表自己的权利为基础。当然，今天的中国旅游规划市场上，甲方的无法自我代表性和当年的法国农民不可同日而语。当年的法国农民因为没有能力代表自己而成为“沉

① 许春晓：《中国旅游规划的市场研究历程（上）》，《旅游学刊》2003年第3期。

② 何光暐：《新世纪新产业新增长——旅游业成为新的经济增长点研究》，中国旅游出版社2000年版。

③ 何光暐：《中国旅游业50年》，中国旅游出版社1999年版。

④ 《马克思恩格斯选集》第1卷，人民出版社1972年版，第693页。

默的大多数”，今天中国旅游规划市场上的甲方则由于制度性的安排而无法进行自我代表，必须借用第三方的表述完成自我的表达。笔者在这里也要引用这句话，是要说明：在中国旅游规划体制安排下，甲方（特别是地方政府）无法自己规划（代表）自己，必须由具有相应资质的乙方来完成这一历史使命。这一现象背后所蕴含的事实是，在现代性条件下，人们只有通过信任和依赖专家系统才能获得本体性安全感。在这种结构性的制度安排下，旅游规划的主体不一定是乙方，可能是甲方，乙方只是甲方意图的代理人、表述者。有的时候，甲方委托乙方进行旅游规划，甚至是在项目已经开工建设的时候，发现缺少具有法律效力的旅游规划文本，才想起来补办手续，以符合中国旅游规划的制度要求。这种做法，和“先生孩子，再办结婚证”具有同样的逻辑。从这个意义上说，旅游规划市场的内驱力首先是一种制度安排的结果。

另外，消费主义的盛行使旅游业成为21世纪的朝阳产业，客观上需要旅游规划为旅游开发保驾护航。现代工业文明为人类带来了极为丰富的物质财富，使人类一下子从物质匮乏时代跨入物质相对过剩的时代，以至于“在我们的周围，存在着一种由不断增长的物、服务和物质财富构成的惊人的消费和丰盛现象”。[①] 毫无疑问，现代社会是由消费主导的消费社会，而不再是由生产所主导的生产性社会，正如鲍德里亚指出的，“我们处在‘消费’控制着整个生活的境地”。[②] 物质的丰盛为消费主义的盛行制造了借口，在消费主义盛行的时代，所有事物都被商品化，都是可以被消费的对象。在消费主义兴起的初期，从物质匮乏时代走来的人们如同久旱逢甘霖，仅满足于对物质商品的消费。但是，随着消费主义的盛行，需求层次的递进规律使人们的消费对象逐渐超越了物质，对服务的需求逐年增长。特别是进入20世纪90年代以来，世界服务贸易增速超过货物贸易，服务业成为

① ［法］让·鲍德里亚：《消费社会》，刘成富、全志钢译，南京大学出版社2008年版，第1页。

② 同上书，第5页。

国际直接投资、产业转移、提升产业竞争力的重要领域。① 本质上属于第三产业范畴的旅游业，也在这种消费主义的洪流下逐渐成为一个新兴的朝阳产业。为了在激烈的旅游市场上赢得先机，各级政府和景区景点就希望通过富有创意的旅游规划为旅游开发提供保障，从这个意义上说，旅游规划也是一种被甲方消费的对象。

作为一种基于市场供求关系的产业形态，旅游业本身就包含一种游客对旅游产品的消费关系，而旅游规划的兴起则使旅游业呈现出“消费二重性”的特征。旅游业的“消费二重性”是指旅游业包含两个层面的消费关系：一方面，旅游目的地作为旅游产品的供给方，游客作为旅游需求方，当游客购买旅游目的地提供的旅游产品时，旅游活动典型地表现出一种消费活动的特性；另一方面，旅游规划作为旅游业的“第一道工序”，理所当然地成为旅游目的地（甲方）的消费对象。于是，旅游规划专家（旅游规划的乙方）、旅游目的地（旅游规划的甲方）、旅游消费者之间就形成了一个相关联的生产和消费关系，如图 1－1 所示。

图 1－1　旅游消费二重性示意

旅游目的地和旅游规划者分别生产旅游产品和旅游规划，旅游目的地和游客分别消费旅游规划和旅游产品，其中旅游目的地既是生产者也是消费者。显然，对于旅游产业而言，这两个层面的消费关系缺一不可。

三　旅游规划的产业化

自改革开放以来，随着社会生活的全面现代化，社会经济和行政

① 高静、梁昭：《我国国际旅游服务贸易的竞争力分析——加入 WTO 后的比较分析》，《国际贸易》2006 年第 9 期。

体制发生了巨大的变革，中国旅游业的性质发生了很大变化，最突出的就是旅游业成了一个经济产业，旅游业因此得到了空前的发展。在全国一片旅游开发热潮中，各级地方政府为了“赢在起跑线上”，不惜投入重金聘请知名规划团队进行旅游规划设计。随着旅游开发在全国的普及，旅游规划逐渐具备了产业特征，成为一种新兴的创意产业。

在传统产业形态中，创意是某个产业或行业内部的从属活动，在社会分工不断深化和技术不断进步的大背景下，创意作为一种专家系统的产物，逐渐从原有的经济活动中分离出来，独立为产业，“重新植入”（reembedding）现代市场经济体系，成为为不同行业提供服务的第三方。有“创意产业之父”之称的英国经济学家约翰·霍金斯将创意产业界定为其产品都在知识法的保护范围内的经济部门，认为版权、专利、商标和设计产业四个部门共同构建了创意产业和创意经济。[①] 我国学者厉无畏认为，从广义上讲，凡是由创意推动的产业均属于创意产业，把创意作为核心增长要素或缺少创意就无法生存的产业称为创意产业[②]。虽然旅游规划本身存在科学性和文化性的客观要求，但科学性和文化性只是旅游规划应该满足的最基本条件，旅游规划方案的优劣最终还是取决于创意，旅游规划创意直接关乎一个地方旅游开发的成败，从这个意义上说，旅游规划就是一种典型的“创意产业”。

在全球经济进入以知识为核心竞争力的时代背景下，文化创意和科技创新正成为现代经济增长的双引擎，“创意”更被认为是决定经济效益的关键因素。理查德·弗罗里达就曾经认为，“真正推动20世纪90年代巨大繁荣的并不是贪婪，也不是充沛的资金投入或高科技创业潮，而是各种喷薄而出的人类创意”。[③] “新创意会衍生出无穷的

---

① ［英］约翰·霍金斯：《创意经济：如何点石成金》，洪庆福、孙薇薇、刘茂玲译，生活·读书·新知三联书店2006年版。

② 厉无畏：《创意产业导论》，学林出版社2006年版，第4页。

③ ［美］理查德·弗罗里达：《创意经济》，方海萍、魏清江译，中国人民大学出版社2006年版，第27页。

新产品、新市场和财富创造的新机会，所以新创意才是推动一国经济成长的原动力。”① 正是基于创意在社会经济发展中的重要推动作用，创意产业在世界范围内蓬勃兴起。

创意产业的兴起推动了理念、智慧和科技向经济效益的转化，成为现代服务业中新的经济增长点，并以其动态性、艺术性、产业链效应和高附加值效应等特点，为其他相关产业注入了活力。② 旅游规划通过将创意嵌入、渗透到旅游业的开发过程中，使旅游规划成为一种旅游生产力。而且由于旅游规划处于旅游业开发的上游，旅游规划创意因此始终处于旅游产业价值链的高端地位，其生产力价值通过倡导或展示某种文化价值观来影响公众的意识形态、价值观念、生活习惯等，进而影响潜在的旅游消费者形成某种消费倾向，最终使旅游目的地在旅游市场竞争中脱颖而出，实现旅游目的地旅游品牌增值的目的，同时为自身的产业化奠定基础。

应该说，中国旅游业是典型的政府主导型发展模式，决定了旅游规划的产业化过程带有明显的政策性特征。2000 年，“九五”计划结束，“十五”计划准备启动，国家安排了两期 13 亿旅游发展国债，在全国安排了 110 个旅游发展项目，至少带出了 110 个旅游规划需求。③ 为什么呢？因为地方政府要获得项目扶持资金，前提是必须得有规划，没有规划，在旅游国债申报过程当中就叫“手续不全”，根本不予讨论。旅游规划的“政策性”使旅游规划不可能自发形成产业化，而只能在政府的政策驱动下，通过和旅游规划开发的强制绑定，实现自身的产业化。2003 年，《旅游规划通则》（GB/T 18971 - 2003）（以下简称《通则》）的颁布实施，为旅游规划圈子制定了“游戏规则”，成为中国旅游规划产业形成的标志性事件。旅游规划的产业化，

---

① 美国经济学家罗默（P. Romer）的观点，见《权威视线：多媒体产业——经济发展的新动力》，《中国青年科技》2005 年第 9 期。

② 冯学钢、于秋阳：《论旅游创意产业的发展前景与对策》，《旅游学刊》2006 年第 12 期。

③ 魏小安：《旅游规划：市场、规范与创新》，《中国旅游报》2001 年 11 月 9 日第 C03 版。

标志着旅游规划市场的成熟和完善，为旅游规划圈子的建构与实践奠定了进一步发展的产业环境。

第三节　旅游规划专家系统及其运作

一　因项目而走到一起的人们

旅游是一个涵盖吃、住、行、游、购、娱六大要素的综合性产业，决定了旅游研究必然牵涉经济学、市场营销学、地理学、美学、心理学、社会学、历史学、人类学等自然科学和社会科学（指广义的社会科学，包括人文科学）知识。正因为如此，旅游规划对规划团队成员的专业背景需求比较多元化，需要不同专业背景的专家共同参与。我国的旅游规划活动是在人才极度匮乏的社会背景下起步的，因此，许多学者从其他领域转入旅游规划成为必然。[①] 不过，由于地理学与旅游的天然亲近关系，使得早期从事旅游和旅游规划研究的人员基本都是地理学专业背景的学者。

旅游规划主要分为旅游发展规划和旅游区规划两种：旅游发展规划是根据旅游业的历史、现状和市场要素的变化所制定的目标体系，以及为实现目标体系在特定的发展条件下对旅游发展要素所做的安排；旅游区规划则是为了保护、开发利用和经营管理旅游区，使其发挥多种功能和作用而进行的各项旅游要素的统筹部署和具体安排。[②] 旅游发展规划是旅游目的地旅游发展的先导性规划，具有很强的政策性，因此旅游发展规划的消费主体都是政府。由于旅游区概念可大可小，可以是一个行政区域，也可以横跨几个行政区域，还可以是一个以企业方式运作的景区，因此旅游区规划的委托方可以是政府机构，也可以是企业。

---

① 邹统钎、万志勇：《中国旅游规划思想的演变（上）——中国旅游规划 30 年回顾与反思》，《北京第二外国语学院学报》2009 年第 5 期。

② 国家旅游局：《旅游规划通则》（GB/T 18971－2003）第 3.1 条和第 3.3 条。

一个旅游目的地要发展旅游业，首先需要理清发展思路，形成发展共识，先编制旅游发展规划，其次才是各个级别的旅游区规划。作为最早介入旅游研究的专业人士，高等院校及科研院所的学者们就理所当然地成为政府编制旅游发展规划的不二人选，学者型旅游规划专家也因此成为中国旅游规划市场上的先锋。随着旅游开发热的升级，在利益的驱动下，越来越多的单位和个人加入旅游规划行业中来，旅游规划过程中的甲方、乙方、评审专家等不同背景和目的的人因此而走到了一起，旅游规划圈子逐渐形成。

一般来说，旅游规划的评审专家来自不同的专业领域，除了经常主持旅游规划项目的旅游规划专家外，还包括经济分析专家、市场开发专家、环境保护专家、城市规划专家、工程建筑专家、人文历史学者、旅游规划管理官员及相关部门管理官员等。很多旅游规划专家在不同的场合通常具有不同的身份，有时候自己作为乙方接受别人的审视，有时候自己作为评审专家审视其他专家的规划成果。因此，旅游规划圈子中的乙方和评审专家在身份上往往具有重合性，几乎所有旅游规划专家都有可能是现实的或者未来的评审专家，特别是对于知名的旅游规划专家更是如此。在旅游规划圈子中，旅游规划的乙方和评审专家构成了相对封闭的旅游专家系统，是圈子内最有专业话语权的人。作为专家系统成员，乙方和评审专家（往往也是某个旅游规划项目的乙方）通过达成默契的互相审视和肯定，不断维系着圈子的专业性和权威性。

二　作为专家系统的乙方分化

魏小安认为，从学理和学术水平层面来说，中国的旅游规划专家还达不到开宗立派的水平，没有必要把正常的争论上升为派系之争。[①] 不过，人天生是分类的动物，分类不仅是人类认识世界的一种方式，而且也是世界的存在方式。随着旅游的“蛋糕”越做越大，

① 魏小安：《旅游规划：市场、规范与创新》，《中国旅游报》2001 年 11 月 9 日 C03 版。

旅游规划的“蛋糕”也越做越大，旅游规划圈子本身逐渐拥有了一种分化的动力和趋势，特别是对于处于供给方的乙方来说，这种分化更是适应市场细分化的竞争策略。这种规律，套用一句武侠小说用语，那就是“有人的地方就有江湖，有江湖的地方就会有派别”。按照不同的分类标准，同一事物可以有不同的分类体系。比如，在不同的发展阶段，旅游规划风格就有资源导向型、市场导向型和产品导向型的区别。不过，笔者并不想对旅游规划编制方进行严格而细致的分类，而是希望通过透视乙方的分化现象来更好地解读圈子。因此，笔者试图基于乙方不同的生存模式对乙方群体进行分析，以了解乙方在什么社会背景下如何充分利用资源来建构自身并进行相互竞争。

如前所述，高校和科研机构的学者是最早介入旅游规划圈子的规划人员，并在很长一段时期内成为旅游规划编制的主力军，但经济利益的驱使很快就打破了这种局面。2000 年，国家旅游局颁布了《旅游规划设计单位资质认定暂行办法》，一批专业的旅游规划机构得以在权威的庇护下产生，其中既有专业院校、研究机构，也有政府附属机构，更有规划公司等各种不同性质的旅游规划机构。

很多旅游规划公司的人自诩为“市场派”，而把那些在高校及科研单位中兼职从事旅游规划的学者称为“学院派”，言下之意就是表明自己是面向市场的、可操作的、务实的，而高校的那帮学者是理论化的“学院派”，是纸上谈兵的、务虚的。对此，来自高校的旅游规划专家 WLS 坚决反对：

> 我个人非常讨厌把旅游规划群体分为学院派和市场派或者实战派的做法。这都是什么人说的，是那帮做企业的特别是做旅行社的一帮人，什么都不懂，是一种很无知的说法。第一，所谓的“学院派”和“市场派”做出来的东西没有区别，假如非要分开的话，学院派更按照规范去做，而市场派则只是大体上遵循规范，不够严谨。第二，两者之间并没有本质的差别，大家看到的只是名称的不同而已，事实上两者组合在了一起。旅行社那帮老总什么都不懂，在旅游规划评审会上，看到高校学者做的旅游规

划文本就想当然地把它归入学院派，说学者做的东西一点都不顾实际。他们根本不懂规划的基本原则，看不到最根本的一点：旅游规划启动的不是存量市场，而是潜在市场。对于存量市场，市场总量是不变的，要争取更多的市场份额，靠营销手段就可以了，这和规划本体已经脱离了关联。那些被称为“市场派”或者“实战派”的旅游规划有什么实战？怎么样才叫实战？很多被称为“学院派”的学者做的规划不下几十个，你难道说他不实战吗？一个小公司最多做四五个规划就敢说自己实战？哪实战了？实什么战？（2010 年 7 月 26 日访谈记录）

圈内知名人士 WYX 的观点则相对折中：

2003 年以后，旅游规划的队伍明显出现分化，一部分依旧是专业院校的学者，另一部分就是以专业化服务为宗旨的旅游规划单位及公司，前者形成了依托高校的兼职“学院派”，后者以专职性为主要特征，形成了以此为生的专业“公司派”及属于事业单位编制的“行政派”。学院派指利用课余时间，以横向科研课题的名义进行旅游规划活动的高校教师群体；公司派指那些以公司名义进行旅游规划活动的乙方，公司派一般由 1—2 名知名规划专家坐镇，吸收城市规划、园林设计、艺术设计、建筑设计、旅游规划等方面的专业人才作为公司员工。两者的差别，一个是专职的旅游规划公司，一个是把旅游规划作为学术科研活动的业余团队；一个是在商言商，公开地做生意，一个是继承“君子不言利”的儒家传统，把一桩买卖做成了“学问”。（2010 年 7 月 21 日访谈记录）

的确，在高校及其科研机构里，类似旅游规划这种项目，一般都被称为横向科研项目，好像有意无意地在淡化学院派对金钱的兴趣，这似乎符合中国传统对教师的道德期望。

事实上，对旅游规划编制方的分类可以有很多角度，比如圈内人五月莲花（网名）就认为中国的旅游规划单位分为学院派、城市规划派、专门的旅游规划公司、国外设计机构四类；北大门（网名）则认为国内现有的旅游规划单位可以分为五类：规划勘察设计单位（相当于五月莲花的城市规划派）、大学系列单位（相当于五月莲花的学院派）、局所中心事业单位、专业旅游规划公司以及其他类型（指国内现有的旅游规划丙级单位及大量未评级而从事旅游规划业务的单位）。[①] 为了对旅游规划圈子进行更为细致的说明，笔者按照WYX的观点，姑且将旅游规划圈子中的乙方分为学院派、公司派和行政派三类。这种以规划人员的属性为主要依据对旅游规划编制单位进行分类的做法，本身并不带有价值判断，在圈子内有一定的代表性。实际上，这里所说的“公司派”，和圈内人俗称的“市场派”，其所指几乎是等同的。不过，笔者所认可的“市场派”，不是某些人等同于“实战派”的自我吹嘘，而是特指这一类旅游规划单位是市场经济体系下以“市场”为生的属性。因此，为了避免产生为某些人“张目”的嫌疑，笔者赞同抛弃带有价值判断的“市场派”提法，以“公司派”代之。

总的来说，学院派的规划者大多出身于地理学、经济学、管理学等学科背景，具备深厚的理论功底，案头工作做得很扎实，擅长于文字分析和表达，在规划理论上往往能提出许多新学说，擅长宏观层次的把握，如旅游发展规划和总体规划等；相比较而言，公司派和行政派的规划者往往是学城市规划、景观规划、园林设计等工程类专业出身，擅长制作精美的平面图、立面图以及景观效果图等工程图件，擅长微观层次的把握，如旅游区修建性详细规划、控制性详细规划等。从提供的文本风格上看，学院派是主张“文本主义”的思想派，公司派和行政派是主张“图本主义”的工程派。从和政府的关系上看，学院派不擅长和市场、官场打交道，属于清高型，公司派和行政派本身就是市场和官场的产物，在市场和官场上游刃有余，属于江湖型。

① 北大门：《国内旅游规划单位布局浅析》，http：//lingzhi5000. blog. 163. com/blog/static/50401920103123327237/，更新日期：2010 年 4 月 1 日，引用日期：2011 年 2 月 28 日。

另外，从国家旅游局公布的旅游规划资质认定公告中可以看出，学院派的旅游规划资质普遍低于公司派和行政派。据不完全统计，截至2010年年底，全国具有甲级资质的旅游规划设计单位大概有42家，[①] 其中只有中国科学院地理科学与资源研究所、东北师范大学旅游科学研究所、湖北大学旅游发展规划研究院、中山大学旅游发展与规划研究中心4家单位是典型的学院派科研院所，其余38家均为实行公司制或者具有事业单位性质的旅游规划单位。笔者认为，造成这一局面的主要原因，不是学院派不如公司派和行政派，而是在于：与公司派和行政派的“专业性”相比，学院派做旅游规划属于“兼职”活动，且具有一定的科研色彩，使其旅游规划活动非全职投入，而且市场化特征相对弱化。不过，随着旅游规划市场的发展，学院派、公司派和行政派在规划理念和规划技术等方面开始出现互相融合的趋势。事实上，很多实行公司制的旅游规划企业，其核心成员都是旅游学界的知名学者，如北京大地风景旅游景观规划设计院院长是北京大学的吴必虎教授，北京土人景观与建筑规划设计研究院院长是北京大学的俞孔坚教授，成都来也旅游策划管理有限责任公司董事是四川大学的杨振之教授，中南生态旅游规划设计责任有限公司的负责人是中南林业科技大学的吴楚材教授等。

经过多年的发展，无论是学院派、公司派，还是行政派，都形成了一些实力比较雄厚的团队。对于学院派而言，实力主要取决于项目主持人个人的学识和素养，目前在旅游规划界较有名望的学院派主持人，无一例外都是国内旅游研究方面的专家学者，如北大的吴必虎、中山大学的保继刚等。目前旅游规划市场普遍认可的公司派旅游规划品牌，有北京达沃斯、北京绿维、北京土人、浙江远见、上海奇创和深圳麟德等。国内知名的行政派旅游规划单位，如中国旅游研究院、中国科学院地理科学与资源研究所、中国城市规划设计研究院旅游规

① 北大门：《北大门整理最新全国甲乙丙级旅游规划设计资质单位名录》，http：//lingzhi5000. blog. 163. com/blog/static/504019200721132452 8/，更新日期：2011年2月15日，引用日期：2011年2月25日。

划研究中心、河北省地理科学研究所、上海社会科学院旅游研究中心、广西旅游规划设计院、云南省城乡规划设计研究等。

三 圈子的运作

随着圈子规模的扩展，因旅游规划项目而走到一起的乙方逐渐产生了分化，并初步形成了所谓的学院派、公司派和行政派之分。不同的生存环境，决定了三者不仅在规划思想和技术上各有侧重，在项目的运作方式上也必然大为不同。

学院派规划者大多是高校教师或者科研机构研究人员，教书育人和科研活动是其主业，作为非日常性工作的旅游规划活动，基于成本的考虑，其运作模式不可能实行常态化的公司制，选择临时组队的松散化模式是最佳方案。作为学院派的一员，JZX 对于自己的学者身份感到自豪：

> 和那些开公司的人相比，我觉得还是在高校比较好，没有运作公司的压力。(2010 年 7 月 21 日访谈记录)

的确，与那些拥有自己公司的规划专家相比，学院派的规划专家无须为公司的日常运作成本操心。每个旅游规划项目都是以规划主持人为核心临时组队，项目完成团队的使命也就结束了，不用固定地给项目组成员发放薪水。由于不同的项目面临的情况大不相同，因此不同规划项目的团队组成不会完全一样，但规划主持人一般会形成一个核心成员相对稳定的规划团队。形成一个相对稳定的规划团队，对于旅游规划主持人来说显得尤为重要。WYX 就曾经为此表达过自己的观点：

> 做旅游规划不是靠人海战术，形成核心团队非常重要，这是形成品牌的关键。(2010 年 7 月 21 日访谈记录)

除了核心成员，学院派的规划团队还包括项目主持人门下的硕士生、博士生，他们作为旅游研究方向的研究生，在项目运作过程中承担着大部分的事务性工作，部分能力比较突出的研究生有可能因此而成为团队中的核心成员。总的来说，硕士生和博士生参与导师的旅游规划项目是一个互惠双赢的过程：一方面，由于是自己的学生，而且是处于学习阶段的学生，只需要支付不多的象征性津贴就可以获得相对比较廉价的劳动力；另一方面，硕士生和博士生参与导师的旅游规划项目，不仅可以为自己积累科研资本，而且还能获得一定的额外收入。在笔者接触的旅游方向的硕士及博士研究生中，几乎都一致地表现出对参与旅游规划工作的热情，特别是对于参与机会较少的硕士研究生来说更是如此。那些能有机会参与导师旅游规划项目的硕士研究生，往往觉得自己很幸运。回首自己的研究生生涯，LL 很是自豪：

> 当时我老板的课题比较多，他的学生整天都在忙着做规划，全省大多数的州都跑过了。虽然没有时间读书，不过学旅游的人能在实践中得到锻炼也很好，我老板也经常跟我们讲要在实践中学习。(2010 年 8 月 1 日访谈记录)

公司派规划者作为市场经济的产物，其目的就是以旅游规划作为其营利工具，旅游规划是其生存的主业，公司制是其实现利润的方式。旅游规划活动作为公司的日常性工作，必须有一个常设团队进行旅游规划项目的竞标和编制工作，规模大一点的旅游规划公司还需要有人力资源部、对外宣传部、财务部、工程部等部门。因此，旅游规划公司不可能采取学院派的松散化运作模式。对于旅游规划公司来说，创业初期也需要借助名人效应，通过项目主持人在业界的声望来获得项目和创建公司品牌。随着公司的发展，可以通过打造几个经典规划案例塑造自身品牌，这时候个人在公司发展中的作用就逐渐弱化，公司在市场竞争中对知名专家的依赖性也会有所降低。如曾荣获 2002 年《中国旅游报》“中国旅游知名品牌”称号的达沃斯巅峰旅游规划设计院，洪清华和刘锋是其创始人，但后来公司走上了良性发展轨道之后，两人的影响力逐渐淡出，时至今日，很多人知道“达沃斯巅峰”却不知道洪清华和刘锋。从某种意义上说，“达沃斯巅峰”已经成为一个品牌符号，是现代性“脱域机制”的产物。因此，从长期来看，公司派的品牌塑造并不依赖于个别的核心人物，而需要企业每一位员工的努力，以一个个质量上乘的旅游规划成果来打造属于公司的品牌形象，并作为一个整体参与市场竞争。作为独立的市场主体，旅游规划企业的团队成员一般来说相对稳定，会形成比较稳定的企业文化和团队认同。不过，虽然如此，具体到不同的旅游规划项目，公司派旅游规划团队也会邀请一些“外脑”作为规划组成员或者规划顾问。

行政派的旅游规划者属于事业单位编制，这类人员一方面享受着事业单位的稳定和福利，一方面又可以在市场大潮中享受“市场红利”。对此，学院派的 WYX 曾称其为“豢养派”，言下之意就是嘲笑这类群体依赖国家财政，有点不思进取的味道。事实上，按照《事业单位登记管理暂行条例》的定义，事业单位是指国家为了社会公益目的，由国家机关举办或者其他组织利用国有资产举办的，从事教育、科技、文化、卫生等活动的社会服务组织。

WYX 说：

> 中国的事业单位在功能上对应国外的非营利组织和非政府组织，不过国外的这些组织是社会自治组织，而中国的事业单位和政府的关系比较密切。正因为如此，那些作为事业单位的旅游规划单位，往往在主要以政府作为甲方的旅游规划市场上占据绝对的优势。（2010 年 7 月 21 日访谈记录）

在笔者看来，这不过是某些政府部门与民争利的必然结果，是利益集团化在旅游规划圈子的一种特殊表现。

无论是学院派、公司派，还是行政派，从某种意义上说，旅游规划的过程是一个“智力危机”的解决过程：甲方为了向上级政府申请扶持资金、贷款，或者为了招商引资、施工建设等，提出一个需要在限定时间内解决的现实问题，即“危机”，面向众多或者某个特定的有着

“危机”解决资质的单位发出“英雄帖”，以求得较为圆满的解决方案。为了对乙方提交的方案进行验收，甲方就需要雇用一个第三方的专家系统作为评审委员会，对最后的规划方案进行评价并提出意见和建议。这样，甲方、乙方和评审专家等各方利益相关者围绕着旅游规划成果共同建构了旅游规划圈子，并展开了或明或暗的权力、话语、利益方面的博弈。

第二章

旅游规划编制的主体

从规划伦理层面看，旅游规划的主体应该包括旅游规划过程中涉及的甲方（规划委托方）和乙方（规划编制方）、东道主以及评审专家等，不过，作为旅游规划编制的主体，旅游规划编制方往往成为最为外显的旅游规划主体，是旅游规划圈子的核心。旅游规划圈子的形成和发展，是一个以旅游规划编制主体为核心的旅游规划专家系统发展史，离不开一个个旅游规划编制单位从无到有、从小到大的发展，具体表现为一个个旅游规划人员的成长与独立。

第一节　关于规划资质问题

一　旅游规划单位的资质

中国大陆的旅游规划发展了30多年（1979—2010），旅游规划设计机构从无到有，从少到多，从北京到全国，发展极其迅速。为了规范旅游规划设计活动，加强对旅游规划设计单位的管理，提高旅游规划设计质量，保障委托方和受委托方的合法权益，促进旅游业的健康可持续发展，2000年11月22日，国家旅游局颁布了《旅游规划设计单位资质认定暂行办法》，2005年8月5日，正式颁布《旅游规划设计单位资质等级认定管理办法》（以下简称《办法》）。《办法》规定，旅游规划设计单位资质等级分为甲级、乙级和丙级，其中，甲级和乙级资质的认定和复核由全国旅游规划设计单位资质等级认定委员会负责，丙级资质旅游规划设计单位由省级旅游规划设计单位资质认定委员会直接认定，并报全国旅游规划设计单位资质等级认定委员会备案。《办法》还规定，旅游规划设计单位资质等级每两年复核一次，复核通过的，换发新的资质等级证书；复核未通过的，由具有相应权限的资质等级认定机构做出撤销或降低资质等级的决定。被撤销资质等级的旅游规划设计单位，一年内不得重新申请资质认定。

正因为如此，全国具有旅游规划资质的单位数量及等级分布时刻处于动态变化之中。2002 年 6 月 24 日，国家旅游局公布了第 9 号公告，开始认定首批 9 家甲级资质旅游规划单位；同年 12 月 27 日，认定 36 家乙级资质旅游规划单位。截至 2010 年年底，国家旅游局共认定 42 家甲级、227 家乙级资质旅游规划单位。[①] 对于竞争激烈的旅游规划行业而言，较高的旅游规划资质就意味着较强的旅游规划实力，容易在竞争中占得先机，因此各旅游规划单位都会想方设法提高自己的资质等级。全国在从事旅游规划活动的机构，除了国家旅游局公布的具有甲级和乙级资质的旅游规划单位外，还有大量由省级旅游规划设计单位资质认定委员会直接认定的丙级资质单位，以及大量未评级的旅游规划机构，包括园林工程公司、广告策划公司、旅行社、管理顾问公司、投资咨询公司、标识设计公司、文化传播公司、工作室等。应该看到，由于全国旅游业的高速发展，旅游规划需求持续增长，在现行旅游规划管理体制下，拥有不同级别旅游规划资质的旅游规划单位在很长一段时间内都将共存。

应该说，《旅游规划设计单位资质等级认定管理办法》的颁布和实施，本意是要规范旅游规划市场，提高旅游规划质量，促进旅游业的健康有序发展。事实上，《办法》的颁布和实施，虽然在一定程度上给过热的旅游规划市场带来了理性因素，但旅游规划单位资质认证制度本身的缺陷及其带来的弊端，使《办法》的合理性和有效性存在很大的问题。首先，《办法》与《旅游规划通则》（以下简称《通则》）同时实施，两者的自相矛盾不仅缺乏合理性，产生了不公平因

① 北大门：《北大门整理最新全国甲乙丙级旅游规划设计资质单位名录》，http：//lingzhi5000. blog. 163. com/blog/static/5040192007211324528，引用日期：2011 年 2 月 25 日。

素，而且还容易滋生权钱交易等腐败违法行为。一方面，《通则》第5.1.1条对旅游规划的编制单位资质提出了要求，即“旅游规划委托方应根据国家旅游行政主管部门对旅游规划设计单位资质认定的有关规定确定旅游规划编制单位”。另一方面，根据《办法》规定，旅游规划单位要取得旅游规划资质，无一例外地要求申请单位必须“从事旅游规划设计一年以上”，甲级资质甚至要求“获得乙级资质一年以上，且从事旅游规划设计三年以上”。做规划需要资质，申请资质又必须做过旅游规划，也就是说，《办法》和《通则》的同时存在，原则上使新的旅游规划单位没有了产生的可能，[①] 新加入的旅游规划单位为了取得资质，必然采取贿赂等非法手段，使得旅游规划资质的认定过程成了一个滋生腐败的温床。其次，《办法》的实施滋生了见不得人的“二级市场”，与《办法》制定的初衷背道而驰。许多拥有资质的单位不做规划或者很少做规划，而是通过出租旅游规划资质抽取佣金，使任何人都可以随便组队参与旅游规划市场的“竞争”，没有体现限制不良规划队伍的功能。

对于旅游规划资质问题，旅游规划专家WYX表达了自己的看法：

> 由于国家旅游局在国家权力的构成中不是“内阁成员”，为了获得控制旅游规划的权力，争取更多的利益和话语权，才有了旅游规划资质的问题。我们国家的管理模式决定了各部门都会充分利用职权争夺更多的利益，这实际上是中国社会利益部门化的反映，不仅旅游行业如此，其他各职能部门也是如此，如城建部门控制了城乡规划资质的认定和管理，林业部门控制了林业规划资质，环保部门控制了环评资质，发改委则控制了科研资质等。(2010年7月21日访谈记录)

① 《旅游规划设计单位资质认定暂行办法》于2000年11月22日颁布实施，《旅游规划通则》2003年5月1日实施，按照两者的规定，不可能有新的旅游规划资质产生，只可能在《办法》颁布之后、《通则》颁布之前已取得旅游规划资质的单位中变更等级。

俞孔坚教授则对旅游规划资质的单位化提出了质疑，他认为：

设计单位集体拥有资质是很荒谬的事情，很容易养一批闲人懒人，因此应该废弃资质的限制，转向个人执业水平的认定。①

旅游规划青年专家 CSX 不同意这样的观点，他认为：

旅游规划的综合性决定了旅游资质只能由单位来承担。有些专家提出资质个人化的观点，有其自身利益在里面。对于知名专家来说，旅游规划资质越单一，其个人的市场价值就越大；越综合，其市场价值就越小，所以某些知名专家提出这样的观点也是情理之中的事情。(2010 年 7 月 21 日访谈记录)

事实上，不同资质的旅游规划编制方对《办法》有着完全不同的认识和态度。对于那些拥有甲级资质的旅游规划单位而言，由于《办法》维护了他们的利益，因此无论是从感情角度出发还是从维护国家部门规章权威的角度出发，无疑持坚定支持的态度。对于那些资质级别不高甚至没有资质的单位来说，《办法》使他们在市场竞争中处于劣势，特别是由于《办法》实施的偏差加剧了这种劣势，对于《办法》的态度往往多有抱怨。笔者周边的旅游规划人员就不止一次地抱怨有关部门在执行《办法》时严重不公。抱怨是基于这样的事实：有关部门在执行《办法》时歧视非驻京单位，致使非驻京单位很难申请到高级别资质，有数据为证：截至 2010 年年底，在全国 42 家甲级旅游规划单位中，有 16 家是北京的单位。

WYX 的观点很有代表性，他抱怨说：

云南作为旅游大省，本地专家及规划团队每年都要完成相当

① 牛健鸿：《俞孔坚：为绿色奥运奉献“白话景观”》，http：//epaper. rmzxb. com. cn/2008/20080815/t20080815_ 205289. htm，2010 年 4 月 9 日。

数量的高水平旅游规划，拥有较强的旅游规划和研究能力，但迄今为止云南省还没有一家拥有甲级旅游规划资质的单位，名实不符。这很大程度上和云南地处边疆，朝中无人有很大的关系，那些负责资格审查的专家往往戴着有色眼镜看待云南的旅游规划专家。另外，近年来，国外一些旅游规划机构大量进入中国，它们的资质不受国内规则的限制，这对国内的旅游规划单位来说也是一种不公平。(2010 年 7 月 21 日访谈记录)

二　成为规划主持人

无论是学院派、公司派，还是行政派，旅游规划项目的主持人都是圈子内的重量级人物，更是旅游规划项目团队的灵魂和核心，在圈子的差序格局中处于中心位置。一般来说，项目主持人在社会上拥有常人所不及的知识资本和话语权，特别对于学院派的主持人而言更是如此。拥有不同级别知识资本和话语权的项目主持人，其所形成的“场域”范围也就不同，在圈子的差序格局中的辐射力也就不一样。特别是在旅游规划市场形成之初，只有那些拥有较高学术声誉和良好人脉的专家、学者，才能获得甲方的青睐。作为规划主持人，性别不是问题，[①] 重要的是要在圈子内外，特别是学术界有着良好的声誉和口碑。当然，“良好的学术声誉和口碑”几乎都和“上了一定年纪”有着某种天然的联系。目前国内学院派的旅游规划知名专家中，几乎都是学界的知名教授和博导，正是这个原因。不过，随着市场规模的扩大，数量稀少的“名家”远远不能满足市场需求的缺口，于是，一批批“准名家”或者“非名家”有了发展的机会，特别是那些八面玲珑、深谙中国政治生态的规划主持人因此获得了广阔的发展空间。

在早期旅游规划主持人的带领下，一批批旅游规划的专业人员迅

---

① 虽然事实上旅游规划圈子内男性项目主持人占据大多数，但这种现象的形成有着深刻的社会文化原因，并不是旅游规划圈子本身的特色。

速成长起来，并逐渐在旅游规划市场上崭露头角。比如，被圈内人称为旅游规划行业“黄埔军校”的北京达沃斯巅峰旅游规划设计院，在其发展初期集聚了国内最早的一批旅游规划市场实践者，培养了许多知名旅游规划专家，其中很大一部分人在离开达沃斯巅峰后马上就开创了自己的公司。如作为达沃斯巅峰创始人之一的洪清华创立了上海奇创，林峰创立了北京绿维，其他很多在达沃斯巅峰干过的人后来成了北京土人、建国慧景、上海先锋、金石国际、杭州智诚等一大批后来兴起的旅游规划公司的核心骨干成员。

相比较而言，学院派的旅游规划主持人成长周期比较长。一般来说，高校和科研部门的学者要成为旅游规划的项目主持人，都要在旅游学界得到普遍认可才有可能。至少在目前的旅游规划市场上，除了极个别例外，学院派的旅游规划主持人基本都是教授、博导，最差也是副教授，而且在学术界具有较高的知名度。在中国现行学术评价体系下，一个学者从助教到讲师，再到副教授、教授，需要相当漫长的时间磨砺。而且高校教师和科研单位研究人员从事旅游规划项目，还与所在单位的政策有关，有的单位鼓励，有的单位严厉禁止，或者不置可否，但实际却设置层层障碍。正因为如此，一些原本兼职从事旅游规划工作的学院派规划人员，为了避开所在工作单位的种种限制，通过种种办法开设规划公司承接旅游规划项目，成为横跨学院派和公司派的“双栖人”，极少数人为了专心从事旅游规划，甚至辞去原来的工作变成公司派的一员。

对于那些属于事业单位的行政派旅游规划编制方，由于天生和以政府为主的甲方关系亲近，使规划活动本身具有较为浓厚的行政色彩，而且这种行政化进一步强化了结构的力量，使项目主持人远远不如单位本身那么受人关注。

WYX 在访谈中这样表达自己的看法：

> 那些具有事业单位性质的规划方有着过硬的关系资源，不怕没有规划项目，而且主持人是谁也根本不重要，只要事业单位那块牌子在就可以旱涝保收。(2010 年 7 月 21 日访谈记录)

三 规划人员的选拔

如果说人类学田野工作是男性的田野、年轻人的田野，事实上是要表达这样的事实：由于田野工作的艰苦性和特殊性，与女性相比，拥有较好体力的男性更适合做田野工作；与上了年纪的人相比，精力充沛的年轻人更适合做田野工作。旅游规划要求到项目地进行仔细的实地调研，一般都属于野外考察性质，特别是对山地型旅游地来说更是如此，对考察者的体力是个巨大的考验。因此，在某种程度上，旅游规划的实地考察工作类似于人类学的田野工作，有时候比人类学的田野工作还要辛苦和危险。正因为如此，旅游规划和人类学的田野工作一样，对规划新手有着类似的性别和年龄偏好，也可以说是“男性的规划，年轻人的规划”——这就是旅游方向的研究生导师更倾向于招收男生的主要原因之一。

改革开放后，随着全国一片旅游开发热，高校里的旅游管理专业也因此“得道升天”，受到越来越多的学子青睐，逐渐成为炙手可热的热门专业。据笔者对部分旅游管理专业本科生、研究生的访谈，大多数学生选择旅游专业都是基于“旅游很好玩”这样基本的认识。不过，本科生一般是没有机会接触旅游规划项目的，即使是研究生，也只有那些导师能拿到规划项目的硕士生、博士生才有机会参与旅游规划。对于那些旅游方向的研究生来说，考上研究生，就算是有了接触旅游规划的机会，要是导师能拿到旅游规划项目，基本上就算是进入旅游规划圈子了。一般来说，一年级新生主要应付研究生阶段的课程学习，偶尔也会做一些辅助性的工作，如参加讨论、查找资料、排版、打印等。大概到二年级的时候，会被要求参加规划文本的撰写工作，大多给他们分配一些比较程式化的章节，如旅游资源分析、保障措施等。师生之间通过做规划互相加深了解，一方面，学生可以在参加项目讨论和文本撰写过程中展示自己的才华，熟悉旅游规划的技术和方法；另一方面，导师通过委派相关任务给学生，根据学生的完成情况发现具有发展潜力的学生。作为教育机构，学院派旅游规划团队客观上还承担着人才培养的功能，为学生毕业后进入职业规划团队奠定基础。从这个意义上说，学院派旅游规划团队是旅游规划圈子的人力资源库，是圈子的起点站。当然，由于学院派旅游规划品牌取决于学者个人的学识和声望，而成为一个知名学者的周期又比较漫长，如果一个旅游规划者的成长路径是从“学院”到“学院”的话，需要走的路会很长很长。不过，要是从“学院”到“公司”的话，由于可以利用公司品牌，弱化个人因素，旅游规划师可以在很短的时间内成长起来。现在的旅游规划市场上，在专业旅游规划公司从事旅游规划的人员，大多是在研究生学习阶段开始接触并进入旅游规划圈子的。

对于纯市场化运作的旅游规划公司，其本身并不承担着培养人才的责任和义务，对于新加入成员的要求要严格得多。公司在选拔员工的时候，首先要考虑的是有没有相应的专业背景以及从业经历。那些本身就是旅游规划相关专业出身并且曾经有过旅游规划经验的应聘者，会受到格外的青睐，因为具有这样资历的应聘者几乎不存在适应和培训的问题，直接就能担当重任。对于那些具有相关专业背景但没有从业经历的应聘者，公司可能要求应聘者经历一定期限的实习期，根据实习期表现确定是否录用。

一位规划公司的老总曾经明确地说：

> 我们作为公司是要赚钱的，希望员工都能独当一面，不想也不可能成为新手的实习基地。(2010 年 7 月 27 日访谈记录)

那些行政派的旅游规划单位，由于属于事业单位编制，因此其招聘程序和普通的事业单位也差不多，往往具有明显的行政色彩。在很多人的心目中，同是从事旅游规划工作，在事业单位就意味着更好的福利和更稳定的工作环境。在就业压力日趋加大的今天，那些即将有志于从事旅游规划工作的硕士研究生们，往往对事业单位性质的机构情有独钟。

刚刚毕业进入一家旅游局下属事业单位的 SBB 说：

> 我当时应聘了好几家单位，其他几家都是私营企业，效益虽然不错但感觉不稳定没有安全感。只有这家是事业单位，当我确定被录用后，高兴了好几天呢，感觉自己有了靠山。（2010 年 7 月 27 日访谈记录）

说这话的是一位女孩子，她觉得在事业单位虽然有论资排辈的规矩，年轻人不容易出头，不过对于女孩子来说，按部就班的生活也很不错。

按照《旅游规划通则》和《旅游规划设计单位资质等级认定管理办法》的规定，几乎任何人都可以在“XX 单位”的名义下从事旅游规划工作。不过，无论是学院派还是公司派，或者是行政派，旅游规划人员的入门都有一套业内普遍认可的“行规”，其成长也都需要一个或长或短的过程。

第二节 融入与接纳

一 圈子中的新成员

和其他行业一样，一个旅游规划新手从接触旅游规划，到进入圈子，得到圈子的认可，逐渐成长为一名合格的规划师，最后成为一名规划专家，需要经历漫长的历程。但是，成长起来的毕竟是少数，成为优秀者的更是凤毛麟角，很多规划新手可能因为种种原因半途而废，早早就离开了旅游规划圈子。ZZY 读研究生期间曾经跟随导师做了不少旅游规划的编制工作，自己也比较喜欢旅游规划工作，但就业的压力最终让他选择了考公务员。

对于在读书期间开始接触旅游规划的规划新手而言，从第一次跟着导师做规划项目算起，不断参与旅游规划实践不仅是作为学生的一种学习任务，同时也为其以后的职业生涯奠定了从业资历基础。在旅游规划人员看来，旅游规划过程是一种具有休闲性质的工作，也是一种具有工作性质的休闲。正因为如此，对于那些跟着导师从事旅游规划的研究生来说，其研究生阶段的学习过程显得与众不同——似乎旅游规划实践和枯燥的学习没有什么关系，倒像是一种休闲生活，以至于很多一年级的研究生对参与导师的旅游规划项目心驰神往。

学院派的旅游规划新手要得到圈子的认可，首先必须得到导师的认可，继而得到导师团队其他成员的认可。这种小范围内的认可往往是规划新手承担更重要任务的前提，每一次规划实践都是一次次的考核，只有考核合格的人才能继续往前走。从一开始查查资料、排排版，逐渐承担部分写作任务，到后来撰写核心章节，最后担任项目副主持，这一步步的历程，依靠的是在一次次的规划实践中崭露头角，证明自己的能力。不过，如果说从规划新手到项目副主持只是一个规划能力的成长过程，只拥有一定的知识资本的话，那么从项目副主持到主持人就需要在规划能力、社会关系的构筑和学术声誉方面都到达一定的层次，同时拥有知识资本、社会资本和文化资本。① 因此，在学院派的规划新手成长过程中，从规划新手到项目副主持，可以说是量的变化，而从副主持到主持，则是质的飞跃。

相比较而言，公司派和行政派的规划新手并不是技能意义上的新手，其入门到熟练的规划师的过程，完全属于单位新员工的成长历程。很多新进入规划公司的员工虽然属于“新员工”，不过由于大多在学校里接受过正规的训练，特别是那些有机会跟随导师做规划的研究生，往往已经拥有了2—3年的旅游规划从业经历，因此，此新手非彼新手，已经不是一名在导师指导下的学生，而是一名具有一定规划水平的“生产者”。事实上，无论是事业单位还是纯商业化的公司，都不是教育机构，规划设计是其主业，成本效益观念是第一位的，新进员工不能仅仅作为一名“学习者”，必须实实在在地承担相应的规划工作。虽然如此，不断的规划实践事实上也是新员工学习进步的一个过程，新员工因此变得经验越来越丰富，逐渐成长为可以独当一面的“熟练工”。对于公司派规划单位来说，当公司在旅游规划

① 资本是现代社会话语权的掌控者，经济资本、文化资本和社会资本是其三种基本形态，其中经济资本是其他类型资本的根源。

市场上拥有自己的品牌时，也就意味着拥有了属于自己的市场。这个时候的旅游规划公司，公司品牌是第一位的，谁是主持人倒显得不那么重要了。而对于行政派的事业单位而言，其影响力主要来源于单位的“事业性”特征，新员工的成长除了要努力提高自己的专业水平外，可能还要面临适应更加复杂的人事关系的问题。因此，和学院派团队不一样，在旅游规划公司或者事业型的规划单位里，只要具备足够的技术水平和人际协调能力，就完全可以担任项目主持人。在以规划设计为主业的旅游规划单位，单位已经为员工的成长铺垫了足够的社会资本和文化资本，员工的成长完全取决于个人所拥有的知识资本。公司和员工之间是共生共赢、相辅相成的合作关系。

二 规划技能的习得

旅游规划者的规划技能不是天生的，是在不断地学习过程中逐渐习得的一种文本建构能力。总的来说，旅游规划文本包括文字和图件两部分，前者涉及旅游、历史、宗教、地理、经济、市场营销等方面的知识，后者更多和制图技术有关，涉及 photoshop、3dmax、coreldraw、autocad 等软件的使用。文本是旅游规划思想和理念的载体，图件则是文本思想和理念的直观反映，因此，在旅游规划中，文本撰写者是旅游规划思想和理念的建构者，制图者是把文本思想和理念图形化的艺术家。大多数时候，文本撰写者和规划制图者分属不同的人和团队，但也有重合的时候。虽然图件制作也有很大的弹性空间，但本质上还是为文本服务的。无论是学院派还是公司派，由于面对的是一个完全陌生的领域，规划新手首先要学会旅游规划的技术“规矩”，熟悉旅游规划涉及的或明或暗的习惯做法。在这一阶段，模仿多于创新，模仿的目的是学习，学习建构符合规范的旅游规划文本。

对于文本撰写者来说，规划技能是一个十分泛化的概念，包括旅游研究所涉及的旅游学、经济学、市场营销学、美学、历史学、民族学、社会学、心理学等多学科知识的积累和应用能力。正因为如此，一个优秀的规划专家不是一朝一夕能成长起来的，必须经过长时间的知识积累和内化过程。好的旅游规划，核心在于思想和理念，比如国内几个比较知名的旅游规划专家，吴必虎、俞孔坚、刘滨谊等人，无不是旅游规划新思想的创立者与鼓吹者。从这个角度说，旅游规划的技能说到底是规划者世界观和价值观的反映，是规划者的一种哲学境界。

相对于文本撰写，规划制图是一个受到“限制”的创造活动，它必须是旅游规划文本的图本化，是文字的图像化解说，受限于旅游规划文本阐述的思想和理念。因此，在旅游规划过程中，规划制图完全是一个技术问题。制图本身作为一种相对独立的技能，理论上可以脱离旅游知识而存在。但是，实践中很少看到旅游规划团队中的制图人员是单纯的制图软件“熟练工”，主要原因在于：缺乏旅游规划思想和理念基础的制图人员，往往难以准确地把握旅游规划文本的精髓，无法使图件和文本很好地匹配。也正是基于这样的客观事实，无论是学院派还是公司派，制图人员大多出身于城市规划、园林设计等相关专业，因为城市规划和园林设计的思想理念和旅游规划一脉相承，他们能很好地理解规划者的意图并恰当地表现出来。某些情况下，出于降低成本的考虑，旅游规划图件的制作也会选用那些根本没有规划技能的“专业制图人员”来完成。对于那些拥有“一专多能”的规划人员，由于他们不但能提出新颖的规划理念和思想，又能制作富有表现力的精美图件，所以能够迅速得到圈子的认可并得到较好的发展机会。不过，业贵于专，随着规划资历的增长，即使是“一专多能”的规划人才，也会将主要精力放在某一方面。

三 个体和圈子间的认同

规划新手和旅游规划圈子之间存在着一个相互认同的过程。规划新手进入圈子后，会逐渐从一个游离于圈子外的“局外人”逐渐对圈子及其文化产生依赖和认同感，用以建立个体身份识别和归属感，同时捍卫圈子的整体利益；同时，圈子作为一个结构性整体，也会逐渐认可和接纳规划新手作为圈子成员。

事实上，规划新手习得旅游规划技能的过程，不仅是一个旅游规划实践经验的积累过程，也是习得旅游规划圈子文化，逐渐认同圈子文化的过程。因为圈子文化正是甲方、乙方和评审专家围绕着旅游规划文本的建构而逐渐建构起来的一种关于圈子的规则、知识、价值观和习俗的复合体。规划新手是圈子文化的习得者，又是圈子文化的贡献者。规划新手作为圈子文化的习得者，处于“被规训”的地位，通过“被规训”习得圈子的运行规则、规划的技能和知识、规划价值观和社会惯习。当规划新手完全成长为圈子内成员并逐渐取得相应的地位和话语权之后，作为圈子文化的贡献者，他们又成为“规训”新进成员的圈子文化的代表，并根据自己的话语地位影响圈子文化的变迁。从某种角度说，每一个圈子内的人都是规训者和被规训者，都是“规则社会”的承受者和贡献者。每一个圈子内的成员都在承受一种无主体的规训，个体被圈子文化（规则）所征服，同时又成为这规训力量的一分子。

规划新手要成为圈子的一员，首先要认同自我所属的小圈子，“悦纳”自我身份的定位。对于乙方圈子而言，不同的规划团队就是一个个“子圈子”；对于某个特定的规划团队而言，每一个规划项目都会形成一个特殊的“项目圈子”。旅游规划项目团队一旦成立，规划项目的目标和价值就成为项目圈子的目标和价值，圈子成员就会意识到他的努力方向是这些目标和价值，也会因为这些目标和价值的实现而获得满足。如果项目圈子成员对项目圈子认同的强度相当大，通常会超越报酬的限制而努力地追求目标的实现。2003 年，在笔者参与 X 县 G 景区开发策划项目的过程中，曾经强烈地感受到这种“项目圈子”所形成的感召力。平心而论，如果按照投入产出比分析的话，该项目完全属于“违背”旅游规划市场规律的特例：一个具有部分详规深度的策划项目，策划费只有几万元，细致的实地考察却达到 5 次，这在当时的旅游规划市场是很少见的。不过，就是这么一个在圈内人看来“不划算”的“买卖”，却得到了项目组成员的倾情投入，并做出了一个甲方、乙方及评审专家组都比较满意的策划文本，事隔多年，项目组成员提起该项目的经历，仍然充满怀念之情，念念不忘当时的人和事。该项目何以在圈内人看来“不划算”的情况下得以十分圆满地完成？现在看来，最根本的原因就是该项目是在天时、地利、人和的情况下完成的，但最重要的还是项目圈子形成的“人和”感召力。在项目圈子的人际氛围下，辛苦的野外考察和枯燥的资料搜集、文本撰写工作成了一种赏心悦目的体验，从主持人到文本撰写者和制图人员，每一个项目组成员都为自己有幸参加项目而庆幸，并为一个个新颖的创意激动不已，对能为甲方提供一份高质量的策划方案充满了成就感。用项目主持人 YY 的话说，接手这个项目是因为 C 书记[①]的多次诚恳邀请，完全是出于友谊来帮忙的，目的不是赚钱，经济报酬已经不重要了。也正是从这个规划项目开始，笔者从一个门外汉逐渐成为旅游规划圈子的一员，并在项目圈子内部感受到了一种归属感和成就感，进而逐渐产生了对整个旅游规划圈子的认同，定义了自身。

如果说，个体对圈子的认同是圈子文化稳定性形成的基础，那么圈子对个体的认同机制就是圈子得以存在并不断自我更新和发展的保障。规划新手要最终成为圈子的一员并在圈子内获得话语权，还需要通过在旅游规划实践中一次次“符号化”地展现自己，在圈子中从“脸熟”到“名满天下”，使自己的名字出现在一个个经典的旅游规划文本的扉页上，获得圈子对个体的认同和接纳。这里所谓“圈子的认同”是一个集合性说法，如果分解开来的话，圈子的认同是由占绝大多数圈子成员的认同所构成的。某个人获得了某个圈子中某个人或者某几个人的认同和接纳，并不能形成圈子对该个体的认同和接纳，就好像一只燕子造就不了春天一样。圈子有大小，圈子对个体的认同和接纳包含了几个逐级递进的层次，首先是单个项目圈子的认同和接纳，其次是核心团队圈子，再次是乙方圈子，最后才是整个旅游规划圈子的认同和接纳。如果说个体对圈子的认同是一个渐进的过程，圈子对个体的认同和接纳就更是一个漫长的历程，必须经历层层考验。当规划新手一次次出现在旅游规划的野外考察现场，一次次出现在评审会上，其名字也一次次地出现在规划文本的扉页上时，实际上就是在给不同层次的圈内成员进行

① C 当时任该景区所在地政府的党委书记。

一种反复的提示和刺激，具有宣示“我来了”、“我在这儿”、“我是圈子的一员”之类的符号价值。规划新手能够获得圈内大多数成员的认同，实际上就意味着规划新手不断的提示和刺激使自己成了“被凝视”、“被关注”和“被记忆”的对象——原来，圈子的认同是和圈子成员的记忆分不开的，或者说，个体在组织中的脱颖而出，源于组织中其他个体的普遍关注。

至此，规划新手从自我对项目圈子的认同，到对团队圈子的认同，再到对乙方圈子的认同，进而对整个旅游规划圈子产生认同，最后再获得圈子大多数成员对自我的认同和接纳，完成了个体心理依附和组织考核过程，已经成长为一名真正意义上的“圈内人”。

第三节　从依赖走向独立

一　不仅仅是技术问题

毋庸置疑的是，旅游规划首先是一种智力创造活动，它涉及旅游资源调查与评价、旅游市场分析、市场营销策划、旅游产品规划、项目策划，以及土地、环保、道路、通信、水、电等各种专项规划。但是旅游规划产生的背景决定了旅游规划不仅仅是一个技术活动过程，而是“技术过程、社会过程和政治过程的统一”①。

旅游规划是一个涉及各种复杂社会关系的社会过程。从旅游规划项目的招投标开始，如何在各投标单位中脱颖而出，如何顺利通过旅游规划的评审等过程，无一不涉及复杂的社会关系。在现实的社会条件下，技术往往不是一个问题或者不是最重要的问题，最重要的事情在技术之外。比如，有的旅游规划项目不搞招投标，由甲方直接委托乙方进行规划编制，和甲方有着良好关系的乙方自然占尽优势。而且

---

① 吴次芳、叶艳妹、罗罡辉：《中国土地利用规划面临的基本矛盾问题及发展策略选择》，见《“中国城市理性增长与土地政策”国际学术研讨会论文集》，中国科学技术出版社2005年版，第125页。

由于对竞标方案的评价没有一个客观标准，在具体操作中对竞标方案的评价往往取决于地方官员的意志。旅游规划文本的评审也不例外，乙方如果不按甲方的主观愿望和要求做，甲方不满意，旅游规划成果获得通过的可能性就很小。而且更重要的是，由于甲方一般会在规划协议里约定，不合甲方口味的规划不仅不会被甲方接受，甲方还会拒付规划尾款，甚至有权要求归还前期预付款项。在这种压力下，旅游规划的编制就不可能再是一个简单的技术工作，有时候乙方为了顺利完成项目，不得不违背旅游经济规律，违心地迎合甲方，虽然这样的规划从长远看，对旅游业的可持续发展以及甲乙双方信誉的损害都是极大的。

另外，旅游规划还是一个政治过程。旅游业开发具有双重的生态效应、经济效应和社会效应，决定了旅游规划也必然是一个涉及多利益主体的政治过程。旅游中涉及的各个组织或群体来自不同行业和部门，各有其目标和利益指向。为了使旅游规划既能通过规划评审会，又能得到有效的贯彻实施，旅游规划编制方就必须充分兼顾旅游开发各利益相关主体之间的权益平衡，包括游客、社区居民、本地服务企业（旅行社、饭店、餐饮业和运输业的企业）、外地旅行社、商业部门、景区景点开发商、旅游服务地下企业（包括非法从业人员和正规商业部门中从业人员的偶发不规行为），以及旅游管理部门等。如果旅游规划本身没有兼顾不同利益主体间的权益平衡，会直接导致规划难以实施，或者实施后容易引起不同利益主体之间的冲突，影响该地旅游业的发展，甚至会破坏社会稳定。不同利益主体之间的合作是旅游业可持续发展的保障，因此，充分考虑不同利益主体的诉求不仅是旅游规划者应有的规划良知和规划道德，也是旅游业发展规律的内在要求。

香格里拉县的千湖山旅游规划和开发，就是因为漠视社区权力和利益，导致地方政府及开发商与社区发生利益冲突，旅游开发进程受阻。千湖山位于云南省迪庆藏族自治州香格里拉县小中甸镇，属于三江并流世界自然遗产的一部分，拥有原始森林、高山草场和高原淡水湖泊群，上吉沙和下吉沙是距千湖山最近的两个藏族村庄，也是和千湖山旅游开发关系最密切的利益相关者，共94户村民，近500人。[1] 1997年开始，一些零散的自助游客开始来到吉沙，向村民提出租马和向导服务。村民们组织了马帮，为游客牵马、做向导。后来，一家外地公司向当地政府提出以巨资购买千湖山风景区40多平方千米的开发使用权，并在香格里拉县成立了“千湖山生态开发有限责任公司”，并在没有任何村民参与的情况下委托某规划方完成了《千湖山旅游区开发总体规划》（以下简称《总规》）。虽然村民一直没有机会知道《总规》的基本内容，但开发商不顾广大村民利益的一些做法惹恼了村民，村民最后决定请律师维权。在维权过程中，开发商代表甚至公开质疑律师：开发千湖山，老百姓为什么要从中受益？由于《总规》没有充分考虑到社区居民的利益诉求，加上千湖山所处地区的生态和政治敏感性，政府部门和评审专家都对《总规》提出了保留意见，使《总规》时至今日仍然缺乏明确的实施前景。

总之，旅游规划不仅仅是一个技术问题，而是涉及技术、社会和政治等多方面的综合过程，这使得旅游规划新手的成长充满了各种挑战。

二 学会合作与妥协

工业革命以来，源于资本家对生产效率的狂热追求，人类社会分工朝着细分化和专业化的方向发展，个人不再可能是博学和全能的，人们需要形成团队进行有序的合作才能完成工作目标。在团队工作中，个体之间会遇到各种各样的冲突，以个体为单位的传统学习和工作方式遇到了前所未有的挑战，不同的个体为了实现共同的目标需要学会妥协，即学会“顺乎理性与道德，愿意与不同于自己的人达成协议”[2]，协调好各种意见。妥协的本质就是求同存异、消除矛盾，是不同个体和组织适应社会环境的一种健康心态，更是人际关系中的一

① 该案例资料根据实地访谈及相关新闻报道整理。

② Center for Civic Education, *National Standards for Civics and Government*. Calabasas, Calif: Center for Civic Education, 1994: 37 - 38.

种良好合作行为。旅游规划涉及多学科知识和能力，要求具有不同专业背景的人们组成团队，既要分工明确，又要互相沟通、协作，集思广益，以达成共同的目标，因此，旅游规划新手在成长过程中必须学会合作与妥协。

规划新手不仅需要和甲方打交道，还要和同是规划编制方的其他团队打交道，同时也需要与自己所在规划团队中的成员密切合作，面对分歧学会让步与妥协。在笔者参与的旅游规划项目中，无论是作为普通的项目参与者，还是作为项目副主持人，都无一例外地涉及与不同的人的合作问题。在和甲方打交道的过程中，除了规划协议有明确规定的条款外，很多未尽事宜都需要双方商谈，出于不同的利益诉求，双方在很多方面都可能无法一开始就达成一致，这就需要双方本着公平公正的原则相互妥协和让步，形成一个双方都能接受的方案。如前所述，旅游规划是一个涉及技术、社会和政治等多方面的综合过程，因此作为乙方的规划新手在和甲方打交道的过程中，需要妥协和让步的不仅仅是技术问题，还会涉及各种利益博弈、权力博弈。作为乙方，让步和妥协的底线是什么？对于这个问题，由于不同的人有着不同的价值观和道德底线，严格说来是一个没有答案的问题，因人而异，因事而异。即使是对于学习阶段的研究生，导师不会也无法明确告知什么是让步和妥协的底线，更不用说对于更加社会化的公司员工。很多时候，甲方和乙方的合作与妥协，双方的底线取决于当事者的核心利益，如学者有一个基本的学术道德底线，政府官员则要保证政治上的正确。一般来说，双方都不会放弃自己的核心利益，因为放弃就意味着对自我身份的否定和冒险，一旦突破底线，学者将不再是学者，官员也可能不再是官员。

很多时候，旅游规划的编制需要和同是规划编制方的其他团队打交道，取长补短，以增加项目团队实力，特别是在规划委托费用较高、甲方特别重视、社会影响较大的旅游开发项目时更是如此。笔者曾有幸参加了 C 市 W 区的一个景区策划，该项目得到 C 市及 W 区各级领导的重视和大力支持，整个团队特别是项目主持人也十分重视，自觉仅靠我们小团队的力量可能无法向甲方交代，最后，项目主持人通过自己在圈子内的人脉关系，不仅邀请了本地的知名画家和知名市场咨询专家①参与项目的实地考察和讨论，而且还邀请了另外一家旅游规划设计公司作为合作伙伴，组成了一个阵容空前的项目团队。自然，团队越复杂，不同的观点冲突就越有可能发生，合作也就更加是个问题。在项目组的几次“头脑风暴会”上，团队成员各抒己见，讨论十分热烈，产生了很多极具创意的项目构想。虽然创意提出者一再坚持自己的原则，但并不是每个人都认可所有的项目构想，特别是隶属不同团队的规划人员本来在规划理念上就有区别，于是观点冲突在所难免，需要冲突双方相互妥协和让步。有时候尽管妥协意味着放弃自己的主张，但是为了整个项目团队的目标和尊重合作伙伴，项目主持人要求我们要学会在争论中妥协和让步。最后，在相互妥协和让步的基础上，项目团队形成了大家都基本认可的折中方案。类似这样的规划实践，对于那些刚刚入门的规划新手来说，是一次难得的“合作与妥协”教育。

更多时候，规划新手是在和自己所在规划团队中的成员密切合作，因此首先要学会的是和自己团队的成员合作，处理面对的分歧。与上述的合作和妥协相比，与自己团队成员的合作和妥协相对要简单一些，属于内部问题，不过也是“合作与妥协”教育的基础，是规划新手成长的起点。一般来说，在规划团队内部，成员之间主要是分工合作的关系，如果要说存在竞争关系的话，那也主要是观点之争、性格之争。对于观点之争，规划新手一般还不至于将自己个人的观点凌驾于团队利益之上，对于不同成员之间的观点分歧也能通过理性分析达成一致。在规划团队内部，无论是新成员还是老成员，更多的是要学会处理不同个体性格之间的冲突，学会设身处地地思考问题，学会与异己者合作，能够放弃自己的利益诉求，懂得妥协和让步，打造一个合作进取、团结友爱的工作团队。对于年轻有为的规划新手，一

① 该市场咨询专家所在的市场调查咨询机构同时也承接了 W 区委托的一个 C 市房地产市场调查及策划项目，该项目和笔者参与的景区策划项目相距不远，而且两者有一定的联系。

般都有着初生牛犊的气势，激情有余，沉稳不足，在适应旅游规划圈子文化的过程中，学会倾听和接纳异己意见往往是最重要的。

三　人脉建构与个体独立

改革开放至今，中国的市场经济体系已经基本确立，但在很多领域还不具备完全竞争的市场特征。中国的旅游规划市场是随着市场经济体系的确立而逐渐形成的，市场规模相对较小，而且具有一定的封闭性。由于甲方和乙方之间存在着权力和信息方面的不对等，中国旅游规划市场上存在着大量的“结构洞”[①]，是一种典型的不完全竞争市场。正因为如此，规划新手在圈子中学会合作与妥协，只是融入圈子的前提，还不足以使自己成长为独立的规划主持人。要在旅游规划市场上成为独立的项目主持人，规划新手必须在不断的规划实践中积累人脉资源，拓展社会网络关系，增加自己在旅游规划市场上的社会资本存量，填补自己社会关系网中的“结构洞”，减少与甲方沟通的环节及成本，为自己从依赖走向独立奠定基础。这是因为在中国的文化传统中，社会资本更多地体现为“人情关系”，是以血缘、亲缘、地缘为纽带建立起来的。这种关系或关系网络的“使用”，大多是一种“人情交换关系”，体现为一种“被用来促进恩惠的交换”，是关系双方交换有价值的物质或情感的一种纽带。[②] 社会资本不仅是资源，更重要的是权力，拥有社会资本的人凭借这种权力占据场域中的某种位置，进而可以支配场域中的资源。

在旅游规划市场上，规划团队的技术实力（表现为项目主持人在

---

① 结构洞（Structural holes）是美国社会学家罗纳德·博特于1992年在其撰写的《结构洞：竞争的社会结构》一书中提出的概念，指两个个体之间关系断裂的现象。也就是说，社会网络中的某个体和其他一些个体发生直接联系，但其他这些个体互相之间不发生直接联系，产生关系间断的现象，从网络整体看好像网络结构中出现了洞穴，因此叫结构洞。结构洞对于无直接联系的两个个体来说，是障碍和成本，对于将无直接联系的两个个体连接起来的第三者（中介）来说则是获利的机会和优势。

② 边燕杰、洪洵：《中国和新加坡的关系网和职业流动》，《国外社会学》1999年第4期。

圈子内的声誉或者团队的规划品牌）和人脉基础是团队竞争力的最主要影响因素。假如旅游规划市场是一个完全竞争市场或者相当于完全竞争市场的话，甲方和乙方都没有单方面控制市场的能力，市场信息是完全的和对称的，甲方和乙方拥有同等的权力，都可以自由选择交易对象，那么相对封闭的旅游规划圈子就不会形成。但事实上并不存在这样的理想市场，总体上旅游规划市场属于甲方占据主导地位的买方市场，双方存在权力和信息的不对称，乙方处于被甲方选择的地位，旅游规划市场不仅相对封闭，而且是典型的不完全竞争市场。按照公平原则，乙方的技术实力应该是甲方选择乙方的唯一决定因素，但由于相关法规的缺失，乙方的技术实力被甲方有意无意地忽略了，在项目竞标方技术实力差不多的情况下更是如此，有时候技术实力甚至不是竞标的影响因素。

在甲方占据主动的旅游规划市场，社会资本所拥有的巨大能量决定了乙方的社会资本存量是竞争结果的最后仲裁者。第一，在不完全竞争市场上，乙方拥有的社会网络关系即社会资本有助于乙方获得准确、可靠的信息，可以降低外部信息的不对称性，减少由于信息不对称而产生的错误决策及其代价；第二，社会资本能够沟通人情，连接资源相异、权力不等的个体，通过长期互惠和面子机制，完成没有正式规范约束下的社会性交换；第三，社会资本有利于培养和鼓励人际信任，能提供秘密交易的条件，获得“公共资源”的支持，满足交易参与者的私人利益，使交易在非正式规范的维系下成为可能；[①] 第四，社会资本产生社会资证作用：规划主持人或者规划团队的信誉首先在关系网络中建立“口碑”，一传十，十传百，形成声望。[②]

于是，乙方通过和甲方在人际互动中产生亲切、喜爱之类的情感体验和评价，进而产生相互肯定和认同，为以后进一步的合作奠定了

① 安素霞：《社会资本与人力资本的协同互动效应分析》，《商业时代》2010 年第 3 期。

② Lin Nan, *Social Capital: A Theory of Social Structure and Action*, Cambridge: Cambridge University Press, 2001.

感情基础。规划新手作为甲方成员，可以从社会团体或组织的稳定关系结构中去获取社会资本，也可以通过个人的人际社会网络去获取。随着个体社会资本存量的增加，人际关系网中的“结构洞”逐渐减少，规划新手就有可能摆脱自己所属团队的影响独立成长起来，在不完全竞争的旅游规划市场上，优先获得项目信息，与甲方建立长期的感情联系，获得广泛的人际信任，在旅游规划市场上建立自己的品牌，逐渐成为一个独立的竞争者。

第三章

旅游凝视的建构

旅游规划存在的合理性基于这样一个假设：人类的旅游需求，绝大部分都是相似的和可感知的。这里的“绝大部分”就是旅游规划过程中“想象的游客群体”，是旅游需求市场的“主旋律”，那些游离在“主旋律”之外的游客需求，是一种需要整合的“非主流需求”。旅游规划的核心内容，就是把握作为“主旋律”的旅游商机，在整合“非主流需求”的同时为“想象的游客群体”建构彰显“主旋律”的“大一统”旅游凝视物。从这个意义上说，旅游规划的过程，就是在众口难调的旅游需求中“调众口”，这一点和中央电视台春节联欢晚会的导演工作有着异曲同工之处，整个旅游凝视的建构过程就是一个在一系列规则约束下进行的利益协调与博弈过程。

第一节　规则的制定

一　旅游规划的法律问题

旅游业的综合性决定了旅游规划的复杂性和系统性，其编制和实施需要协调旅游、城建、环保、农业、林业、水利、土地、文化、宗教、交通、工商、税务、公安等各部门之间的关系，需要健全的法制予以保障。中国归口管理体制与地方各级政府管理系统之间的矛盾，形成了中国国家权力结构中条块分割的独特现象：中央通过管理地方对口部门而形成“条条”关系，地方各级政府自成独立的“块块”系统，中央政府部门在对地方事务进行对口管理的过程中强化着自己的部门利益，出现了“条条”在“块块”内争夺部门利益的现象，部门制的“条条式”专业管理分割了本来属于地方政府在“块块”上应有的综合管理，结果导致政出多门。现有的环境保护、风景名胜区保护、土地管理、民族文化遗产保护、文物保护、城市规划等方面的法律法规与旅游规划活动又有着较为密切的联系，谁都管得着，但似乎谁都可以不管，结果造成有好处的时候大家争着管，出问题的时候就互相推诿。比如，根据《中华人民共和国自然保护区条例》第八条①和第二十一条②规定，自然保护区管理机构负责制定自然保护区的各项管理制度，统一管理自然保护区，包括保护区的旅游开发管理工作，同时可以对自然保护区实施管理的还有农业、林业、环保、水利等相关部门。于是，问题出现了，某个自然保护区要开发旅游业，一方面，按照“条条”关系，环保部及地方环保部门有权对其进行全权管理，林业、农业、地质矿产、水利、海洋等有关行政主管部门在各自的职责范围内也有权对自然保护区进行管理；另一方面，按照“块块”体制，旅游业作为地方社会经济发展的一部分，当地政府有权通过旅游局对其进行管理。结果，面对旅游开发潜在的丰厚经济回报，“条条”与“块块”互不相让，同一个自然保护区做多个旅游规划：环保部门做一次自然保护区旅游规划，林业部门做一次森林公园旅游规划，建设部门做一次风景名胜区规划，国土部门做一次地质公园旅游规划，旅游局做一次旅游景区规划，等等。面对旅游开发带来的生态和社会问题，“条条”和“块块”就开始互相推卸责任。因此，传统“条块分割”行政管理体制带来的多头管理弊端，给旅游规划的编制和实施带来了障碍和混乱，必须首先通过制度设计

① 《中华人民共和国自然保护区条例》第八条：“国家对自然保护区实行综合管理与分部门管理相结合的管理体制。国家环保部负责全国自然保护区的综合管理，国务院林业、农业、地质矿产、水利、海洋等有关行政主管部门在各自的职责范围内，主管有关的自然保护区。县级以上地方人民政府负责自然保护区管理的部门的设置和职责，由省、自治区、直辖市人民政府根据当地具体情况确定。”

② 《中华人民共和国自然保护区条例》第二十一条：“国家级自然保护区，由其所在地的省、自治区、直辖市人民政府有关自然保护区行政主管部门或者国务院有关自然保护区行政主管部门管理。地方级自然保护区，由其所在地的县级以上地方人民政府有关自然保护区行政主管部门管理。……”

来改变多头管理的行政管理体制，在此基础上进行旅游规划的法制建设才有意义。胡锦涛在中国共产党第十七次全国代表大会上的报告中指出，未来的行政管理体制改革要“加大机构整合力度，探索实行职能有机统一的大部门体制”。虽然迄今为止真正意义上的大部制还没有完全建立起来，但2008年国家大部制改革通过对国家权力的解构和重构，为彻底改变传统政出多门的多头管理体制指明了方向，也为建立完善中国特色行政管理体制奠定了基础。

从行政法的角度来考察，旅游规划活动与依法行政尤为密切，而依法行政的前提是有法可依。[①] 目前，由于旅游规划市场是在改革开放后全国市场经济体系建立之后才逐渐形成的，因此直接导致旅游规划的法制建设严重滞后于其他领域，相关法律法规严重不足：目前直接与旅游规划相关的法规仅有国家旅游局颁布的《旅游发展规划管理办法》和《旅游规划设计单位资质等级认定管理办法》两部具有部门规章性质的法规。而且就已经颁布实施的两部法规看，至少存在以下几个问题：一是法律层级效力低，导致容易产生法律冲突，难以协调与其他部门的关系，实际约束力和威慑力不大；二是法规条文过于笼统，缺乏细化标准，可操作性不强，导致法规的执行流于形式；三是没有规定相应的法律责任，无法制裁违反法律义务的主体，法律法规也就难以得到贯彻实施。[②] 从长远来看，随着具有中国特色行政管理体制的建立和完善，由全国人大常委会制定《旅游规划法》是行政法制建设的必然要求，而且也是旅游规划市场规范化的内在要求。

二 旅游规划的国家标准

截至2011年2月，中国共颁布了三个直接与旅游规划相关的国家标准，包括原建设部1999年提出的《风景名胜区规划规范》（GB 50298－1999）、国家旅游局2003年提出的《旅游规划通则》（GB/T 18971－2003）以及国家林业局2006年提出的《自然保护区生态旅

---

① 于定明：《旅游规划法律问题探析》，《旅游学刊》2004年第4期。

② 同上。

游规划技术规程》（GB/T 20416－2006）（以下简称《技术规程》）。总体上，三个国家标准各自为政，对旅游规划有着不同的要求，而且相互之间存在不一致的地方。比如，《通则》和《技术规程》对提交的规划成果要求就不一样，《通则》要求提供规划文本、图表及附件，没有对图表具体格式提出要求，但附件包括说明书和其他基础资料，而且要求提供的图件数量比后者要多；《技术规程》则只要求提供说明书、图表及附件，没有对文本提出要求，但对图表提出了具体的格式和内容要求。WYX 认为：

> 对于同一个事物政出多头，这实际上是中国条块分割管理体制的必然产物，是利益部门化的一种表现。在实践中究竟采取哪一个国标，取决于谁是甲方，风景名胜区就用《风景名胜区规划规范》，如果是自然保护区，一般就用《自然保护区生态旅游规划技术规程》，不过，总体上，作为主要以各级地方旅游局为甲方的旅游规划圈子，《旅游规划通则》最受青睐。（2010 年 7 月 21 日访谈记录）

制定《旅游规划通则》的初衷，本来是为了“规范旅游规划编制工作，提高我国旅游规划工作总体水平，达到旅游规划的科学性、前瞻性和可操作性，促进旅游业可持续性发展。”在《通则》的实际执行过程中，初期的确起到了一定的规范市场作用，但是随着旅游规划思想和技术的不断发展，《通则》越来越暴露出较大的局限性。对于这一点，旅游规划专家 WLS 不无幽默地说道：

> 《通则》的颁布有点类似于广受世人嘲笑的“馒头标准”①，

① 由国家粮食局提出的国家标准《小麦粉馒头》（GB/T 21118－2007）于 2007 年 10 月 16 日发布，2008 年 1 月 1 日起实施，标准不仅从原料配方、质量控制指标、检测方法等多方面对馒头生产进行了规范，详细描述了外观、内部、口感、滋味和气味等“感官质量要求”，还确定了重金属含量、微生物含量等卫生指标范围。标准一出，引起社会一片哗然。

不仅没有促进旅游规划的科学性、前瞻性和可操作性，相反却束缚了创新的可能性。(2010年7月26日访谈记录)

的确，《旅游规划通则》的规划技术指标机械地把城市规划的内容搬了过来，缺乏适应性和合理性。虽然《通则》要求旅游规划具有科学性，并将本标准资料性附录《旅游规划指标选取指南》作为《通则》唯一的客观性指标，但生搬硬套的强制标准并不能为旅游规划增加一点点“科学性”。

《指南》对旅游容量测算、旅游服务设施规划及环境质量作出了量化规定，其中对旅游服务设施的配置基本上属于城市规划思路，如区内接待总床位数达到1000床，要求配置销售百货、食品类设施1处，销售药品、书报、烟草、花木、工艺品及礼品的综合类设施2处，销售体育物品、摄像用品、本地产品、家具及时装的器材类设施2处，提供饮食、理发、洗衣、加油、汽车修理及室内服务的服务类设施1处，2000平方米活动场1个；区内接待总床位数达到2000床，则要求配置百货、食品类设施2处，综合类设施3处，器材类设施5处，服务类设施2处，露天影剧场500平方米，2000平方米活动场2个，网球场1—4个，500—2500平方米室内游泳池1个，医疗诊所和托儿所各100平方米；区内接待总床位数达到7000床时，甚至要求配备300—600座的电影院1座，青年中心1处，夜总会、舞厅1—2处，体育厅250—1000平方米，跑马中心及高尔夫球场各1处。

很明显，如果一个旅游景区按照上述标准配置了诸如电影院、家具店、幼儿园、跑马场等服务设施，可能会得到城市规划专家、工程建筑专家的肯定，但和旅游规划就可能没有什么关系了。在这样的规划思路指导下建设出来的景区，称之为居民小区可能更为恰当一些。从这个意义上说，《旅游规划指标选取指南》完全是个荒唐的东西，在荒唐《指南》指导下的旅游规划绝对不会是什么好规划。事实上，整个《通则》100多个条目，没有一处强制性内容，属于“软规划”，因此，很难说甲规划比乙规划“科学”，《通则》要求旅游规划具有“科学性”本身就是不科学的。在实践应用中那些设计精巧的、被认为“科学”的规划引起了很多不良后果。某种意义上，我国旅游景区的城市化、商业化严重与《旅游规划通则》的误导有直接关系。①

其次，《旅游规划通则》束缚了旅游规划创新的产生，特别是在发展规划、概念化规划及总规等宏观层次上。由于旅游需求的多样性和多变性，加上各地旅游资源的多样性，旅游规划重感性、重感受、重直观、重印象，属于典型的“点子”行业，因此非详规层次的规划本质上属于一门追求“美”的艺术，而不是追求“真”的科学。科学强调遵循“客观规律”或者发现“客观规律”，艺术则主张发明、创造美，而不是按部就班，因循守旧。从这个意义上说，旅游规划特别是宏观层次的规划是一种“非科学”学科，当然，这里的“非科学”绝不等于伪科学，伪科学在本质上是反科学原理和反科学精神的，非科学同时也强调与科学对应的思辨。②

旅游规划专家 WLS 对此也有着自己独特的看法：

> 发展规划、概念化规划及总规这一类宏观层面的旅游规划本质上不是科学而是艺术，研究探索的成分多，设计的成分少。研究成分多，就意味着未知的东西多，不确定性大，需要因地制宜发挥人的主观能动性，需要突破，需要创新，而不是按部就班地生产“标准件”。如果打个比方的话，旅游规划就好比绘画，规划者相当于画家，规划成果相当于画作，规划成果是否为好作品，不仅取决于规划对象——旅游资源，还取决于规划成果的市场认可，肯定的人多了，就是好作品。为了规范绘画市场就强制规定笑容的标准画法，和颁布“馒头标准”一样荒唐。用一个硬邦邦的《通则》捆绑着僵化的《指南》来对旅游规划的编制活动进行强制规范，必然束缚旅游规划创新的可能。实际上，在旅游规划实践中，很多优秀的旅游规划成果都被迫突破了《通则》

① 师守祥：《国标〈旅游规划通则〉反思》，《地域研究与开发》2009 年第 1 期。

② 杨振之、邹积艺：《旅游的“符号化”与符号化旅游——对旅游及旅游开发的符号学审视》，《旅游学刊》2006 年第 5 期。

的限制，《通则》的权威性受到业界普遍的质疑。实践证明，《旅游规划通则》已经远远滞后于旅游规划实践的发展，对于很多优秀的旅游规划人员来说形同虚设，已经成为规划编制过程中牵强附会的一张皮。(2010 年 7 月 26 日访谈记录)

师守祥也认为《旅游规划通则》存在重大缺陷：首先，缺乏理论支撑，国标的指导思想带有很强的计划经济体制烙印，也没有可供依托的技术体系。其次，从实践层面看，国标中的绝大多数要求是无法完成的，也脱离我国旅游规划多头管理的现行体制，导致旅游规划的执行效果不佳。再次，从实施的结果看，国标既没能推动旅游规划事业的发展，也没有造就一支旅游规划人才队伍。

师守祥在《国标〈旅游规划通则〉反思》一文中的观点表达了旅游规划圈子中的忧虑：

旅游规划属于产业规划与区域规划的结合，其思想和研究手段偏重于区域经济学和社会学，用国家标准这种“硬制度”对“软规划”是否有效？换句话说，是否需要一个国家标准来规范表达形式多种多样、需要解决的问题又千差万别的旅游规划？参照城市规划等，出台“旅游规划管理办法”是否更符合旅游规划的特点，更接近我国旅游管理的实际？毕竟判断标准是旅游规划质量本身，而不是“国家标准”或“行业标准”。把研究成分大于设计成分的旅游规划，通过制度设计交于公司，而排挤以旅游研究见长的大学和研究机构是否恰当？旅游规划涉及面极其广泛，公司能否具备合理的人力资源从而保证规划质量，进而培养出一支素质优良的专业队伍？一项旅游规划能否承受从资源调查、评价，市场调研预测，到提出战略、策划开发项目、基础配套、投入产出分析、社会效益、生态效益评价等无所不包之重？……不管是规划的编制者，还是旅游管理部门，都不可能具备这种能力。市场经济体制下的旅游规划强调公平而非效率，规划应该是政府调节资源利用、控制外部性、保障全社会福利的重要公共政策。[①]

除了《旅游规划通则》、《风景名胜区规划规范》以及《自然保护区生态旅游规划技术规程》外，旅游规划过程中还会用到其他与旅游相关的国家标准或行业标准，包括《旅游资源分类、调查与评价》（GB/T 18972 - 2003）、《旅游饭店星级的划分与评定》（GB/T 14308 - 2010）、《旅游景区质量等级的划分与评定》（GB/T 17775 - 2003）、《自然保护区生态旅游评价指标》（LY/T 1863 - 2009）等一共 20 多项。[②] 这些标准属于旅游规划的工具性标准，对圈子的利益没有直接的威胁，因此圈内专家和学者并没有“群起而攻之”，虽然从技术层面讲每个标准都还有改进的余地。

三　旅游规划的评审

规划是通过一系列选择来决定适当的未来行动方案的过程，选择就需要标准，就需要评价。本质上，实践是检验真理的唯一标准，对于旅游规划的评价标准也是如此。不过，由于旅游规划是对旅游目的地未来的一种谋划，而这种谋划本身又是一种市场交易行为，旅游规划中的乙方需要投入大量的人力物力才能完成工作。因此，在实际操作中，旅游规划成果的评价不可能靠遥遥无期的“实践结果”来证明，只能邀请相关专家，集思广益，多方案论证，反复对比，依据当时的认识水平，对旅游规划成果进行评价，由专家们提出修改意见和建议，为甲方提供一个相对合理的可行性规划方案。最后提交主管部门审议、批准和实施，重要的旅游规划要交由当地人大表决通过。

评价标准没有固定的模式，一般取决于规划性质，如一般旅游地的发展规划和旅游区规划通用《旅游规划通则》，风景名胜区则以

---

① 师守祥：《国标〈旅游规划通则〉反思》，《地域研究与开发》2009 年第 1 期。

② 数据来源：国家标准化管理委员会网站（http：//gb. sac. gov. cn/stdlinfo/servlet/com. sac. sacQuery. GjbzcxServlet）及中国标准在线服务网（http：//www. gb168. cn/std/index-page/index. jsp），查询日期：2011 年 3 月 1 日。

《风景名胜区规划规范》为主，参考《旅游规划通则》，如果涉及自然保护区，就要求以《自然保护区生态旅游规划技术规程》作为主要评价依据，《旅游规划通则》作为参考依据。但也不尽然，笔者曾全程参与了 X 和 N 两个同是自然保护区生态旅游规划，两个保护区同属一个地区，但隶属于不同系统，X 隶属于林业系统，N 隶属于环保系统。在提交的评审稿中，两个规划都是以《旅游规划通则》为主要规划依据，但在评审过程中得到的待遇却大不一样。X 规划在评审过程中得到了高度认可，专家组认为：

> 《规划》以国家旅游局《旅游规划通则》为准则，以国家有关自然保护区的法律、法规和政策为依据，应用生态旅游的最新理论和方法，全面系统、切实地反映了××国家级自然保护区生态旅游的现状及未来发展的潜力和方向，符合××国家级自然保护区进一步深化和开发生态旅游资源的要求，具有创新性、可行性和前瞻性，通过××州级评审。①

N 规划却没有这么幸运，与会领导和专家一开始就以《自然保护区生态旅游规划技术规程》作为主要评价依据，对以《旅游规划通则》为主要依据的规划成果进行了激烈的批判，要求进行重大修改，最后，专家组没有形成最终的评审意见，为了不伤和气，与会领导及专家决定将评审会降格成为中期评审会，待规划编制方按照《自然保护区生态旅游规划技术规程》进行修改后，再由相关领导及专家决定签字通过。

一般情况下，乙方完成旅游规划时，会通过电话、传真或者电子邮件与甲方协商规划评审事宜。首先需要确定的就是评审专家名单。根据《旅游规划通则》8.1.2 的规定：旅游发展规划的评审人员由规划委托方与上一级旅游行政主管部门商定；旅游区规划的评审人员由规划委托方与当地旅游行政主管部门商议确定；规划成果

① 该段文字来源于《X 规划专家评审意见》。

应在会议召开五日前送达评审人员审阅。原则上，评审专家的确定以及评审文本的送达，乙方都应该采取回避制度，不过实际操作中并不一定如此，甚至连评审专家都有可能是由甲方推荐，特别是在甲方和乙方关系“比较密切”的情况下更是如此。在大多数情况下，主要评审专家和项目主持人都是一个圈子内的熟人，往往使评审会“人情味”十足。

《旅游规划通则》8.1.2 规定：旅游规划评审组由 7 人以上组成。其中行政管理部门代表不超过 1/3，本地专家不少于 1/3。规划评审小组设组长 1 人，根据需要可设副组长 1—2 人。组长、副组长人选由委托方与规划评审小组协商产生。

按理说，《旅游规划通则》规定评委会由行政管理部门代表与专家两部分组成是有道理的，出发点是希望充分听取多方意见和建议。但在实际操作中，评委会的人员组成往往不会严格按照《旅游规划通则》的规定执行，因为很多时候专家和部门代表并没有清晰的界线，如规划局的总规划师、城建局的总工程师、旅游局的总经济师，以至有中高级职称的局长们、有硕博学历的处长们，不仅是部门代表，同时也是相关领域的专家。评审组组长一般事先直接由甲方指定，或者由乙方推荐形成，并在评审会上由甲方会议主持者宣布。能够作为“组长”的人选，一般都是业界权威，如知名学者、规划名家等。很多时候规划评审组组长事务繁忙，有时候忙得连看评审稿的时间都挤不出来，更不用说专门跑到异地参加评审了。于是，为了照顾专家，评审会有可能直接选在专家组组长所在地。不过也不尽然，有时候可能以规划组方便为原则，有时候则以领导方便为原则，具体安排要看甲方、甲方主管领导和乙方之间的博弈。

评审专家组成员包括行政管理部门代表、本地专家以及外地专家。其中“行政管理部门代表通常无须烦心，因为有的会前征求过意见，有的通过气，打过招呼，大家都是场面上的人，评审会上就连环保部门的领导也不会太顶真。颇需费心运筹的是外请专家，请的最好是名人，专业能力强，挑刺眼光尤为敏锐，能为规划的完善出谋划策，但又要识时务，顾大局，能在投票上与领导保持一致，因此个性要强，固执己见，会投反对票者，常在‘敬而远之’之列”。①

《旅游规划通则》8.1.3 规定，旅游规划评审应围绕规划的目标、定位、内容、结构和深度等方面进行重点审议，包括：①旅游产业定位和形象定位的科学性、准确性和客观性；②规划目标体系的科学性、前瞻性和可行性；③旅游产业开发、项目策划的可行性和创新性；④旅游产业要素结构与空间布局的科学性、可行性；⑤旅游设施、交通线路空间布局的科学合理性；⑥旅游开发项目投资的经济合理性；⑦规划项目对环境影响评价的客观可靠性；⑧各项技术指标的合理性；⑨规划文本、附件和图件的规范性；⑩规划实施的操作性和充分性。不过，由于目前中国大陆尚无各类旅游规划的具体评价标准，加上旅游规划评审人员的水平参差不齐，往往使旅游规划的评审工作处于因人而异的局面。

决定旅游规划文本是否通过的有三个因素：甲方、领导和评审专家，代表着统治世界的三种力量——财富、权力和知识（分别与经济资本、社会资本和文化资本相对应）。有些时候甲方既代表权力，又代表财富，特别是政府委托项目更是如此。不过即便是政府委托项目，参与评审的领导往往是甲方的上一级领导，所以这个时候代表财富和权力的双方并不完全重合。一般而言，规划文本事先都会充分征询甲方的意见和建议，加上旅游发展体制的原因，甲方基本都会极力促成评审的通过。对于领导而言，如果事先与领导进行充分的沟通，能在规划文本中充分反映领导的思想，一般而言领导层面也不会有问题。严格说来，旅游规划的评审是“专家评审会”，因此大多数时候专家的意见是最重要的。对于一个地区来讲，知名的旅游规划专家就那么几个，他们往往具有双重身份，有时候是旅游规划编制者，有时候是规划评审专家。本土知名规划专家是本地旅游规划市场上的主要竞争者，又是主要的评审专家，这次你做规划我来评审，下次我做规划你来评审。旅游规划的评审会为圈子内部成员提供了互相支持、互相捧场的一个机会，客观上有助于弥合因为平时竞争关系造成的内部

① 章尚正：《旅游规划评审中的“潜规则”质疑》，《黄山学院学报》2007 年第 1 期。

分裂，共同维护圈子的整体利益。

为了使评审顺利通过，乙方也会想尽各种方法取悦评委和甲方（包括甲方的领导），如采用极具煽动性的“传销式”文字，提供极具视觉冲击力的效果图，制作精美的文本装潢等。在旅游规划圈子流传着一种说法，即好的旅游规划成果要有一定的高度、一定的深度和广度，即使没有高度也要有深度，没有深度也要有广度，如果既没有高度，也没有深度和广度，那至少要有厚度（指文本要做得很有厚重感，看上去有很多内容）。章尚正也在其论文《旅游规划评审中的“潜规则”质疑》中指出，乙方为了使评审获得顺利通过，会采取拖延交评审本的时间（以使评委无法细读通读评审文本，没有信心更没有决心提议不通过评审）、推荐熟人为评审专家、精心包装评审文本（使文本看上去很美，大赚评委印象分）、多做题外文章（给评委留个下苦功的好印象）等手段。事实上，或许是源于人类创造力的有限性，大多数的旅游规划成果的确是平庸的，至少是缺乏新意的。不过，这并不能否定旅游规划本身的价值，或者说在相当多的情况下旅游规划是有价值的。

关于评审意见的表决，《旅游规划通则》8.1.1.3 规定：旅游规划的评审，需经全体评审人员讨论、表决，并有 3/4 以上评审人员同意，方为通过。《通则》所规定的“表决”，并未明言是口头表决还是投票表决、是记名投票表决还是无记名投票表决，因此为实践中的“简化”留了“伏笔”，现行做法几乎都是评审组组长口头询问一声“还有没有不同意见”就算表决通过了。[①]

逻辑上，评审意见只有“通过”和“不通过”两种情况。但在中国“人情”社会里，为了充分照顾到各种“人情”，官场智慧创造了一系列缓冲地带，即把《通则》所说的“通过”扩充为多级差通过：一致通过、通过、基本通过和原则通过[②]。有了这些梯度选择，主持人就容易调和不同意见，通过文字游戏式的级差让步来获得预期

① 章尚正：《旅游规划评审中的“潜规则”质疑》，《黄山学院学报》2007 年第 1 期。

② 同上。

成果——评审通过。

如果规划成果的质量实在低劣得“不堪入目”，评委会倒很容易达成一致意见，但一般也不会直接给出“不予通过”的评审意见书，这样做在以“人情”为特征的中国社会不太容易为人们所接受。皆大欢喜的流行做法是把这场评审会降格，改称“中期评审”，要求编制方做重大修改后，再另行举行评审会，这样既坚持了原则，又照顾了编制方的情绪，还遮掩了委托方会前审查把关不严的失职，真可谓无奈之中的“明智之举”。①

按照《旅游规划通则》8.2 的规定，旅游规划文本、图件及附件，经规划评审会议讨论通过并根据评审意见修改后，由委托方按有关规定程序报批实施。不过，由于没有对“修改稿”评价的具体规定，实践中这一环节往往因人而异，极有可能流于形式。

第二节 旅游规划项目的运作

一 甲方的招标及委标

旅游规划活动具有市场化特征，原则上实行招标投标机制是理所当然的事。但由于规划目的五花八门，加上甲方和乙方之间“结构洞”的存在，在现实操作中，招标并不是十分普遍的现象，很多时候，甲方直接委托某个乙方进行旅游规划的编制活动，是一种“委标”行为。虽然直接委标也属于一种正当的市场合作方式，但在政府作为甲方的旅游规划项目中，直接委标的方式极易滋生腐败。如果甲方已经有意向委托某乙方进行旅游规划的编制工作，为了掩人耳目也会实行招投标制度，不过实行的是有选择的“邀标”制度，甲方会选择几家实力和声望都不如“钦定乙方”的几家规划设计单位参加竞标，结果可想而知。

首先，规划目的五花八门，导致甲方对待旅游规划的态度也呈现多样化特征，招标对于甲方而言并非最佳选择。许韶立指出了我国目

① 章尚正：《旅游规划评审中的“潜规则”质疑》，《黄山学院学报》2007 年第 1 期。

前旅游规划实践中甲方的多种规划目的，包括补办手续型、完成任务型、立项要钱型、吸引投资型、开发实施型以及综合型。[①] 其中前四种规划目的对旅游规划本身的质量并不关心，旅游规划不过是实现其他目的的手段和跳板。在补办手续型和完成任务型旅游规划目的的驱使下，对于甲方来说，乙方是谁不重要，规划质量也不重要，因为规划的目的根本就不是用来实施的，只要乙方能做出一个叫作“旅游规划”的文本，帮助自己完成上级交代的政治任务就可以了。在这种情况下，规划经费较低，随便指定任何一个旅游规划编制单位甚至个人都能实现目的，自然无须招标。对于立项要钱型和吸引投资型规划，乙方要能吹大话，弄些好大喜功的项目和宣传口号，让领导和投资商看了热血沸腾，有助于立项要钱和吸引投资。在这种情况下，甲方并不是真正需要高水平的规划，没有必要通过招标的方式来选拔乙方，委标是最佳选择。

其次，甲方和乙方之间“结构洞”的存在，为旅游规划市场上的“暗箱”操作制造了机会。如前所述，甲方和乙方在权力和信息方面都是不对等的，甲方拥有绝对的优势和主动权。中国传统社会结构是一种典型的差序格局，旅游规划圈子也不例外，其中甲方处于差序格局的中心。在这种具有差序格局的旅游规划圈子中，人情成为一种弱化甚至替代市场规则的重要社会力量，甲方和乙方之间的“结构洞”往往都是由熟人来填补的。比如说，张三是某甲方负责人的熟人，同时又是某乙方负责人的熟人，虽然甲方和乙方之间并不认识，但通过张三的牵线搭桥，乙方可以顺利拿到规划项目。按照常理，靠着张三拿到项目的乙方，自然要有所表示，中介费用一般按照规划经费的一定比例提取，具体比例依双方交情和规划难度而定，一般为10%—30%。

对于开发实施型以及综合型规划，规划委托方从主观上希望规划能解决旅游业开发的各种问题，期望值很高，一般会在国内外招标。招标一般采取邀标方式，对于大的区域规划，有经济实力的地区眼睛向外，总是相信“外来的和尚好念经”，希望请国际上的专家，起码也要请他

① 许韶立：《我国旅游规划市场中的“怪现象”剖析》，《中州学刊》2006年第6期。

们认为是国内名牌规划部门的专家；经济实力不足的地区，则希望请到能帮助得到开发资金的规划部门专家作规划。

总之，旅游规划市场并没有实现真正意义上的招投标制度，“暗箱”操作较为普遍，人情项目依然普遍存在，特别是地市级旅游规划项目，一定程度上产生了旅游规划市场的不透明、不公开、不公正，导致了规划市场竞争的无序性和非正当性，直接影响了规划质量和规划效果。

二 乙方的竞标及承标

一些在全球或者地区具有较大影响的旅游目的地，当地政府会特别重视旅游规划工作，其规划目的基本都是开发实施型或者综合型规划。为了得到高质量的旅游规划成果，甲方一般会通过公开招标或者有限邀标的方式确定选择乙方。有限竞标一般只邀请那些国内外享有盛誉的旅游规划编制专家和团队，即使是公开招标，一般也会限定报名条件，把那些水平低下的规范编制单位及个人拒之门外。受到邀请的乙方或者具有竞标资格的乙方为了竞标成功，会组建阵容强大的项目团队参与竞标方案的制定。

当然，为了在旅游规划市场上先声夺人，很多旅游规划设计单位“王婆卖瓜，自卖自夸”，对自己进行过度的包装和自我吹嘘，使圈子内弥漫着一股浮躁的浮夸风。为了争夺某个方面的“第一”，大家都在想方设法地“放卫星”，比谁的卫星放得高。比如，有的旅游规划设计单位动不动就自封“中国最大的旅游规划机构”、“中国最权威的旅游规划设计单位”、“国内首家民营旅游规划单位”、“中国最具商业思维的旅游规划单位”等“国字头”招牌，背后的潜台词就是：我是最好的，找我做规划没错。有的单位为了言之凿凿，通过各种五花八门的渠道花钱买匾，找个非政府组织授予自己“中国优秀旅游规划设计单位”或者“中国十佳旅游规划设计单位”之类的称号。不过，圈内人都知道，这些听上去很“令人震撼”的称号，不过是当事机构利用现代人对专家系统的信任虚构的权威罢了，在这种虚构的权威背后，实际上并不存在值得信任的专家系统。他们自我吹嘘所依靠的“专家系统”实际上都是“协会”、“学会”、“促进会”一类的民间组织。本质上，旅游规划设计单位的过度包装和自我吹嘘，实际上是一种具有欺骗性的“自我赋魅”（self-enchantment），目的就是使自己比竞争对手看上去更为强大。在笔者看来，这种罔顾事实的自我吹嘘风气，最终将导致圈子的泡沫化，对旅游规划圈子的发展有百害而无一利。

总体上，旅游规划市场供大于求，但知名规划专家和高水平的规划专家则是供不应求。为了解决这种矛盾，结果就形成了一种“潜规则”：知名旅游规划专家负责竞标拿项目，拿到项目后再通过种种渠道，按照与知名规划专家关系的亲疏远近，在圈子内进行二次、三次分包。有的知名旅游规划专家则另辟蹊径，借着自己在业界的口碑成立旅游规划咨询公司，公司因为专家的良好口碑同样容易在业界得到认可，公司员工以公司的名义（实际上是以规划专家的名义）在全国参加各类旅游规划项目的竞标，或者公司根本就不做旅游规划，仅仅靠出卖旅游规划资质和招牌获利。在这种情况下，实际做旅游规划的人或者团队是“承标”者，根本不是竞标的团队（更不用说知名规划专家会出面或参与了），竞标者只是利用知名规划专家（单位）的名气和招牌，以增加竞标成功的机会，成功获取规划项目的规划团队则以一定比例的提成给“面子公司”作为补偿。

对此，旅游规划专家WYX不无忧虑地说道：

> 那些拥有较高规划资质的单位，以合同经费的10%—25%作为收费标准，“出租”旅游规划资质的使用权给那些没有旅游规划资质或者资质较低的规划团队，每年都可以获得巨额收入，使得旅游规划资质制度形同虚设。（2010年7月21日访谈记录）

笔者认为，旅游规划资质的租赁市场反映了利益面前专家系统的堕落，侵蚀了专家系统的权威性和严肃性，最终势必削弱现代性的合法性。乙方利用了甲方对代表专家系统权威性的旅游规划资质级别的信任，偷梁换柱，造成了真正具有相应资质的专家系统缺场。长远来看，这势必损害公众对于专家系统的信心，甚至威胁到公众的本体性安全感[①]。现在社会上流传的对各种专家的不信任感，[②] 实际上就是专家系统权威性受到损害，进而影响到公众本体性安全感的反映。

笔者在参加云南某个县级旅游规划项目竞标时，就曾遇到一家全国知名的旅游规划公司，该公司的名气源于其创始人——一位旅游规划界比较知名的专家，在全国旅游规划市场起步阶段曾经做过几个颇有影响力的旅游规划项目。作为一家全国性的旅游规划公司，其触角已经延伸到全国的县级行政单位，作为只有150余人的小公司，如果不靠层层转包、分包，要在960万平方千米的土地上到处竞标拿项目，那是无法想象的。

旅游规划竞标者和承标者的不一致，形成了畸形的旅游规划二级市场，竞标者的“名声在外”与承标者的“败絮其中”，形成了鲜明的反差，不仅直接导致规划质量达不到相应的要求，给甲方带来不可估量的损失，而且还造成旅游规划市场混乱，给整个旅游规划圈子带来了极坏的影响。

三　规划协议的签订与执行

甲方通过招标或者委标确定了乙方，乙方通过竞标或者承标获得旅游规划项目的编制权，双方就基本确立了合作关系。但是，这种确立关系要得到法律的认可和保障，就必须签订规划协议，典型的规划协议如表3－1所示。

---

① “本体性安全”是吉登斯在其著作《社会理论的核心问题》中提出的概念，指大多数人对其自我认同的连续性以及对他们行动的社会与物质环境的恒常性所具有的信心。比如，虽然从理论上讲，没有人能保证明天太阳还会从东边升起，但一个具有本体性安全感的人不会对此产生忧虑感，总是相信明天的太阳会和往常一样从东边升起。

② 目前，中国社会普遍弥漫着一种对专家系统的不信任感，涉及社会生活的各个方面，地震预报、食品安全、医疗养生等，以至于社会上兴起了一股“反专家”潮流——宁可相信谣言也不愿相信专家。

表 3－1　　M 旅游发展规划协议书

委托方（甲方）：M 旅游局
受托方（乙方）：X 单位

为了尽快将 M 的旅游资源优势和旅游区位优势转化为经济优势，通过发展旅游业并带动其他产业的发展，就编制《M 旅游发展规划》，甲方和乙方经过反复协商，达成下述协议：

一、规划要求

1. 根据实际需要，按事先拟定的编制方案进行规划。

2. 完成时间要求：第一笔经费到位后的 6 个月内完成规划编制。

3. 质量要求：遵循旅游项目规划的理念和保护性开发的原则要求来进行系统规划，符合国家旅游局颁发的《旅游规划通则》要求的内容和深度，遵循双方协商好的编制方案，高质量、高水平地完成。

4. 旅游项目规划的分期建设与 ×× 市和 M 社会经济发展“十一五”计划相协调，与 ×× 市旅游发展规划相衔接。

5. 须通过 ×× 市旅游局组织的专家评审会。

二、甲乙双方责任

甲方责任：1. 为乙方提供规划所需资料和图件；2. 为乙方提供规划经费 × 万元。协议书签字后的半个月内付规划款 × 万元；旅游规划方案通过专家评审后一周内付 × 万元；3. 负责组织专家评审会，并承担相关的费用；4. 按协议规定按时将规划经费拨入乙方指定账户。

乙方责任：1. 收到第一笔经费后，即开展规划工作，并在 6 个月内完成；2. 按商定的规划编制方案和规划大纲进行规划研制；3. 规划启动后的 50 天内向甲方汇报旅游项目规划方案；4. 专家咨询会由乙方自行组织，产生费用由乙方负责；5. 提交给甲方最终规划成果：旅游项目规划说明书和文本 15 套，成果光盘 5 张。

三、成果的认定和归属

1.《M 旅游发展规划》以专家评审的形式来认定，《规划》一经 ×× 市旅游局组织的专家评审会通过，便是本规划成果的最终认定方式。

2. 规划成果归甲方所有，未经甲方同意，乙方不得将规划成果用于除学术研究以外的其他商业目的。

四、违约责任

1. 甲方需按时付给乙方规划经费，提供规划所需资料和图件，以及相应的后勤保障。如违约，乙方有权终止委托，产生的一切后果由甲方负责；

2. 乙方需按时按质完成规划，并通过专家评审，否则甲方有权终止委托，产生的一切后果由乙方负责，并要求乙方退还规划经费。

五、甲、乙双方相互配合，互相支持，精诚团结，相互协调，未尽事宜，协商解决。

本协议一式四份，经双方签字盖章后生效，甲、乙双方各执两份。

甲方：M 旅游局（盖章）　　　　乙方：× 单位（盖章）
甲方代表：（签字）　　　　乙方代表：（签字）

××××年××月×日

资料来源：《M 旅游发展规划协议书》，2007 年。

马梅认为，旅游规划协议有工资合约、租佃合约和分成合约三种方式。工资合约方式就是甲方出资金（规划费），乙方出技术劳动（编制规划），合作生产旅游规划成果；租佃合约指规划方制定旅游规划并自行开发，实质上是“自己规划，自己开发，自己受益”的合约安排；分成租佃合约介于固定租金合约和工资合约中间，本质上是“免费做规划，从后期管理获益”的合约安排。理论上，旅游规划委托采用工资合约配置产权效率低下，租佃合约给予规划方完全的剩余索取权，较好地解决了规划方激励问题，但同时带来的损失却无法控制，最终导致旅游资源开发的效益低下，分成合约更能恰当配置委托方与规划方产权。①

虽然理论上分成合约是最理想的委托方式，但在中国现行体制下，旅游规划委托分为政府委托与开发商委托两类，政府不可能自己做规划，开发商自己制定旅游规划并自行开发的情况也十分罕见，因此租佃合约几乎没有存在的可能，而分成合约的监督成本太高，同时旅游开发本身存在风险，导致乙方也不大可能接受分成合约。总体上看，工资合约方式已经成为旅游规划圈子内甲方和乙方默认的合作方式。笔者多年的旅游规划实践也证明了这一点，迄今为止笔者所参与和所听到的旅游规划项目全部都是工资合约方式，后两者情况还没有遇到过。由工资合约向分成合约转换的条件首先在于规划方的风险承受意识和能力的增强，因为分成合约最大的风险在于：如果委托方不按照规划实施，开发失败，实施此类合约的规划方就会遭受完全的损失。目前国内旅游规划编制方，特别是以教学科研为主业的高校教师团体，在旅游规划市场上属于“风险厌恶”型的乙方。即便是对于旅游规划公司来说，放弃自己所擅长的旅游规划生计模式，进入一个自己并不熟悉的旅游开发和经营领域，也不是一种理性选择。

一般来说，规划的执行过程较少出现纠纷，即使偶有违约（如因为甲方原因造成拖延等），双方都能通过友好协商解决争端。旅游规划协议的执行过程很少有争议，笔者认为和旅游规划的政府主导模式有极大的关系。政府作为非营利性机构，具有一般市场主体不具备的信用度高、不唯利是图等特点，因此几乎不会出现无故克扣规划经费等不守合同的行为。另外，政府主导型的旅游规划模式很容易受到地方政策和领导意志的影响，常有权大于法的违约现象发生，不过大多数违约都和规划进度有关。政府部门一开始对规划进度催得十分紧，作为合作中相对弱势的乙方，一般不敢怠慢，甲方则不同，各部门和

① 马梅：《旅游规划委托合约问题研究》，《旅游学刊》2003 年第 1 期。

领导之间由于协调配合不好，常常导致原定进度的拖延。理论上，旅游规划协议的执行期可以很短，也可以很长。但现实操作中，旅游规划协议的执行期一般不超过一年，最短的几天内就要完成，特别是那些为了向有关部门争取立项扶持资金的项目更是如此。

四 甲方和乙方的合作博弈

旅游规划的甲方和乙方在旅游规划活动中有着共同的目标和利益，在旅游规划对发展旅游业的必要性方面具有共识，因此才有了旅游规划市场的形成。对于甲乙双方来说，旅游规划活动属于一种非对抗性的合作博弈过程。在这个以买方市场为特征的不对称博弈过程中，甲方的要求和乙方的竞争决定了旅游规划质量的时代标杆。在旅游规划市场形成初期，规划理念和技术手段都还处于初级阶段，相应的是甲方的要求也比较容易满足。随着改革开放的深入，各种信息的流动和获取变得比历史上任何时期都要方便，人们的受教育水平得到了普遍的提高，加上社会经济的自然增长，极大地促进了消费者消费水平和品质的提升，使整个社会对生产者提出了更高要求。旅游规划成果作为甲方向乙方购买的“产品”，自然也不例外。甲方对旅游规划的要求，从一开始的文字定性描述文本，逐渐过渡到兼具定性和定量分析的文本，再到今天的图文并茂、富有创意、科学与艺术并举的旅游规划新标杆。而且由于旅游规划市场规模的扩大，越来越多的旅游规划编制方参与到旅游规划项目的竞争中，使乙方在旅游规划成果的提供标准上也水涨船高，互相攀比。本质上，甲方和乙方所形成的博弈是非对抗性博弈，博弈的结果对双方都有利，其直接后果就是共同促进了旅游规划质量的提高，促进了旅游规划圈子的繁荣和可持续发展。

不过，虽然甲乙双方的博弈本质上属于非对抗性的合作性博弈，但甲方和乙方在合作过程中仍然有着各自的利益和诉求。作为旅游开发投资方的甲方往往希望乙方能拿出一个立竿见影的一揽子解决方案，而作为政府管理部门的甲方则希望借用专家的口和笔来证明甲方决策的正确性。而乙方经常执着于创新的激情，强调规划的整体性和长远性，批评甲方的急功近利和短视，但在甲方的压力下往往放弃原则妥协。一般来说，作为旅游开发投资方的甲方往往强调旅游规划的可操作性，希望通过旅游规划的实施尽快见到效益，收回投资。在中国目前的社会经济发展条件下，作为企业的旅游开发投资方，大多缺乏应有的社会责任感，功利性太强。乙方为了迎合这样的甲方，有时候会有意规划设计一些“短、平、快”的项目，甚至不考虑项目的实施带来的负面效应。与此相比，作为政府管理部门的甲方往往立足于政策层面做旅游发展规划，主要强调规划的政策指导性。在这种情况下，甲方委托乙方编制规划的原因是相关法律法规规定“他们不能代表自己”，必须由一个具有相应资质的乙方来完成规划工作，即使其作用只是借用专家的口和笔来证明甲方决策的正确性。这样的规划往往难度不大，因此规划经费也被压得一低再低，有时候甚至远远低于市场价。即便如此，在旅游规划市场上，类似的规划项目还是被认为是比较“难得”的好项目，具有低难度、低成本、低风险和快回报的特征。

五　圣俗之间

总体上，旅游规划过程是一个典型的世俗性实践活动，这主要表现在以下几个方面：首先，甲方的目标具有典型的世俗功利性。如前所述，旅游规划活动实际上是甲方为了实现特定的生态、社会及经济目标（最主要是经济目标），委托乙方在旅游资源及市场调查的基础上，通过符合一定规范的旅游创意迎合游客需要，为甲方的旅游业开发在市场上赢得先机，最终实现甲方旅游业发展目的的过程。中国旅游规划热的背后实际上是现代化进程中工具理性的胜利，某种程度上是“唯利是图”价值观盛行的表现。

其次，旅游规划过程中甲乙双方的合作方式是世俗的。甲方委托乙方编制旅游规划，甲方出钱，乙方出智，公平买卖，各取所需，本身是一种市场行为，双方都是出于世俗的功利目的。不仅如此，甲乙双方的合作是在签订规划编制委托协议的前提下进行的，双方的权益受到世俗社会法律法规的约束和保障。

最后，旅游规划整个过程都充满着世俗性的人际交往和应酬。在这个过程中，“酒文化”成为旅游规划世俗性的最好写照。酒文化在中国源远流长，具有悠久的历史和民间传统，在旅游行业中更是得到了“发扬光大”。笔者从进入旅游规划圈子开始，就被圈子内的前辈以及师兄师姐们灌输了一个理念：在旅游规划圈子，抽烟可以不会，但喝酒是最基本的生存技能，女生也概莫能外。于是，在学院派的圈子里，旅游方向的研究生们就自我解嘲说，为了在这个行业生存下去，就必须要争取做一个“酒精考验”的“烟酒生”。和中国其他迎来送往的场合一样，甲乙双方在旅游规划编制的整个合作过程中，从签订合作协议开始，到实地考察和调研，以及最后的评审等，每一个环节的接待都充满了酒文化的氛围：签订合作协议自不必说，一方面是为了庆祝合作的开始，一方面也是为未来的合作鼓气；在实地考察和调研阶段，美酒作为甲方接待乙方必不可少的道具，一方面是工作需要，为了让乙方了解东道主社会的美食资源和美食文化，要尽力展示东道主社会的饮食文化特别是酒文化传统，另一方面是源于中国人“无酒不成席”的好客传统；在顺利通过专家评审会后，甲乙双方更是有理由庆贺合作成功。

不过，旅游规划不仅仅只有世俗的一面，其中也包含着神圣的成分。第一，旅游规划可以看作旅游地发展的一种“通过仪式”，而规划文本就是旅游业发展的图腾，通过专家评审的旅游规划文本，就是旅游地发展旅游业的通行证。每一种社会活动都有特定的社会功能，旅游规划也不例外，只有发现它的社会功能，才能发现它的意义。总体上看，旅游规划是为满足大众旅游市场兴起所产生的社会需求和市场需求而出现的。但具体到每一个旅游规划，其功能和意义可能存在较大差别。有时候，旅游规划就是一个“准生证”，是开发旅游的许可证，是向相关部门申请旅游项目资助和扶持资金的“尚方宝剑”；有时候，旅游规划是地方政府为了响应上级政府而完成的政治工程；当然，更多的时候，旅游规划的确是地方或企业旅游发展需求的真实反映，要求具有切实的可操作性，是真正意义上的旅游规划。无论什么情况，旅游规划都是一种具有特定社会功能的仪式过程，是权力、资本和知识共同合谋的建构实践。规划文本一旦通过专家评审，就意味着规划对象被纳入了旅游业发展格局，旅游开发因此具有了合法性和正当性。对于甲方而言，规划文本本身不一定需要可操作性，但即便是没有实施的旅游规划也不是完全没有意义，地方政府可以利用规划文本这个图腾，“挟规划以令天下”，在各种场合名正言顺地动员全社会的力量来发展旅游业，使旅游规划文本变成政府统一旅游发展思想的武器。

第二，旅游规划作为一种智力创造活动，其过程及成果都具有一种形而上的神圣性。从某种意义上说，现代化背景下的大众旅游业就是一出循环演出的舞台狂欢剧，其中政府是导演，旅游规划者是编剧，旅游规划文本是旅游展演的剧本，游客、东道主、旅游企业都是演员。事实上，为了帮助旅游目的地发展旅游业，旅游规划者这个特殊的“编剧”就必须基于实地考察，利用自己的专业知识在想象的世界里为旅游目的地建构发展蓝图。虽然西方17世纪近代哲学和科学的兴起逐渐导致了知识的世俗化和去圣化，但本质上以知识和智慧为代表的“彼岸世界”仍然具有神圣性。

第三，旅游规划者的“虚拟凝视”具有某种“神圣性”。在旅游规划考察过程中，旅游规划者通过换位思考，模拟游客、东道主和甲方的目光，对规划对象进行一种想象成分大于现实成分的“虚拟凝视”，这种虚拟凝视本质上是不真实的，反常规的，反世俗的，具有一种“神圣性”。旅游规划者通过想象的游客、东道主和甲方“附体”，使旅游规划过程具有某种神圣性，正是这种“神圣的凝视”为游客建构了“神圣的旅程”。

第四，旅游规划者在进行创作时往往处于一种“神圣的”状态。如果把知识的殿堂看成是和世俗世界相对的彼岸世界的话，那么灵感和创意就是在圣殿中游荡的精灵。一个被灵感和创意激情充满的人必然处于一种非世俗化的宗教状态，即范·吉内普（Arnold van Gennep）所谓的“过渡状态”，特纳（Victor Turner）所谓的“阈限状态”。实际上，除了虔诚的宗教徒、圣人、巫师、神秘主义者以外，普通的人在大多数时候都处于一种非宗教的世俗状态，离神圣的“阈限”状态很远，遑论在阈限状态中抓住虚无缥缈的灵感和创意了。有趣的是，根据笔者多年的经历和观察，很多得到业界认可的旅游规划创意都来源于酒精的刺激。酒精沟通了神圣和世俗的对话，它能够帮助人们进入尘世中不可感知的阈限状态，难怪李白能够“斗酒诗百篇”了。

在旅游规划过程中，神圣和世俗在工具理性的支配下走到了一起，神圣性作为一种手段和工具，被用来为世俗的功利目标服务，使旅游规划整体上表现为一种世俗性的实践活动。如果说宗教徒是试图通过世俗的修炼超越世俗、走向神圣的话，那么旅游规划中的甲方和乙方则试图让神圣的东道主文化走下“神坛”，走向世俗化，变成可以买卖的商品。在这个过程中，旅游规划者（乙方）对东道主社会的凝视是在价值理性的支配下完成的，多少有些理想主义的色彩，具有某种程度上的神圣性。旅游规划者在旅游规划过程中，利用自己的专业知识和技能充当着沟通知识、权力和财富的媒介，其作用类似于传统宗教信仰中的专职巫师——从某种角度看，旅游规划者何尝不是在从事一种“巫术”活动呢？

第三节　规划游客凝视

一　为眼球经济服务

在人体所有的感觉器官中，眼睛具有突出而显著的地位，以至于古今中外的人们都将“目视”作为可靠知识的来源。汉朝的刘向在《说苑·政理》中就有“夫耳闻之，不如目见之”的论述，今天人们也还有“百闻不如一见”、“耳听为虚眼见为实”的说法。即便是到了18世纪末科学、理性的世界观已经深入人心的时代，“视觉化”仍然是科学的目标之一，目视仍然具有绝对的王权——“眼睛认识和决定一切，眼睛统治一切”[①]。美国现象学家汉斯·乔纳斯（Hans

① ［法］米歇尔·福柯：《临床医学的诞生》，刘北成译，译林出版社2001年版，第96—97页。

Jonas）甚至指出，视觉是人类最高贵的感官。①

在全球化和现代化无处不在的今天，我们每个人更是无所遁形。处在一个目光交织的社会，每个人都在用眼光注视着别人，每个人都在别人的眼光注视之下。“凝视”变得无处不在，“‘凝视’逐渐成为不同人群之间交往的新型图式”。② 在消费主义盛行的今天，我们的社会已经步入了所谓的“眼球经济”时代，商家都在争夺消费者的眼球，争取消费者的注视。我们每个人都渴望凝视、窥视他者，并通过这种凝视和窥视发现和定义自己，大众观光旅游的发展为人们满足窥视欲提供了一种途径。眼球经济使游客凝视产生了影响旅游地经济发展的“经济作用力”③，游客凝视成为一种经济权力，一种可以买卖的权力。

凝视是旅游体验的中心，也是旅游规划和开发的核心内容。旅游规划者凝视作为一种“合力凝视”，本身是一种被雇用的目光，但旅游业的客观规律又要求这种目光不能只代表甲方，而要兼顾各利益主体的诉求。不过，即便如此，由于旅游需求是现代旅游产业存在和发展的根本前提，因此这种“合力凝视”对各利益主体诉求的考虑并非一视同仁，游客凝视仍然是最需要被关注的目光，这也是甲方雇用乙方所需要的结果。不仅如此，在旅游规划专家模拟游客和东道主的互动过程中，游客凝视成为东道主自我展示的导标，地方景观和文化元素成为吸引游客目光的商品。在全球化的旅游背景下，地方传统文化作为一种地方性知识，是一种基本丧失了传统实用价值的“小传统”，变成了被“我群”围观的对象。“游客凝视”与地方性表征是共生关系，凝视是表征的动力，表征是为了满足游客凝视，看与被看是相互建构的，游客被目的地激起不断的凝视需求，本地人为游客的凝视需求积极进行着文化的自我表征。④

---

① Hans Jonas, “The Nobility of Sight: A Study in the Phenomenology of the Senses”, *Philosophy and Phenomenological Research*, 1954.

② 孙九霞：《族群文化的移植：“旅游者凝视”视角下的解读》，《思想战线》2009 年第 4 期。

③ 刘丹萍：《旅游凝视——中国本土研究》，南开大学出版社 2008 年版，第 153 页。

④ 魏美仙：《他者凝视中的艺术生成——沐村旅游展演艺术建构的人类学考察》，《广西民族大学学报》（哲学社会科学版）2009 年第 1 期。

旅游规划作为旅游业发展过程中重要的基础环节，是旅游地旅游资源产品化的基础，是吸引游客“凝视”的最关键环节，决定了游客在旅游地的“凝视”内容和“凝视”方式，规定了游客和东道主的接触和相互影响方式。孙九霞（2009）以批评和忧虑的口吻指出，民俗村的文化移植是“无根的移植”，是在“游客凝视”支配下的移植，会导致完整的族群文化被片段式展示、神圣性族群文化被娱乐化运作、多样性族群文化被集中性处理。[①] 实际上，作为市场化开发的旅游产品，族群文化必须片段式展示，全景展示族群文化既不可能也不必要；神圣性族群文化也可以娱乐化运作，因为旅游本质上是愉悦的展示和体验，何况没有任何事物是神圣的，或者说任何事物都是神圣的——“神圣乃自然之本质”[②]；多样性族群文化在旅游业中也必须要集中管理，这是现代管理的内在规律所决定的。不仅如此，族群文化的片段式展示、娱乐化运作和集中性管理，已经成为大众旅游时代的一种规划方法和价值取向。

旅游规划作为被甲方消费的对象，最终是为游客凝视服务的，而游客凝视本身又是现代眼球经济的一部分，因此本质上旅游规划是消费主义买方时代为眼球经济服务的一种手段。游客和东道主在游客凝视需求的推动下看与被看，需求方和供给方互相建构，旅游规划是一座桥梁，沟通了游客和东道主之间的凝视和被凝视，游客和东道主通过旅游规划的实施定义了自身。从这个角度讲，游客和东道主都是不自由的，他们都是甲方和乙方共同导演的旅游舞台剧中的演员。于是，游客的旅游体验是一种“被规划”的旅游体验，东道主的自我表征和展演也是为游客凝视而精心建构的文化碎片。如果说甲方和乙方为了游客的凝视而建构旅游规划的话，那么，从东道主的角度来看，旅游规划是必需的吗？如前所述，在中国的旅游规划体制安排下，甲方（特别是地方政府）无法自己规划（代表）自己，所以必须由乙方来为自己发言。同样，东道主在旅游开发过程中，其自我表征和展演的内容及方式是以游客的眼光来建构的，在被凝视的利益驱动下，

① 孙九霞：《族群文化的移植：“旅游者凝视”视角下的解读》，《思想战线》2009年第4期。

② ［德］海德格尔：《海德格尔选集》，孙周兴选编，生活·读书·新知三联书店1996年版，第338页。

他们是“沉默的大多数”，他们必须被代表和被建构。不过，游客和东道主“被规划”的原罪却不在于旅游规划者和旅游开发者，而是源自游客的窥视欲望和东道主的获利欲望，旅游规划中的甲方和乙方不过是投其所好，充当了不一定讨好的“媒婆”角色而已。

二 符号化旅游与旅游的符号化

如前所述，严格说来，旅游凝视包括游客凝视、东道主凝视、旅游规划者凝视等方面的内容。其中，游客凝视在旅游凝视结构中属于一种“现代性目光”，是旅游凝视的核心内容，也是旅游凝视存在和发展的基础和前提；东道主凝视则是不平等的旅游凝视结构中的“地方性目光”，某种程度上是游客凝视和消费的对象，也是游客体验的重要组成部分，往往成为地方文化“原汁原味”的标准；旅游规划者的凝视则是各相关利益主体博弈的产物，是一种以游客凝视为主要价值取向的“组合凝视”。旅游规划者用这种融合了多重身份的“虚拟目光”对东道主社会进行全方位审视，然后在一定的限制条件下进行组合创新，建构出一系列面向游客的旅游凝视对象。

本质上，旅游规划者凝视目光的“虚拟性”是旅游业开发过程中各方力量合作博弈的结果。作为各方利益的代言人，旅游规划者必须“设身处地”地分别以旅游开发各相关利益主体的“目光”凝视被开发对象，然后平衡各方利益分配，以一个超越各方同时又代表各方的身份进行旅游凝视，才能做出被旅游开发各相关利益主体接受的旅游规划方案。在这个过程中，旅游规划者的身份必须在不同的角色之间转换，要懂得换位思考。

厄里强调“凝视主体”和“凝视对象”之间社会权力关系的操作和展演。“凝视主体”和“凝视对象”之间的互动过程实际上完成了“窥淫癖”结构关系的建构和实践。在这一过程中，“许多专家实际上的确促成了‘游客凝视’的建构和发展”①。在神圣旅程的建构

① ［英］John Urry：《游客凝视》，杨慧、赵玉中、王庆玲、刘永青译，广西师范大学出版社 2009 年版，第 2 页。

过程中，旅游规划的乙方是建构舞台上的舞者，背后有甲方、旅游开发商、游客和东道主各方的利益诉求。国内外学者都将游客凝视作为一种不平等权力关系的隐喻，游客代表强势和主动的一方，东道主则是弱势和被动的一方。实际上，引入“规划者凝视”的概念后，我们会发现，自以为强势和拥有权力的游客其实也是不自由的“演员”，游客的凝视也是“被规划”的产物，旅游规划的甲方和乙方才是“凝视”的总导演。甚至东道主在游客凝视面前也不是完全无为的，特别是在民族文化的表征和展演过程中更是如此，他们通过个性化的歌舞表演来主张自己的权力，歌舞在形式上所具有的权威性不容置疑，游客和东道主都必须在同一个“形式权威”下进行交流。在这种时候，被凝视的东道主处于权力关系中强势的一方，其权威来自歌舞形式本身，因为“人们不能与歌发生争议”[①]。

随着大众旅游的盛行，越来越多的文化学者对走马观花的快餐式旅游屡屡提出批评，并将旅游符号的表面化现象界定为“无深度文化”[②]、旅游的“迪士尼化”、“麦当劳化”[③]、“假事件”[④]、“传统的凝固”[⑤]、“后时髦现象”[⑥] 等。在大众旅游时代，大众游客对旅游过程中“舞台真实”的满足和迷恋导致了旅游体验越来越符号化。国内则有学者认为，游客满足符号表象化的娱乐和体验，旅游符号系统

① Block M.，“Symbols, Song, Dance and the Features of Articulation: Is Religion An Extreme Form of Traditional Authority”, *European Journal of Sociology*, 1974, 15 (01): 54 - 81.

② ［英］迈克·费瑟斯通：《消费文化与后现代主义》，刘精明译，译林出版社 2006 年版，第 21—22 页。

③ Jafar Jafari, Chief Editor, *Encyclopedia of Tourism*, London, Routledge 11 New Fetter Lane, 2000: 91.

④ Daniel J. Boorstin, *The image: A Guide to Pseudo-events in America*, New York: Atheneum, 1987.

⑤ Frank A. Salamone, “Authenticity in Tourism: The San Angelinns”, *Annals of Tourism Research*, 1997, 24 (2): 310.

⑥ Samuel (1994) 用“后时髦”来形容一种肤浅的旅游体验：强调一种形式而非实质，追随时尚，混淆过去与现在的旅游行为现象。参见 Samuel, R., *Theatres of Memory*, London: Verso, 1994: 83.

的表意功能与“自生性”被遏制[①]，可能导致“文化符号本身在审美、精神需求方面的逐渐枯竭”[②]。实际上，由于大众旅游业唯利是图的发展目的，加上大多数游客的时间、精力及经济条件的有限性，旅游的符号化作为旅游业批量生产的最佳模式，成为工业文明条件下旅游业发展的必然选择，是标准化生产在旅游业中的应用。只要人类不愿放弃工业文明带来的标准化，不改变旅游开发的价值观，旅游的符号化就不可能彻底消亡。因此，作为一种规划方法和价值取向，在过度强调旅游经济效应的导向下，旅游规划者的凝视将不可避免地带有符号化旅游特征。

从旅游规划者的角度看，旅游规划过程就是以游客的眼光来揣摩游客需求心理，通过旅游资源的符号化，建构旅游凝视物的过程。如果把大众游客的旅游活动看成是对符号的搜集和凝视，是一种旅游的符号化，那么旅游规划者的实地考察就是对符号的提取、组合及建构，是一种符号化旅游。“旅游的‘符号化’对应于‘快餐式’的旅游体验以及对旅游地文化认识的表象化，符号化旅游则对应于旅游主体对旅游地社区文化的文化本质、文化精神的深刻理解，是一种沉静的而非浮躁的，深入思考而非浅尝辄止的文化体验。”[③] 为了迎合大众游客的凝视需求，旅游规划者就不得不在其符号化旅游中以游客的眼光来审视东道主社会的旅游资源开发，按照游客的口味对旅游资源进行符号化提取和组合，使用非科学的思辨与创新思维，在“科学与非科学之间”[④] 进行创造，将创新成果用于旅游形象、宣传口号、旅游产品、活动项目及游客参与方式等方面的策划和设计中去，建构出吸引游客的旅游凝视物。

---

① 杨振之、邹积艺：《旅游的“符号化”与符号化旅游——对旅游及旅游开发的符号学审视》，《旅游学刊》2006 年第 5 期。

② 曹晋、曹茂：《从民族宗教文化信仰到全球旅游文化符号——以香格里拉为例》，《思想战线》2005 年第 1 期。

③ 杨振之、邹积艺：《旅游的“符号化”与符号化旅游——对旅游及旅游开发的符号学审视》，《旅游学刊》2006 年第 5 期。

④ 同上。

从方法论角度看，旅游规划者的符号化旅游是规划人员运用符号展现和演绎原生文化，并实现与游客的认知互动的过程，本质上是一个创意产生的过程，通过这种创意的实施，最终实现游客对东道主社会旅游符号系统及其要素的凝视。不过，正如杨振之等指出，旅游文化符号不能过度应用或滥用，否则会助长旅游“符号化”的趋势并加剧这种危机，那是对旅游者消费行为、审美行为的误导，也不利于原生文化的继承与发扬。符号化旅游不能游离于旅游地原生文化本身，不能用于无节制的符号关联关系和无根据的“能指”和“所指”关联关系之中。一个好的旅游规划方案，“应该力图深度挖掘原生文化，展示、传承原生文化，并批判地创造出新的文化”。①

三　传统的遗忘与发明

随着旅游的大众化和普遍化，旅游的“符号化”集中表现在旅游体验的“符号化”、旅游规划设计的“符号化”、旅游产品的“符号化”三个方面。在大众团队观光旅游时代，旅行社和旅游目的地为了尽可能地提高旅游接待效率，游客在旅游目的地的停留时间被压缩到最低限度，旅游目的地希望用一种类似舞台剧和舞台表演的形式来集中展示旅游地的文化，将他们认为应该是“好东西”的文化包装成旅游产品，以“歌曲大联唱”的形式展示给游客。甲方为了取悦游客，乙方则为了取悦甲方而想方设法取悦游客，迎合大众游客的这种“符号化”消费的欲望，共同合谋对东道主社区的文化进行“符号化”和“表象化”，有意识地“遗忘”某些真实性，并根据游客审美心理进行形式化和人为美化，重新建构出一种夹杂了主流社会对他者想象的“他者速写”，使东道主社区文化舞台化并丧失其本来的意义，成为一种“甜蜜的悲哀”。

那么，旅游规划是一种有意的欺骗吗？实际上，旅游的“真实性”在不同的语境有着不同的意指，包括客观性真实、建构性真实和

① 杨振之、邹积艺：《旅游的“符号化”与符号化旅游——对旅游及旅游开发的符号学审视》，《旅游学刊》2006 年第 5 期。

存在性真实。① 无论是建构性真实，还是存在性真实，虽然内涵不同，都是和客观性真实相对的概念，或者说，两者的内涵以后者为基础。在民族文化类的大众观光旅游中，如果把客观性真实看作是东道主社会“真相”的话，那么大众游客凝视所产生的建构性真实感和存在性真实感都是对这种真相的扭曲和误解，本身就是不真实的。面对市场上众多的建构性真实和存在性真实，大多数大众观光游客不会认为自己受到了欺骗，反而会很愉快地主动接受这种扭曲和误解。因为在这个“娱乐至死”的时代，旅游被定义为一种具有某种仪式性质的娱乐和消遣，旅游凝视物则成为大众观光游客消遣的对象，旅游的客观性真实已经被遗忘了。甲方看到了“娱乐文化”背景下的旅游产业机会，但由于客观性真实不能容纳足够的商业机会，甲方雇用旅游规划者即乙方为游客建构观光娱乐的对象，即旅游凝视物。为了建构狂欢的大舞台，甲方和乙方都有意和无意地遗忘了东道主文化的客观真实性，有无娱乐价值成为建构旅游凝视物的主要判断标准，严肃的东道主文化被包装成“好看”的舞台表演，游客成为“真实性”的最终裁判。在这样的商品化导向下，不少甲方认为，为了东道主社会的发展，将东道主社会的客观性真实如何变形和组合都是适当的做法。

从另一方面来看，旅游开发过程中客观性真实被有目的地“遗忘”，本质上是东道主社会融入全球化进程的一种努力和渴望，是众多的民族文化、民族生存方式通过文化的商品化进入世界工业体系的建构过程。各民族传统民俗节庆通过“去功能化”和符号化、

① 客观性真实指旅游在客观方面的原始属性，判断标准是游客所凝视的对象是否在本地由本地居民根据习俗与传统制造或表演；建构性真实指在对真实的建构中既包含了旅游行为本身的客观性，同时又浸透了一些其他因素，包括诸如想象、期待、偏爱、信仰和权力等，其真实性是“由各种旅游企业、营销代理、导游解说、动画片制作者等生产、制造出来的”（George Hughes，1995）；存在性真实则毫不关心旅游客体的真实性，强调旅游者的主观体验，强调旅游主体本真的存在状态，将真实作为一种感觉，与对本真的自我体验结合起来（因此也有学者称之为主观性真实）。参见 Wang，N.，“Rethinking Authenticity in Tourism Experience”，*Annals of Tourism Research*，1999，26（2）：349－370。

舞台化，本质上是现代社会脱域机制的表现形式之一，有其合理性的一面。用“文化适应”的观点来看，地方性传统文化逐渐向现代化和全球化靠拢，本质上是弱势的本土文化对强势的外来文化的一种积极适应。用吉登斯的话说，这种适应的背后，实际上是现代性脱域机制为地方性“归顺”全球化和现代化提供了条件，或者说脱域机制使全球化和现代化利用地方性成为可能。比如，泼水节本来是傣族人民在特定的时间和空间举行的传统民俗节日，在旅游业开发背景下，脱域机制将泼水节从傣族的日常生活中抽离出来，“掐头去尾，掏空内脏”，为泼水节走向全球化贴上了现代化标签，使得“天天都是泼水节”不仅成为可能，而且还成为传统民俗节庆旅游开发的成功典范。

某种意义上说，文化商品化是旅游开发特别是民族旅游开发的前提和条件。对于东道主社会来说，文化商品化可以起到类似于“变压器”的作用：它将使经济上原本封闭落后的东道主社会雪上加霜，但能给经济上原本较为开放发达的东道主社会锦上添花，即文化商品化将使东道主社会弱者更弱、强者更强。本来东道主文化就是为东道主社会带来各种利益并确保其生存意义的，在全球市场经济体系背景下，东道主文化被开发出了额外的商业价值——供游客观赏。在某种程度上，东道主文化的确被发扬光大了，因为其影响范围远远超出了东道主社会。不过，要想拓展“文化”的使用功能，东道主社会的传统文化就必须接受客源社会文化的改造。此外，东道主社会文化的旅游价值的实现绝不仅仅意味着经济利益的简单获得。“价值表现的秘密，即一切劳动只是由于都是一般人类劳动而具有的等同性和同等意义，实质上深蕴着人类平等的概念。”① 东道主社会民族文化资本化运作的意义不仅仅在于经济的发展，更为重要的是民族文化在现代世界体系制度化构建中的位置即权力的获得。② 从这个意义上说，旅

① 陈庆德：《经济人类学》，人民出版社 2001 年版，第 270 页。

② 马翀炜、张帆：《想象的真实与真实的商品——经济人类学视野中的现代旅游》，《思想战线》2004 年第 4 期。

游规划中甲乙双方合谋对东道主社会某些文化元素进行选择性屏蔽和变形，遗忘东道主社会文化的客观真实性，就有着合理的一面了。

如果说在旅游开发过程中有选择地遗忘某些文化元素有着与时俱进的合理性一面，那么凭空为东道主发明传统，虚拟历史，则有可能给东道主社会及旅游业的可持续发展带来致命伤害。H 乡[①]是云南一个以彝族为主要居民的民族山乡，在乡政府西北方向 1 千米处，有一片保存较完好的原始古藤林。本地一群常年在外跑运输的男子，一年到头忙于生计，只有春节期间才会聚到一起吃吃饭，聊聊天，交流一下货运信息。有一年，有人出面组织，大家共同出钱杀了一头牛，在野林边上的空地上架起牛肉汤锅，携家带口地进行野炊活动。之后大伙觉得这种方式很好，商定以后每年的 3 月 18 日举行类似活动，在这一天，女人们承担起大部分的服务工作，男人们则享受一年难得的清闲，围在一起打牌、下棋、聊天、喝酒、打陀螺等。后来，笔者所在规划团队受当地政府委托进行旅游规划，将这个当地的民间自发聚会活动，策划成了一个极具创意的“男人狂欢节”，主要针对现代都市男性，为他们提供一个集娱乐、狂欢、美食于一体的现代主题节日，为地方发展积累了难得的文化资本。

不过，在后来的执行过程中，“男人狂欢节”偏离了规划者的初衷。为了使男人狂欢节具有“深厚的”文化气息和历史传统，H 乡专门组织当地文化人“编写”了男人狂欢节的传说，将男人狂欢节附会于当地彝族民间故事并进行了想象加工：

> 传说很久以前，H 乡的茂林山下，人丁兴旺，五谷丰登，人们过着男耕女织的美满生活。有一天，天上的火魔从 H 乡的上空路过，发现 H 乡四周古林葱郁，景色迷人，于是起了忌妒之心，便把野火种抛向茂林山。茂林山顿时燃烧起来。眼看茂林山很快

---

① 为了遵循研究伦理，本案例所涉及地名均为代名，参考文献也做了相应的处理，特此说明。

就要被魔火烧光了，村里的寨主杀了九十九头牛羊祭献，魔火还是昼夜不停地吞噬着美丽的山林。寨主急坏了，于是向远近的村寨发出告示，只要谁能制服火魔，熄灭魔火，就把自己20岁的女儿嫁给他。H乡下寨住着一个名叫普大的小伙子，从小失去了父母，一个人孤苦伶仃地一直以打铁为生，他带着亲手打造的大刀来到寨主家应征，带领着村民打败了火魔。寨主为了感谢灭火英雄，杀了牛羊来庆祝英雄们凯旋，并把头上插满马樱花的漂亮女儿当着乡亲们的面许配给了灭火英雄普大。从此，每年的三月下旬，H乡远近的妇女和姑娘们，都要换上漂亮的新装，头上插满美丽的马樱花，聚集到古林边敲响花鼓跳起乐，以此庆祝灭火英雄的凯旋，人们便把这一庆祝活动称为女人们为男人举行的“男人狂欢节”。由于在举行这一活动时有扮演火魔和被魔火熏得满脸漆黑的灭火英雄形象，加上有欢快的花鼓和四弦伴奏，节日往往充满了狂欢的气氛。①

实际上，当地彝族的民间传说和“男人狂欢节”根本就没有任何联系，也没有如此“荡气回肠”。在H乡的旅游规划方案中，也明确指出要“采用政府主导、学术把关、市场运作的方式”来运作男人狂欢节。但是，当地政府在后续的实施过程中没有对“男人狂欢节”的运作方案进行严格的学术把关，想当然地假定游客喜欢有着“古老传说”的旅游节庆，草率地将当地彝族民间传说附会于“男人狂欢节”，试图将其与古州野林及当地彝族文化绑定进行域化，使“男人狂欢节”陷入“伪民俗”的污名之中，不仅不利于当地旅游业的可持续发展，而且也不利于当地彝族文化的继承和发扬。

H乡“男人狂欢节”的事实证明，“那些表面看来或者声称是古老的‘传统’，其起源往往是相当晚近的，而且有时是被发明出来

① 来源于H乡“男人狂欢节”的网络宣传资料。

的”。[①] 在旅游业开发的洪流下，旅游规划的甲方和乙方通过移植、组合、变形各种文化碎片“虚构”本来不存在的少数民族历史文化，并利诱东道主社会接受这种“伪民俗”，以为游客会喜欢他们为东道主量身设计的“皇帝的新衣”，煞有介事地指着它向游客们说：“看到了吗？这个节日是当地少数民族的传统节日，你看看背后隐藏着多么深厚的历史和文化！”实际上，这种发明的传统，不一定能被东道主社会所接受，背后隐藏着巨大的社会及文化风险。

四 花街节的两种开发利用方式

新平花腰傣是分布在红河流域的傣族分支，由于妇女腰间围系着一至多条长长的彩色腰带，因此被其他民族称为花腰傣。20 世纪 90 年代中后期，云南旅游业获得了快速发展，新平花腰傣浓郁的民族风情也逐渐引起了众多省内外游客的关注。2001 年 2 月 4—7 日，县委、县政府在省市有关部门的支持下，紧紧抓住历史机遇，成功举办了中国云南·新平“花腰傣”国际学术研讨会，吸引了 7 个国家近 70 名外国学者及 50 余名中国学者，中央及地方的 80 余名新闻记者也受邀参会并对大会作了全方位的报道，极大地促进了新平县花腰傣旅游品牌的推广。[②] 同年，新平县政府将漠沙镇的 M 村和戛洒镇的 L 村确定为“花腰傣民族文化生态旅游示范村”，为花腰傣民族文化旅游资源的深度开发做好了准备，但两个镇对花腰傣传统民俗节日花街节的早期开发利用方式却截然不同。

漠沙镇 M 村的傣雅和戛洒镇 L 村的傣洒分属不同的花腰傣分支，傣雅的花街节是农历正月十三举办，而傣洒的花街节则是在农历二月的第一个属牛日举办。随着全国旅游业的蓬勃发展，政府决定将花街节作为旅游资源进行开发。漠沙镇于 1991 年开始全面接管了傣雅传统花街节的组织和举办，每年正月十三在集镇举办隆重的官办旅游花

① ［英］霍布斯鲍姆、T. 兰格：《传统的发明》，顾杭、庞冠群译，译林出版社 2004 年版，第 1 页。

② 范亚辉：《“花腰傣”文化与新平经济发展》，《云南社会科学》2001 年第 2 期。

街节。对于那些受到传统文化洗礼的花腰傣老人来说，旅游花街节脱离了传统的文化背景，民间传统的自娱自乐变成被权力和资本操控的表演，从前自娱自乐的主体变成了被凝视的对象，变成了取悦游客的客体，失去了原本的民俗价值和意义，是不可接受的。DMX 老人认为现在的花街节“就是找一些漂亮的姑娘和帅气小伙子到花街上演，不像以前花街的赶法，以前花街是建立在你爱我、我爱你基础上的，小伙子要长得帅才有少女对他动情”。[①] 看来，外部力量的不当介入将会影响传统节日的本土性和当地民众的主体性，使传统民俗逐渐丧失客观真实性，最终使游客感受存在性真实的基础也受到动摇，传统民俗将加速变迁乃至消亡，最终丧失对游客的吸引力。

同样是对花街节的开发利用，戛洒镇一开始就采取了与漠沙镇完全不同的思路。2003 年，戛洒镇在春节黄金周期间举办了首届傣洒旅游花街节，而民间自发组织的传统花街节则仍然在每年农历二月的第一个属牛日举办。虽然大多数花腰傣老年人对政府举办的旅游花街节仍然持否定态度，但至少传统花街节得到了很好的保护和继承，大多数花腰傣村民十分认可这种开发利用方式，特别是年轻一代，他们认为政府主办花街节是一件好事情。大学毕业的傣洒青年 DXH 就认为：

> 第一，通过政府主办花街节，可以进一步提高花腰傣的知名度，让外界更多地了解我们；第二，通过举办花街节，给当地民众提供了一种休闲娱乐的方式；第三，通过外界游客的进入，一些思想和观念也随之带来，给花腰傣之乡带来了新的思想观念；第四，通过举办花街节，戛洒镇游客增多，带动了当地经济，增加了大家的收入。

对于老年人的观念，他认为：

---

① 李银兵：《云南新平花腰傣花街节研究》，博士学位论文，中央民族大学，2009 年。本书对地名做了化名处理。

> 可能是老年人还停留在以前传统的观念上，我们年轻人接受新东西比他们快一点吧。我觉得现代花街多好，现在我们平时很少看见穿民族服装的了，但是在花街上大家都穿，还有一些花腰傣文化也在花街上展示了出来。所有这些对于我们这些年轻人而言，不通过这个花街节平台，就很难全面知道自己民族的文化。现代花街节把所有花腰傣文化放在一起，也算是一种对于像我这样的年轻一代的传统文化教育。[①]

2008 年，为了迎合春节黄金周出游热潮，漠沙镇将傣雅花街节分为两个阶段来组织，正月初三至初五（2009 年初三至初四、2010 年初一至初六）为第一个阶段，是纯粹为了吸引游客而特意举办的旅游花街节，正月十二至十三为第二阶段，仍然是傣雅的传统花街节。像戛洒镇一样，漠沙镇通过“还节于民”，将政府举办的旅游花街节和民间自发组织的传统花街节分开举办，使两个节日各得其所，较好地兼顾到了经济发展和民族文化传承两种不同诉求，极大地缓和了旅游开发和民俗传承之间的矛盾，取得了较大的成功。

新平花腰傣的开发实践表明，保持传统花街节的原生态形式，不仅为创生的花街节提供了生活源流和创作的源泉，而且还可以将传统花街节定位为“游客止步”的后台，起到保护传统民族文化的作用；另外，政府利用各种现代科学手段，对花腰傣传统民族文化进行深度挖掘和组合包装，在节假日为游客举办一场民族文化的舞台剧，将其定位为纯商业化的旅游庆典，不仅可以充分发挥传统文化在全球现代化背景下的商业价值，促进少数民族地区的经济、社会发展，而且还可以唤起东道主找回已经遗忘的历史记忆，同时缓解游客对传统花街节直接窥视的压力，从而起到保护传统花街节的作用。

现代性的后果使人类产生了一种普遍的“怀旧情绪”，对“前现代”的少数民族文化迷恋不已，并因此在社会上形成了一股民族文化旅游热潮。在经济利益的驱动下，原本沉寂的少数民族文化被发现、

① 李银兵：《云南新平花腰傣花街节研究》，博士学位论文，中央民族大学，2009 年。

发明和征用，“伪民俗”大行其道，真正的传统民俗和文化面临着污名化的危险。地方政府、旅游开发商及旅游规划者擅自虚构少数民族历史和文化，发明传统并将这种传统强加给东道主，将使东道主社会面临社会和文化的双重风险。但是，通过将传统民族文化舞台化来发明“旅游新民俗”，不仅可以避免直接征用传统民族文化带来的文化不良变迁，而且还可以有效地将游客的目光从“后台”转移到“前台”，缓解现代性对传统文化的压力，最终实现传统文化保护与东道主社会的全面发展双重效益。

第四章

旅游规划的创新

如果说旅游的原始动力是求新和求异的话，旅游规划的目标就是要通过把握市场需求，为众口难调的旅游需求市场建构富有视觉冲击力和情感冲击力的旅游凝视物，使旅游业各相关利益主体各得其所。旅游凝视物是否具有视觉冲击力和情感冲击力，关键在于旅游规划方案的创意，归根结底取决于人。创新和创意是旅游规划团队及其成员在旅游规划圈子的生存之本。那些拥有创新能力和创新激情的规划团队及个人，在旅游规划圈子中拥有核心竞争能力，能够使自己在激烈的旅游规划市场中脱颖而出，保持优势。

第一节　旅游规划的后果

一　旅游规划的水平和档次

在全国一片旅游开发热的背景下，大到国家级，小到县乡层次，到处都在搞旅游开发，旅游规划成为一个规模巨大的专业市场。巨大的旅游规划市场意味着巨大的“商机”，吸引了不同学科背景的人才进入旅游规划专家系统中来，并逐渐形成了水平和档次参差不齐的规划团队和品牌。要在水平和档次都参差不齐的乙方队伍中选出能够满足甲方要求的编制方，就需要独立的第三方介入进行评价，这是公开招标首先需要完成的工作。但即使是通过公开竞标选定了乙方，也还不能完全保证规划成果的水平和档次。如前所述，评价一个旅游规划的水平和档次，实际操作中取决于法定的专家评审会，本质上是一种专家系统的认定会，目的是保护专家系统的消费者权益（名义上是保护甲方的权益，本质上应该是保护旅游业相关利益主体权益)。实践是检验真理的唯一标准，最有说服力和最客观公正的还是实践。不过，不是每一个旅游规划都有机会接受实践的检验。对此，旅游规划专家 WYX 就认为：

> 由于旅游规划是最没有约束力的规划，绝大部分规划都不能实施或者不会实施，规划者也不会承担责任，因此也导致了规划的质量存在严重问题。(2010 年 7 月 21 日访谈记录)

实际上，全国每年通过专家评审会的众多旅游规划方案中，真正经得起理论及实践双重检验的并不多。根据统计学中的正态分布规律，全国每年“产出”的众多旅游规划中，大部分是平庸的，一部分是较差的，只有少部分是优秀的。据此，可以把旅游规划的水平和档次分为三级。

一流的规划在内容、形式等各方面都比较出色，而且也经得住实践的考验。一流可以表现在规划理念、产品设计等方面。目前中国旅游规划圈子中一些比较知名的规划专家，基本上都是靠一流的旅游规划理念闻名于世，如北大的俞孔坚教授通过提出“反规划”理论和“白话景观”理论引起学界瞩目，并在旅游规划和景观设计中坚持倡导“反规划”和“白话景观”的规划思想逐渐为世人所熟知。俞孔坚教授比较有名的规划案例如“绿荫里的红飘带——秦皇岛市汤河滨河公园设计方案”、“飘浮的花园——黄岩永宁公园”、沈阳建筑大学稻田校园设计方案等。

二流的规划在各方面都中规中矩，符合规范，但也平淡无奇。从整个旅游规划圈子来看，大多数的旅游规划人员都不是“大师”，甚至都是平庸的，但这并不能否定旅游规划本身在科学、艺术、政策三个方面的特征。这就好比大多数的汽车设计都是平庸的，但并不能否定汽车本身对于人类的工具价值，一样的道理。大多数的旅游规划都属于二流的规划，它们为大多数的旅游目的地开发提供了标准化的智力支持，使大多数旅游地不断成为“麦当劳化”[①] 的产物。

三流的规划要么内容空洞，不切实际，要么不符合规范，错漏百出，面目可憎，甚至内容和形式俱差。一般来说，三流的规划都是体量比较小的项目，不仅整个项目投资额度不高，规划的委托费用也比较低，大公司和知名规划公司不愿意做，大多由旅游规划市场上的散兵游勇接手。这些缺乏实力的小公司或者个人本身在旅游规划市场上就没有任何品牌知名度，失败的旅游规划方案除了可能给他们带来一定的经济收益外，一般不可能形成甲乙双方的合作惯性，基本上都是一次性买卖。长远来看，三流规划只会成为圈子的反面教材，三流规划团队则往往被市场无情地淘汰。

不过，在旅游规划专家 WYX 看来：

> 旅游规划没有一个客观的评价标准，而且规划本身带有很强的预测性，你很难评判一个规划是“好的”或是“不好的”。因此，从规划产生的效果来看，一个能实施的规划，实施以后产生好效果的规划就是一个好的旅游规划。比如，从规划的角度来说，《香格里拉普达措国家公园规划》并没有多少亮点，但关键是这个规划最终实施了，而且还取得了很好的生态、经济及社会效益，所以《普达措国家公园规划》就是一个很好的规划。(2010 年 7 月 21 日访谈记录)

JZX 则认为：

> 没有最好的规划，只有甲方最满意的规划，甲方满意的规划就是好规划。实际上，旅游规划相对于其他规划，技术门槛较低，涉及学科知识广泛，评价标准不一，很难说这个规划好、那个规划不好。(2010 年 7 月 21 日访谈记录)

---

① Jafar Jafari, *Encyclopedia of Tourism*, London, Routledge 11 New Fetter Lane, 2000: 91.

二　被否定的旅游规划

对于甲乙双方而言，能够顺利通过专家评审自然是皆大欢喜，但是，通过评审的规划不一定是“好的”旅游规划，“好的”旅游规划也不一定就能通过旅游规划评审。笔者参与 C 市一个旅游规划项目时了解到，在此之前，甲方已经出钱请一家著名旅游规划公司进行过规划设计，规划方案也通过了专家评审会，但甲方很不满意，最后又找到笔者所在团队。由于工作的需要，笔者有幸看到了这份已经通过评审但甲方不满意的规划方案，发现整个规划看上去很美，但旅游产品设计牵强附会，假、大、空，项目投资不是劳民伤财，就是毫无可操作性。有些观念超前的旅游规划方案，本身质量和水平都很高，有时候也会被一些保守的评审专家和领导给否定掉。比如，俞孔坚教授为奥林匹克公园设计的“田”方案就遭遇了被舍弃的命运，主要原因就是“田”方案在当时显得过于超前，很多人接受不了，认为是天方夜谭。多年后俞孔坚教授谈起该方案被否定时仍然感到惋惜，认为当时正是由于人们还不能接受后来成为时髦的“白话景观”设计思想，才导致优秀的设计方案没有被采纳。他在接受记者采访时大发感慨，认为目前国内设计行业的招投标制度易滋生腐败，而且缺乏公平和公正，专家评审会往往是二三流专家来评一流的设计，一流的设计难免胎死腹中。[①]

笔者所指的“被否定”的旅游规划，包括三种情况：第一种是没有通过专家评审会的旅游规划方案；第二种是表面上通过了专家评审会，但却由于种种原因无法实施或者没有实施的旅游规划方案；第三种是通过了专家评审会，而且也得到了贯彻实施，但最终被市场否定的旅游规划方案。

第一种情况，旅游规划方案无法通过专家评审会，往往是由于旅游规划成果本身质量太差，或者是由于乙方所提交的成果与甲方过高

---

① 牛健鸿：《俞孔坚：为绿色奥运奉献“白话景观”》，http：//epaper. rmzxb. com. cn/2008/20080815/t20080815_ 205289. htm. 2010/04/09。

的期望之间差距太大。在旅游规划实践中，往往由于乙方规划水平不足，导致旅游规划方案质量低下，甚至违背最基本的常识和规律，不仅不可能指导甲方进行旅游业开发，而且还会误导地区发展，给东道主社会带来难以估量的损失和影响，这样的规划方案被甲方和评审专家否定是不会存在任何争议的。不过，事情往往没有如此简单，在全国旅游开发热潮的大背景下，旅游规划的质量标准也水涨船高，乙方进行旅游规划的难度逐渐加大。这种难度主要来源于两个方面：首先，全国搞旅游的背景使一些旅游开发条件较差的地区也在做旅游规划，对于这些先天不足的地区来说，要在激烈的市场竞争中脱颖而出，就对旅游规划提出了较高的要求。其次，中国的旅游规划市场经过多年的发展，一些旅游资源品位高、交通便利、旅游开发综合条件比较好的地区都已经通过旅游规划走上了良性发展轨道，剩下的地区也想通过高水平的旅游规划方案在旅游市场上分得一杯羹。但“巧妇难为无米之炊”，甲方总是希望乙方“化腐朽为神奇”本身就是不现实的想法，而且单单靠一个好的旅游规划方案也不可能成就一个地方的旅游业，旅游业开发的成功，不仅需要好的旅游规划，而且还需要产品包装、营销策划等一系列后续工作。事实上，一个地方拥有旅游资源，并不等于就一定能把旅游业做大。中国的旅游资源虽然总体上十分丰富，但是真正价值大、品位高的旅游资源并不多。960 万平方千米的土地上，有座寺庙、有个洞穴、有个墓冢、有处名人故居、有片山林的地方比比皆是，要把这些同质的资源转化成有个性特色和深层次品味的产品绝非易事。另外，旅游规划市场的激烈竞争使旅游规划的质量标准水涨船高，乙方面临着巨大的压力。面对甲方挑剔的眼光和规划对象先天不足的条件，不少旅游规划方案难以获得认可也就在情理之中了。

第二种情况，旅游规划方案表面上通过了专家评审会，但实际上无法实施或者没有实施的旅游规划方案。无法实施的原因往往是因为规划方案华而不实，假、大、空，没有针对性和可操作性。没有实施往往是因为这类规划大多属于政府委托性质，是一种用来展示政绩的工具，即所谓“纸上画画，墙上挂挂”的规划，也有可能是因为换了领导，换了一种发展思路，使旅游规划无法贯彻实施。对于这类规划，往往甲方本来就不指望具体执行规划方案，编制旅游规划是为了完成政治任务，评审专家也照顾大家的面子，结果皆大欢喜。这种政绩规划应该说在形式上做得都很好，内容符合国家标准，图件丰富，文本制作也很精美，但就是华而不实，假、大、空，没有针对性和可操作性，被圈子内的人称为“万金油”规划，即只要替换一下地名，同样的规划可以用在任何地方。

第三种情况，规划方案通过了专家评审会，而且也得到了贯彻实施，但最终却被市场否定了。导致这样的结局不一定就是因为规划质量低下，主要是因为规划方案对未来市场的变化预见不足或者市场发生了不可预见的变化，导致原先的规划方案无法适应变化的市场需求。正是因为如此，《旅游规划通则》第 8.3 条对旅游规划的修编作出了规定：“在规划执行过程中，要根据市场环境等各个方面的变化对规划进行进一步的修订和完善。”

从理论上讲，旅游规划要成功，不仅必须基于旅游资源特色进行差异化设计，构筑旅游产品的特色和韵味，在竞争激烈的旅游市场上形成亮点和热点，而且还要根据旅游资源和市场需求的变化适时地进行调整。即使是世界级旅游资源所在地，面对激烈的市场竞争和多变的游客需求，也必须适时地进行再规划，才可能在旅游竞争中立于不败之地。

三 作为标杆的旅游规划

无论在什么行业，优秀者总是凤毛麟角，但是优秀者一旦成为优秀者，就极有可能成为群龙之首、行业标杆，成为行业规范的制定者，旅游规划圈子也不例外。根据笔者多年的田野经验和观察，无论是一个规划新手，还是一个新的规划团队，最初总是以模仿开始，模仿的对象就是圈子内公认的“好的”规划。“好的”规划往往会成为行业经典，不仅不会随时间的流逝而黯淡下来，反而会随着了解和传诵的人越来越多而变得更加经典，直到成为一种“传说”。经典旅游规划方案的主持人及其团队也因此而备受推崇，“马太效应”使他们及其作品成为旅游规划圈子标准的化身，“时尚”的领跑者。

不过，经典总是历史的产物，每个时代都有自己的经典，每个时代都在创造属于自己的经典，当然，每一个旅游规划都有可能成为新的经典。因此，长江后浪推前浪，新的经典总是成为新的“时尚”领跑者，把旧的经典变成一种历史传说。一般来说，一个旅游规划要成为经典，首先就必须成为圈内公认的一流规划作品，才能被圈内人传唱，继而影响圈外社会。一旦某个旅游规划成为新的经典，就意味着市场上出现了新的标杆，也意味着“大师”的诞生、品牌的诞生、某种风格的诞生。从此之后，该项目的主持人及其所属的旅游规划品牌，在旅游规划市场上的身价就几十倍、上百倍地增加，其从事旅游规划编制的“出场费”自然也是水涨船高，直至该经典不能适应新的时代发展，被更新的经典代替。

旅游规划的成果作为一种智力劳动成果，带有明显的个人和团队风格，主要表现在规划理念、价值取向、语言风格等方面。创造新经典的旅游规划主持人及其团队，不用再拾人牙慧，不用跟在别人后面亦步亦趋，一下子成为标准的制定者，成为某种流派的缔造者。一些知名专家及其团队的规划方案，明眼人一下就能分辨出来，就是因为这些专家及其团队已经形成了非常明显的规划风格和流派。如吴必虎教授创立的环城游憩带（ReBAM）理论和旅游规划的“1231”工程模式理论，开创了别具一格的“吴氏”规划风格。

第二节　旅游规划创新

一　理论创新和项目创意

随着科学技术越来越成为经济增长的强劲动力，人类社会也逐渐进入了知识经济时代，而创意产业则是知识经济的引擎。创意产业是一种建立在社会分工日益细化的基础上，推崇创新、个人创造力、强调文化艺术对经济支持与推动的产业，既包括生产性服务的内容，如设计、研发、软件、咨询、会展策划、印刷包装等，也涉及消费性服务的内容，如信息、文化艺术、时尚消费和娱乐等。[①] 旅游业作为以满足人们愉悦需求为根本目的的时尚产业，无论是产品开发还是宣传促销，都与创意产业密切相关。在旅游地开发过程中，创意是其不竭的发展动力，与时俱进的创新是旅游地发展的第一生产力。特别是随着社会经济的快速发展，旅游市场需求热点转换迅速，使旅游目的地之间的竞争在某种程度上成为旅游创意的竞争，客观上对旅游规划的要求也越来越高，旅游规划市场中乙方的创新能力成为决定旅游规划质量的灵魂。旅游规划创新是旅游业上台阶、上水平、宣传促销、塑造形象、开创新局面的重要手段，同时也是旅游规划团队吸引眼球、击败对手、争取项目的制胜“法宝”，其创新的成败往往决定着一个地区旅游业的兴衰或景区的生死存亡。刘锋认为，从创新的途径来看，旅游规划创新包括理论创新、内容创新、技术创新、人才创新和组织创新五个方面。[②] 笔者根据创新的性质将旅游规划中的创新分为“大创新”和“小创新”，大创新是理论层面的创新，小创新则指旅游规划团队在具体的规划实践中的项目创意。

大创新往往在规划理论上革了传统的命，如俞孔坚教授的“反规划”理论和“白话景观”理论，吴必虎教授的环城游憩带（ReBAM）理论和“1231”工程模式理论，还有同济大学刘滨谊教授的“三元”理论和“三力”理论，宁波远见袁健的“三轴”理论等，这些理论为旅游规划注入了全新的理念，是根本性的创新。从社会影响角度看，大创新具有公共产品的性质，每一个规划人员和规划团队都能利用由某个人或某个团队提出的规划理论，具有公益性、非排他性。也就是说，大创新不仅能使创新者获益，还具有溢出效应，圈子内其他成员也可以获益。

当旅游业进入买方市场以后，旅游地和各旅游景区景点之间就面临着剧烈的竞争，一个旅游地或者旅游景区景点要在竞争中脱颖而

---

① 冯学钢、于秋阳：《论旅游创意产业的发展前景与对策》，《旅游学刊》2006 年第 12 期。

② 刘锋：《新时期中国旅游规划创新》，《旅游学刊》2001 年第 5 期。

出，就必须“人无我有，人有我优”，打造专属自己的特色，这就需要项目创意。和理论层面的创新相比，项目创意属于“小创新”，具有针对性、非公益性和排他性，它是某个旅游地打开旅游资源宝库和吸引游客的金钥匙。项目创意不可能模仿和借用，拾人牙慧的借用和模仿也不可能成为真正的项目创意。严格来说，每一个项目创意都是独一无二的，专门针对特定项目的。正是因为如此，一个旅游规划团队可以借用较新的规划理念和思想，但却无法套用其他项目的创意。一个优秀的项目创意，必须靠项目组成员通过艰苦的实地考察和体验，结合团队成员的知识储备，进行必要的组合、借用，才有可能产生。这一点，俞孔坚教授有着深切的体会。

1999 年，俞孔坚教授在邯郸做一个广场项目时，一直找不到感觉，找不到地方特色，找不到设计灵感。他和助手决定晚上到郊外露宿，他们住到一个黄土台地上，周围全是农田、草丘，还有好多坟墓，很冷。他们只带了两床从宾馆抱来的被子，露天睡在赵王台的废墟上。

> 夜里起风了，四周的农作物在长，小动物们也都出来了，整个土地上发生的一切，这一夜我们都感觉到了。凌晨，天蒙蒙亮，一幅辽阔壮观的画面在眼前展现：黄褐色的土地从脚下延伸而去，一望无际的粟垄伸向天边，这是华北平原特有的种植方式和景观，早起耕作的农民三三两两，拉着驴子，犁地、撒种。
>
> 这时，我的灵感一下出来了，脑海里跳出两句诗：一万年粟垄连天，三千载古道成河。我们的设计就在这两句诗上做文章。为了表现一万年粟垄连天的意境，用了大片的茅草代替人工草坪做广场绿化，中间纵横交错着行人通行的白色石板路，一直延伸到高处的台地上，而台地建筑就是邯郸的会展中心。①

① 董月玲：《俞孔坚：大地景观正发生着五千年未有的变化》，《中国青年报》2004 年 10 月 14 日《冰点》。

不过，有的创新完全是乙方讨好权贵的产物，据《扬子晚报》报道，江苏宿迁的千年骆马湖，因为“骆马”和“落马”谐音，一位号称“中国旅游策划新一代掌门人、中国十大策划人第一名、策划最高奖‘金钥匙’持有者”的旅游策划人员为当地出谋划策，建议将“骆马湖”改为“马上湖”，谐音“马上福”。[①] 虽然该方案在舆论的压力下并没有被当地政府采纳，不过这次改名风波也从一个侧面说明旅游创意不是哗众取宠，更不是为权贵者服务的玩意儿，而必须在尊重历史、尊重公众意见的前提下进行。

二 旅游规划的图件创新

按照《旅游规划通则》的要求，在旅游规划的最终成果中，要求有文本、说明书、图件及附件等，其中文本、说明书和图件必不可少，附件则根据项目情况进行取舍。《通则》还分别对旅游发展规划和旅游区规划（分为总体规划、控制性详细规划、修建性详细规划和功能性专项规划等多个层次）的图件作出了具体要求，如旅游发展规划的图件包括区位分析图、旅游资源分析图、旅游客源市场分析图、旅游业发展目标图、旅游产业发展规划图等；旅游区总体规划的图件包括旅游区区位图、综合现状图、旅游市场分析图、旅游资源评价图、总体规划图、道路交通规划图、功能分区图等其他专业规划图、近期建设规划图等。

如前所述，旅游规划的创新分为大创新和小创新，其中大创新主要表现为文字符号并将规划理念内化在图件之中，而作为项目创意的小创新则不仅体现在文字方面，更重要的是要将创意直接反映在图件上，也就是所谓的要把具体的项目创意落实在图上。本质上，文字叙述是旅游规划的灵魂，是旅游规划的内容反映，图件则是文字的延伸和形式化，同样的文字蕴含着无数种图件可能。或者说，文字表达是抽象的，图像则是具象的。旅游规划的文字表达和图件之间的关系，

① 劲松、张凌飞、高峰：《“骆马”谐音“落马”，“骆马湖”要改成“马上湖”?》，《扬子晚报》2010 年 5 月 23 日 A7 版。

就如同武侠小说和武打影视剧一般，同一部武侠小说，不同的导演和演员可以演绎出完全不同的感觉。因此，虽然图件是文字理念的形象化和具体化，但图件的绘制本身也存在较大的发挥空间，不同的制图人员制作的图件风格完全不同。有的时候，文字部分创意很精彩，但图件表现力不足；有的时候，文字部分创意平平，但制作精美的图片能为规划方案在专家评审会上赢得不少印象分。不过，从旅游发展规划到旅游区总体规划、控制性详细规划和修建性详细规划，旅游规划的级别越来越微观，越来越细化，越来越接近施工的层次，图件创新的空间和弹性就越小。按照《通则》规定，控制性详细规划的图件不仅要有旅游区综合现状图，还要有细化到各地块的控制性详细规划图、各项工程管线规划图等，甚至还要求图纸比例为1/1000—1/2000。到了修建性详细规划层次，旅游规划图件必须包括综合现状图、修建性详细规划总图、道路及绿地系统规划设计图、工程管网综合规划设计图、竖向规划设计图、鸟瞰或透视等效果图，图纸比例为1/500—1/2000。

总的来说，随着旅游规划市场的发展，图件在旅游规划成果中的分量越来越重，同时旅游规划的图件也随着计算机技术的进步而呈现多样化的趋势。随着读图时代的到来，旅游规划成果形式逐渐向文字精简化、图件丰富化的方向发展，图件创新对于旅游规划创新的意义和作用凸显。同时，计算机软硬件的发展为旅游规划图件的创新提供了技术基础，计算机硬件从20世纪90年代的奔腾系列发展到今天的酷睿系列，制图软件则从初期的photoshop发展到今天的autocad、coreldraw、3dmax等多种绘图软件并存，旅游规划制图手段越来越先进，提供的图件种类越来越多样化，不仅包括平面图，还有三维地形图、坡向图、坡度图、鸟瞰图、景观效果图等。有时候乙方为了增加竞争力和顺利通过评审，甚至提供超出《旅游规划通则》的规定，向甲方超标准地提供动画效果视频。

三 关于创新的分歧

唯物辩证法揭示了一个普遍的真理：内因是事物发展变化的决定

因素。人类社会作为具有主体性的组织，发展就意味着否定和创新，不断地超越自身局限。同样的道理，旅游规划圈子要可持续发展，就必须不断创新，不断地进行自我否定，在这一点上，无论是行政派、公司派还是学院派都有着一致的认识。但是，不同背景的旅游规划者对创新还是有着不同的侧重点和理解。

在强调技术和应用的公司派及行政派看来，旅游规划是旅游业开发的操作指南，应少些大而空的文字论述，多点具体而实在的施工指南和图件展示。由于擅长景观设计和建筑小品设计，他们推崇的旅游规划创意往往非常具体，属于前文所说的小创新层次。由于旅游区控制性详细规划和修建性详细规划是在旅游区总体规划框限下的下位规划，能够进行大创新的空间有限，但却具有较大的小创新空间，可以通过富有创意的景观设计和建筑小品设计实现规划的创新。对此，学院派背景的 YYF 这样评价曾经的合作伙伴：

> 他们就热衷于卖弄一些小技巧，靠刺激游客眼球来搞所谓的“创新”，比如在某处设计一个别致的小项目，或者搞个新奇的卫生间，但却对根本的东西把握不住，缺乏灵魂。（2009 年 6 月 1 日访谈记录）

在很多学院派背景的人看来，旅游规划应该高屋建瓴，眼光宜放长远，应着力解决事关全局的原则问题。作为旅游规划圈子内的先行者，学院派拥有深厚的理论功底，在宏观层面的旅游发展规划和旅游区总体规划上具有明显的优势。正是由于这样的原因，学院派在旅游规划上的创新，更侧重于旅游发展的理念和框架。不过，随着旅游规划市场规模的扩大，越来越多的旅游规划公司和行政事业单位开始从事旅游规划活动，他们对于学院派对手的规划理念似乎也不以为然。在一家旅游规划公司工作多年的 LLC 曾直截了当地说：

> 大学老师们做的旅游规划太理想化，太空洞，不实在。规划规划，就是要规规矩矩地画在图上，要能够落在地上才行，旅游

规划的创新不在于乌托邦式的口号，而是体现在一个个的具体创意上。（2009 年 12 月 1 日访谈记录）

不同背景的旅游规划人员站在自己的视角，各执一端，虽然不一定客观，却也道出了各自的优势和特色。笔者认为，不同背景的旅游规划人员对于创新的分歧，不仅是利益冲突的一种表现，同时也是不同规划观念各执一端的表现，两者之间并不存在不可调和的矛盾。一般来说，擅长做概念性规划和总体规划的人强调宏观创新，就好比是建筑设计师重视造型和理念一样，而擅长做详细规划层次的人则强调微观创新，恰如土木工程师专注于工程细节。实际上，不同的规划流派和观念之间也在相互学习和渗透，因此总体上不同背景的旅游规划者对创新的认识也有着趋同的一面，大家都在向总规和详规两个方向拓展。无论大家对创新的认识存在多大的分歧，笔者赞同刘锋的观点：基于学科交融、古今贯通和中西互鉴的大融合是旅游规划创新的必然方向，理想的旅游规划应该是系统集成规划、协调性规划、动态规划和开放式规划。① 实际上，理想的旅游规划创新，不仅能在宏观层次上有观念的突破和更新，同时也能在微观层次将这种突破和更新表现出来，宏观思想和微观实现能够相互支撑、相得益彰，共同使旅游规划不断推陈出新。

第三节　旅游规划团队与创新

一　旅游规划创新的动力机制

从本质上说，创新源于创新主体对利益的追逐，利益的产生则源于人类生理或心理的、潜在的或显在的需求，旅游规划创新也不例外。不过，这样的论断只是阐明了创新的动机，没有说明个体和团队的创新能力具体是如何形成的。在笔者多年的旅游规划实践中，参与

① 刘锋：《新时期中国旅游规划创新》，《旅游学刊》2001 年第 5 期。

过风格各异的旅游规划项目，见证了各种旅游规划创意产生的全过程，总体上可以把旅游规划创意的产生归结为文化和技术两方面的原因。

首先，自由、平等、互助、团结的组织文化是个体创造力的孵化器。这里所说的“组织”，指的是为了完成某个旅游规划项目而形成的团队，因此这里的“组织文化”也就类似于企业文化，只不过对于学院派旅游规划团队来说，并不一定具有企业性质。对于学院派旅游规划团队而言，项目团队成员的组成一般是临时性的，因项目的需要而组建，也因项目的终结而解散，加上参与者中有部分是流动性比较大的研究生，因此学院派的旅游规划团队关系和氛围总体上都是变动的，因项目而异的。对于本身就是企业的公司派旅游规划团队来说，由于成员组成及其关系相对稳定，会形成一种相对稳定的企业文化。

从 2003 年开始，笔者参与的将近 20 个旅游规划项目，其中对 Y 市 X 县、H 县和 T 区的几次旅游规划实践记忆尤为深刻，其中最主要的原因就是几次的项目团队都具有极具吸引力的团队氛围。某种程度上，这种团队氛围是一种混合了亲人、朋友和同事关系的感情，能够让成员感到放松、温暖和力量，使成员产生强烈的团队归属感。在这样的团队氛围中，团队成员处于一种没有等级制度的“扁平组织”结构中，身心放松，处于一种极具创造力的身心状态；在这样的团队氛围中，艰苦的野外实地考察变成一种混合了浪漫主义和现实主义的“神圣旅程”，旅游规划文本的撰写和图件制作则成了基于“神圣旅程”的一种富有创意的建构。

与此形成鲜明对比的是，如果旅游规划人员所处的组织是一种专制的文化，规划主持人搞一言堂，整个团队的创新能力完全取决于规划主持人的个人创新能力，团队其他成员的创新能力和激情将受到极大的压制，整个团队必然缺乏创新能力。这种情况在学院派规划团队中表现得较为突出，由于学院派主持人大多是知名教授，成员则多为年轻教师和研究生，这些年轻教师和研究生为了避免自己的观点受到批评或嘲笑，往往出言慎重，不敢或者不愿表达自己的真实想法。

笔者多年的旅游规划及田野经验表明，自由、平等、互助、团结的文化是个人和组织创造力的源泉，而专制的组织文化则是创新的天敌。这样的事实也印证了勒温、李波特和怀特的课堂气氛研究结论：一般而论，民主领导使群体更加注重工作、合作和友好相处，民主的心理场使小组成员间的分歧干扰更少，内聚力较强，更富有成果，更具有创造性。①

其次，从技术上讲，提升团队创新竞争力的关键在于实现其内部知识信息的有效互动，因此很多旅游规划团队常常通过召开“头脑风暴”（Brainstorming）讨论会来获得旅游规划创意。头脑风暴最早是精神病理学上的用语，指精神病患者头脑中短时间出现的思维紊乱现象，病人会产生大量的胡思乱想，1939 年，美国创造学家奥斯本（Alex F. Osborn）首次将其作为一种激发创造性思维的方法，头脑风暴的目的在于产生新观念或激发创新设想。② 旅游创意是旅游规划人员头脑风暴的产物，是旅游规划人员利用自身知识存量，通过归纳、组合或借用，虚构事实，建构正当的旅游凝视物，是知识经济中思维的价值体现。当然，技术的实现必须有制度和文化的保证，没有自由、平等、互助、团结的组织文化，一切创新的技术都将没有用武之地。

二 个体创新与合作创新

创新的本质是知识的归纳、组合或借用，因此创新的广度与深度取决于创新主体掌握信息的存量。创新主体拥有的知识元越多，创新主体就越有可能通过归纳法进行创新，得出较为一般的经验知识，同时整合不同知识元形成新知识元的可能性就越大，而且也更有可能成功借用已有知识经验探索一个未知领域。旅游规划创新属于知识创新的一种，同样可以分为个体创新和合作创新。但在专业化分工越来越

① 张引：《西方课堂气氛研究评述》，《外国教育研究》1989 年第 1 期。

② 百度百科：《头脑风暴法》，http：//baike. baidu. com/view/47029. htm，2011 年 2 月 4 日。

深化的全球背景下，个体知识存量是非常有限的，个体的创新能力也因此受到了限制。拥有不同知识元的个体通过合作，组成一个有着共同目标的团队创新主体，该主体通过整合成员的知识存量，形成一个更具优势的创新团队。

首先，个体是知识创新的源泉，个体创新是合作创新的基础和前提。既然创新的本质是知识的归纳、组合或借用，而运用知识的主体只可能是个人，因此旅游规划创新必须通过个体创新来实现。同时，合作创新是旅游规划创新的最终出路。旅游业涉及吃、住、行、游、购、娱六大方面，旅游规划因此牵涉旅游学、生态学、管理学、经济学、营销学、历史学、文学、美学、心理学、园林设计等多学科知识，旅游规划创新对不同规划人员和规划团队之间的合作存在着天然要求。旅游规划中不同专业背景的规划人员合作本质上是不同知识元之间的协作与碰撞，旅游规划创新就是通过对分布性知识的整合来创造更大的价值。旅游规划团队的成员组成越是复杂多样，所拥有的分布性知识就越丰富，个体合作创新的可能性就越大，也就越容易实现旅游规划项目的整体创新。

综观中国的旅游规划圈子，比较知名的旅游规划团队和企业，如北京土人、达沃斯巅峰等，其品牌大都是源于其创始人的个体创新能力。但是，创新个体为了追求更大的业务规模，就必须以某种方式组建以自己为核心的旅游规划团队，以团队合作创新来开拓业务，大多数时候团队合作创新能力不如其核心人物的个人创新能力。比如，以俞孔坚教授为核心的北京土人景观与建筑规划设计研究院，其品牌声誉和创新源泉几乎都离不开俞孔坚教授的个人创新能力，研究院的每一个经典项目，几乎都有俞孔坚教授的烙印。虽然旅游规划团队可以承接更多的旅游规划项目，但是由于业务规模的扩大，原来可以事事亲为的团队核心人员无法兼顾每一个项目，以至于难以保证旅游规划的创新性，使旅游规划成果质量逐渐下降甚至平庸化。对于学院派的专家而言，其旅游规划团队的规模主要受限于其学术团队的规模，以至于总是维持在一个相对较小的状态。对于那些企业类的旅游规划公司来说，市场化的优势使他们更容易形成较大规模的旅游规划团队。

不过，随着公司规模及业务规模的扩大，公司的管理难度也相应加大，旅游规划质量将在公司发展到一定规模时形成拐点并逐渐下降。如果这时候旅游规划企业仍然不重视质量管理的话，市场规律将使企业的业务规模快速下降，最终使企业规模维持在一个较为合理的水平。

三 创新作为一种资本

在全国一片旅游开发热的大背景下，从事旅游规划活动的团队和个人如过江之鲫，但中国的旅游规划市场仍然缺乏具有创新意识和创新能力的旅游规划团队和个人，特别缺乏基础厚、口径宽、复合型、勇于创新的“规划专家”。总体上，创新能力是中国旅游规划市场上的稀缺资源，是旅游规划人员及其团队在旅游规划圈子内的竞争资本。

首先，创新能力是旅游规划人员在圈子内立足的最根本依据。如前所述，规划新手要在项目团队小圈子和整个规划的大圈子内取得地位，得到认可，就必须具备足够的创新能力并逐渐为人所知。从规划新手成长为规划专家，需要具备很多要素，如社会环境、个人机遇、个人知识存量、合作精神等，然而其关键仍取决于人的创新精神与创新能力，特别是对于学院派规划人员来说更是如此。总体上，知名规划专家是靠“个人崇拜”来获得圈内地位和市场份额的，特别是对于学院派专家而言，由于旅游规划团队成员流动性和不确定性较大，能够形成相对稳定的品牌标识的就是规划主持人的声望，而声望的背后是个人的学术水平和创新能力。应该说，“个人威望”的形成是一个艰辛而又漫长的过程，不过，“个人威望”本身会“自我强化”，它能使个体在圈子内拥有越来越多的信用资本，在圈子内和社会生活中取得越来越大的话语权，并反过来加强“个人威望”。实际上，无论是学院派还是公司派，最终能在旅游规划圈子获得发展的旅游规划人员，应该是知识渊博、富有激情的“创新型”综合人才。

另外，创新能力是旅游规划公司立足于市场的核心竞争力。从大的环境来看，在存在竞争的领域中，创新对于个人和组织都具有十分重要的意义，这一点已经成为无可争辩的事实。正因为如此，2006年1月9—11日在北京召开的全国科学技术大会上，中共中央国务院提出自主创新、建设创新型国家战略，创新对于社会发展的意义得到了国家层面的肯定和重视。在竞争激烈的旅游规划市场上，旅游规划公司的适应力往往表现为公司的创新能力。旅游规划公司只有不断创新，不断超越自己和对手，才能推陈出新，立于不败之地。

第五章

圈子的竞争与合作

旅游规划圈子作为市场经济的产物，不仅其兴衰受市场规律支配，而且圈子内的甲方和乙方关系也受市场规律的支配：甲方是旅游规划的需求方，乙方则是旅游规划的供给方。既然是供给和需求的关系，那么供给方之间和需求方之间必然都存在竞争关系。不过，由于旅游规划市场总体上属于买方市场，因此旅游规划市场的竞争主要限于乙方即旅游规划的供给方之间。而且由于竞争的存在和程度的加剧，旅游规划圈子的发展和分化实际上表现为一种以乙方为主导的圈子文化。

第一节　圈子的分化

一　旅游规划的市场细分

从国内旅游规划市场的发展情况来看，学院派旅游规划专家首先开拓了国内的旅游规划市场，成为旅游规划市场上的先行者，之后，随着旅游规划市场规模的扩大和成熟，一批专业的旅游规划公司应运而生，最终逐渐形成了学院派和公司派“均分天下”的市场格局。不只如此，由于市场规模的巨大，全国旅游规划市场按照地域、规划级别和甲方性质分为规模不等的子市场。

从地域角度看，旅游规划市场分为本地市场和外地市场，区域性市场和全国性市场。本地市场和外地市场是相对于乙方所在地而言的，而且由于大多数旅游规划专家及其团队都集中在省级行政中心，这里所谓的“本地”一般指“本省”，“外地”则指“外省”。保守估计，在全国的旅游规划委托项目中，至少有一半以上的项目是本地专家及其团队完成的，因此国内大多数旅游规划专家及其团队的影响力主要集中在本地市场，属于区域性专家。只有那些在学术圈和旅游规划圈享有盛誉的专家及其团队才有涉足外地市场的可能，这些专家或团队要么是知名教授，要么是拥有甲级旅游规划资质。但是，即便是知名教授或者拥有甲级旅游规划资质的规划单位，要走出本地插足外地旅游规划市场，也面临着多方面的压力和挑战。首先，从甲方要求来说，能够在全国“比武招亲”的甲方，对旅游规划质量的预期远远高于那些只请本地专家和团队的甲方；其次，外聘专家作为外地人，或许有着不同于本地专家的独特视角，但对于本地情况不熟悉是其致命伤；最后，面对由本地专家组成的旅游规划评审团，外地专家及团队要获得本地专家的认可，压力巨大。本地专家对外地专家及团队抢占本应该属于自己的“蛋糕”，内心存在一种天然的排斥心理，对外地专家及团队的旅游规划成果往往带着十分挑剔的眼光，如果不是十分优秀，很难获得认可。

从规划级别看，旅游规划市场分为省级市场（包括跨省旅游规划）、地市级市场和县级市场。不同的规划级别意味着不同的甲方背景，省级规划项目往往由省级政府部门委托，地市级和县级以此类推。一般来说，规划级别越高，甲方的要求也越高，规划难度也越大，乙方的实力也越强，因此，能介入省级规划的旅游规划单位和专家，大多是圈子内的佼佼者，而县级项目的竞争者背景就复杂得多，主要以本地旅游规划单位和专家为主。不过，随着全国省级市场的逐渐饱和，原来主要关注国家级项目和省级项目的知名旅游规划单位和专家们，也逐渐地把眼光投向了次级的地市级市场甚至县级市场。在笔者多年的旅游规划实践中，多次在竞标会上遇到北京的某知名旅游规划公司，也曾经接手过该公司曾经做过但甲方不满意的规划项目。

从规划委托的甲方性质看，旅游规划市场分为政府委托市场和企业委托市场。由于中国的旅游业总体上属于政府主导型发展模式，因此中国的旅游规划市场以政府委托市场为主，往往是各级地方政府下属的旅游局代表政府委托乙方进行旅游规划的编制。如前所述，一般而言，不同级别的地方政府所倾向选择的乙方也有一定的“级别”

特征，高级别的地方政府由于项目相对重要和财政扶持力度较大，一般都会选择实力雄厚的旅游规划单位和专家。对于企业委托市场来说，情况就比较复杂，对乙方的选择几乎没有固定的模式，一般都是根据自身经济实力选择相应的旅游规划编制单位和专家，有时候也会公开招标，或者通过人际关系层层介绍，直接委标。

二 理想主义与实用主义之争

本质上，旅游规划的兴起是工具理性的产物，是地方政府片面追求经济发展的实用主义实践，而旅游规划编制过程是神圣与世俗妥协的过程，存在着理想主义与实用主义之争。这里所说的“理想主义与实用主义之争”有两层含义：一是指旅游规划圈子中学院派、公司派和行政派在规划理念上存在理想主义和实用主义之争；二是指旅游规划的知识创造过程与旅游规划的功利目标之间存在理想主义和实用主义之争。

如前所述，相对而言，学院派旅游规划编制单位的规划风格具有理想主义色彩，而公司派和行政派则具有实用主义特征。两者虽然总体上能够和平相处，相互取长补短，但总体上两者仍然各执一端，形成了旅游规划的两种对立流派。笔者在多年的旅游规划实践中发现，学院派和非学院派的规划人员在私底下经常互相取笑对方。学院派的规划人员认为，公司派和行政派做的东西“境界”低，常常纠缠于一些细枝末节和“奇技淫巧”，视野不开阔，难登大雅之堂；而公司派和行政派则取笑学院派做的规划假、大、空，靠一些新奇古怪的概念哗众取宠，纯属自娱自乐。由于笔者本身在高校工作的缘故，自己十分熟悉学院派圈子的情况，同时由于自己所在团队不止一次地与公司派旅游规划团队及其规划人员合作过，对他们的想法也有一定的了解和认识。实际上，双方虽然从根本上都自我感觉良好，但暗地里却都在学习对方的长处，只是由于各自背景的巨大差异，使双方在旅游规划实践中仍然保持着鲜明的个性特征。

另外，旅游规划的知识创造过程与旅游规划的功利目标之间存在理想主义和实用主义之争。知识本质上是理想主义的产物，旅游规划作为一种知识创造活动，本身具有理想主义色彩，服从价值理性原则，但是工业文明却使知识逐渐脱离了价值理性，堕落为实用主义的一种工具。毫无疑问，旅游规划作为一种市场行为，决定了理想主义最终必须向实用主义妥协，否则旅游规划将失去其存在的基础，最终威胁整个圈子的根本利益。不过，虽然过于“阳春白雪”缺乏现实性基础，但是，走向另一个极端，一味地向实用主义妥协，极有可能使规划方案缺乏前瞻性和全局性，只关心眼前利益和甲方利益，最终导致旅游开发的不可持续。

三　圈子的分化与发展

随着全国性的旅游规划需求剧增，旅游规划的队伍不断壮大，各种不同资质、不同规模和市场定位的旅游规划单位如雨后春笋般地不断涌现。在众多的旅游规划单位中，那些拥有较高品牌知名度的旅游规划单位大多拥有甲级资质，规模较大，在全国各省市区的知名景区景点规划项目中频频现身。如号称“国内成立最早、规模最大的旅游规划、策划和景观设计单位之一”的北京达沃斯巅峰旅游规划设计院，设有西南、华中、海南、西北、上海五个地方分院，自 2001 年成立以来，主持完成了 800 多项省、地市、县的旅游发展总体规划及著名旅游景区、度假区的旅游详细规划和投融资规划，并在发展过程中逐渐将业务扩展到从总体规划、详细规划、项目策划、商业计划书、招商说明书直至开发操作、经营管理的全程服务，其中旅游规划、旅游网站运营和景区托管是其三大主业。随着业务规模的拓展，该公司相继成立了北京达沃斯巅峰旅游规划设计院（旅游规划甲级资质）、北京巅峰国智旅游投资管理有限公司、北京巅峰美景科技有限责任公司（高新技术企业）三家子公司，共同组成了北京巅峰智业集团，共有员工 500 余人，经营管理了 12 家景区（含 4 家 4A 级景区）。[①] 有的旅游规划单位则为了在激烈的市场竞争中独树一帜，放

---

① 巅峰智业集团：《巅峰智业集团简介》，http：//www. davost. com/about/aboutus/aboutus. html，引用日期：2011 年 3 月 8 日。

弃大而全的发展思路，剑走偏锋，走专门化路线，专攻特定的细分市场。如内蒙古中傲文化有限责任公司（前身为大成文化有限责任公司）就主要专注于工业旅游规划设计，通过“虚拟买方市场”等方式，使蒙牛工业旅游景区在短短的几年内从接待游客两万多人次，到数十万人次，实现了迅猛的发展速度。作为国内第一家工业旅游规划设计公司，中傲文化成立以来同内蒙古蒙牛乳业、山西汾酒集团、青岛啤酒集团、鄂尔多斯羊绒集团、海尔集团等国内多家著名工业旅游景区建立了长期的合作服务关系，用事实证明了“专业比规模更重要”。[①] 总的来看，随着旅游规划市场规模的扩展，旅游规划市场的竞争也日趋激烈，旅游规划单位开始朝着两极分化，要么大而全，要么精而专。

旅游规划圈子在形成和发展过程中，不断地进行内部分化，使自身逐渐具有自组织性，逐渐获得了一种“生命”。乙方不同派别之间的竞争，表面上是不同派别之间为了各自小圈子和团队的利益而争斗，实际上是旅游规划圈子作为一个自组织系统不断发展的结果。也就是说，圈子分化为不同的细分市场和不同的流派，其目的是获得更好的发展。自组织系统分化的过程，就是一个系统从简单到复杂、从低级到高级的进化过程。在市场经济结构中，每一个可以参与市场行为的自组织系统都在试图不断壮大自己，并通过内部的分化和发展进行自我强化，取得主体性地位。一旦获得市场经济的主体性地位，就意味着融入了消费主义主导的现代主流社会，赢得了话语权。

前述的学院派、公司派和行政派之间的理想主义和实用主义之争，不仅仅是一种规划理念的差异和较量，实际上还体现为一种利益的竞争。事实上，在整个旅游规划市场，学院派、公司派和行政派之间竞争的成败，不仅仅决定着各自的规划品牌和市场声望，还决定着各自市场份额的大小，最终决定着各自的经济利益。因此，学院派、公司派和行政派之间的分化与竞争，是利益驱使的结果，也是圈子作

① 内蒙古新闻：《中傲文化》，http：//www. nmgly. com. cn/shownews. aspx? id = 2518，发布日期：2008 年 8 月 6 日，引用日期：2011 年 3 月 8 日。

为一个自组织体的历史宿命。

第二节　本地圈子和外地圈子

一　势力范围的划分

前述的旅游规划市场细分，是针对旅游规划项目的需求而言的。就旅游规划编制的乙方来看，旅游规划圈子有本地和外地之分，大多数旅游规划专家及其团队都是在本地圈子内活动，很少介入外地圈子的旅游规划项目。

从全国范围来看，本地圈子和外地圈子以省级行政区为主要划分依据，一体化程度比较高的京津唐、长三角和珠三角地区也往往作为“同一区域”对待。本地圈子由本土规划专家及其团队、各级政府及其相关旅游管理部门、甲方等构成；外地圈子则是相对本土而言的。总体上，本地圈子和外地圈子各有自己的势力范围，形成了一种“诸侯割据”的局面。对于实力较弱的旅游规划单位而言，本地圈子是其主要活动范围，只有那些拥有足够能量的旅游规划专家及其团队才能够突破地域限制，介入本属于其他圈子的市场。不过，即便是能够介入外地圈子，外来的旅游规划团队仍然面临着诸多困难和压力。

外来的旅游规划团队面临的最大挑战就是当地的评审专家。对于当地的旅游规划团队来说，外来的旅游规划团队无疑是来“抢饭碗”的，感情上就不可能是欢迎的态度。由于大多数旅游规划的评审都在甲方所在地，所请的评审专家也大多是当地的旅游规划专家、相关学者和政府官员，因此外来的旅游规划团队要顺利通过最后的专家评审会，必须要接受挑剔眼光的考验。一般而言，出于维护本地旅游规划团队的利益考虑，当地专家特别是同样做旅游规划的专家，对外来专家的旅游规划方案会“带着放大镜”进行仔细审核，不放过任何一个可以打压对手的机会。对于当地专家来说，外来的专家属于另外一个和自己生活空间很少有交集的“专家系统”，即便因此得罪了人所面临的风险和成本也并不高，所以在评审会上提出的意见往往十分尖锐，甚至最终使规划方案无法通过评审。本地专家用挑剔的眼光审视和打压对手，一方面要向甲方证明：外来的和尚也不一定能念好经，还是我们实在；另一方面也提醒那些准备插手本地规划市场的外来规划团队：这是我们的地盘。因此，除了那些已经形成全国性品牌的旅游规划团队敢于在全国旅游规划市场上四处出击外，大多数旅游规划单位出于这种风险性的考虑，都具有明显的地域性特征，主要在本地区或者临近地区（一般以省为单位）进行旅游规划活动。

不仅本地和外地的旅游规划专家及其团队有着不同的势力范围，在本地圈子内，不同的规划专家及其团队也有各自的势力范围，势力范围取决于偶然因素和合作惯性。一开始，旅游规划专家可能由于机缘巧合而为甲方所认识，并因此有了第一次合作，之后就可能形成合作惯性，某个地区的甲方（主要以政府部门为主）就认可该专家，并能保持长期的合作。笔者参加的旅游规划项目中，大多属于本地市场，而且项目存在明显的地域分布特征，一个特定的规划主持人及其团队可能在几年内频繁涉足某个地区的旅游规划项目。这种情况也可能因为领导的更替而发生变化，对于政府委托项目更是如此。某种程度上，旅游规划势力范围的划分，实际上就是旅游规划团队中核心专家个人社会资本的构筑和比拼过程。

二 国外专家的介入

中国旅游业的发展从初期的不成熟走向规范和成熟，使旅游市场上竞争越来越激烈，各旅游目的地之间为了在竞争中取得优势，越来越重视旅游开发的“第一道工序”——旅游规划，希望通过乙方的创意使自己的旅游业发展“赢在起跑线上”。在这种情况下，引入有着不同文化背景和规划理念的外国规划专家（洋专家）就意味着可能出奇制胜，超越那些以国内专家为“军师”的旅游目的地。相对于洋专家，国内不同地域的旅游规划专家都算是本土专家。就像国内专家之间存在本地和外地之分一样，本土专家作为“我者”，虽然具有了解情况的本土优势，但也极易形成主位观点，难免会有“当局者迷”的不足。因此，随着我国旅游业的快速发展和进一步对外开放，在国内的旅游规划市场上，许多省市纷纷高价聘请国外专家帮助编制旅游发展规划，希望能利用其“旁观者清”的优势为本地区旅游业发展赢得先机。1997 年，四川省政府通过国家旅游局联系世界旅游组织，委托菲律宾亚太规划公司完成了《四川省旅游发展总体规划》，开创了中国旅游规划的国际运作先河。对此，前国家旅游局规划发展与财务司司长魏小安认为：

> （四川的规划）最值得肯定的不是规划文本本身，而是其操作过程。在这个过程中，把四川的旅游炒作起来了，而且通过调研过程、启动会议、办培训班、评审会等各个环节，通过文本的编制，通过省委省政府下发的一系列文件，使大家的认识升华了、统一了，这是其最重要的经验，文本本身其实还存在不少值得商榷的地方。①

不过，事实上，进入 21 世纪，以九寨沟为突出代表的四川省旅游业发展取得了巨大的发展②，笔者认为和四川省早期引入国外专家视野不无关系。在四川之后，1999—2003 年，山东、云南、海南、安徽、贵州、黑龙江六省人民政府先后通过国家旅游局联系世界旅游组织，采取直接委托或国际招标等方式，委托丹麦奥佛加公司、菲律宾亚太规划公司、香港森兰郭斯（亚洲）顾问公司及爱尔兰国际旅游公司等国外旅游规划单位，编制了全省旅游发展规划。客观地说，这些由国外洋专家主持的中国省级旅游规划项目都比较出彩，不仅引入了旅游规划的国际新视野和新思维，而且还极大地推动了地方旅游资源开发和旅游产业的可持续发展，并极大地促进了中国旅游规划市场的发展。其中贵州省旅游发展总体规划项目开创了国内省级旅游规

① 魏小安：《关于旅游规划工作的一些看法》，《旅游学刊》2001 年第 2 期。

② 20 世纪 90 年代后半期，云南旅游业发展模式取得了巨大成功，为全国所瞩目。进入 21 世纪，四川旅游业快速崛起，成为云南旅游业发展的强劲竞争对手，以至于云南旅游业界产生了“云南旅游学四川”的焦虑感。

划编制工作的三个先例：第一，它是国内第一家利用世界银行贷款编制的旅游规划，也开世界旅游组织与世界银行合作的先河；第二，它是国内第一家通过严格规范的国际招标确定规划机构的项目，使我国旅游行业全面地掌握了世行项目操作方式，有助于更好地争取世行等国际金融机构对中国旅游业的支持；第三，它是中国旅游规划专家应邀加入国际专家组的第一个省级旅游规划项目，开创了中国国内学者进入国际规划队伍的先例。①

自从国外洋专家成功打入中国旅游规划市场以来，国内旅游规划市场逐渐流行起一股"洋旋风"，各级地方政府竞相高价邀请国外专家来做旅游规划，使中国的本地"土专家"面临着巨大的竞争压力。不过，洋专家作为一个外来的"他者"，作为东道主社会的"旁观者"，虽然更容易形成相对中立的客位观点，但也难免会有瞎子摸象的弊端。因此，"洋旋风"热闹了一阵子后，许多地方政府也开始发现很多洋专家并没有想象中的美好，旅游规划"崇洋媚外"的风气因此才逐渐回落。

那么，国外专家的介入，到底给中国的旅游规划圈子带来了什么呢？魏小安认为国外的洋专家在人才团队的完整性，强烈的市场意识、人文意识和特色意识方面给中国旅游规划圈子带来了一股新风气，促进了中国旅游规划理念的更新。② 笔者认为，在国外专家介入中国旅游规划市场之前，中国的旅游规划圈子随着旅游业的快速发展也实现了快速发展。不过，由于市场需求旺盛以及缺乏外来竞争者的竞争压力，整个圈子逐渐丧失了自我超越和进行根本性创新的能力，出现了一种发展上的"内卷化"倾向，国内专家系统的"脱域性"和权威性受到挑战。应该说，甲方对洋专家的迷恋，主要还是由于其独特的"他者"视角极易形成不同于本土专家"我者"视角的创意。

① 国家旅游局计财司：《世界旅游组织与中国省域旅游规划》，http：//www. cnta. gov. cn/html/2008 -6/ 2008 -6 -2 -21 -16 -31 -41. html，2006 年 6 月 22 日。

② 魏小安：《中国旅游规划发展的现状与趋势（一）》，http：//weixiaoan. blog. sohu. com/109067112. html，2011 年 2 月 28 日。

这种“他者”视角，相对于本土专家的“我者”视角，更加远离地方性情景，更加具有现代性的“脱域”特征，因此也更加具有专家系统的权威性。因此，国外专家的介入，本质上是通过输入一种更具“脱域性”的专家系统，使国内专家系统恢复了“脱域性”及权威性，是现代性全球化的必然结果。

随着中国加入世界贸易组织，中国社会、经济、文化各领域逐渐从部分开放向全方位深层次开放过渡。毫无疑问，在这样的历史趋势下，中国旅游规划市场必将全面开放。以全球化的眼光来看待旅游规划市场的国际化趋势，是中国旅游规划圈子保持生机与活力、适应全球化的必然选择。

三　专家系统的脱域性

对于一个特定的旅游规划项目来讲，到底是请本地专家、外地专家还是国外专家①来操刀进行规划的编制，取决于甲方对规划性质的认识、甲方规划资金的充裕程度以及不同专家系统间在规划实力、人脉等多方面的博弈。如前所述，本地专家作为旅游规划本地圈子的主要得益者，会通过各种方式维护本地规划专家的利益，其中在评审中提高要求就是一种手段。因此，很多国内旅游规划专家及其团队在介入外地（主要指外省）旅游规划项目时，往往顾虑较多。不过，对于国外专家来说，由于其具有超越地域性的权威性，在参与国内旅游规划市场竞争时往往占据了较大优势。

那么，本地专家、外地专家和国外专家之间有什么本质区别和不同呢？为什么很多甲方潜意识里认为外地专家优于本地专家、国外专家又优于国内专家？笔者认为这个问题可以用吉登斯的现代性观点来解读。甲方信任乙方，本质上是对现代性专家系统的信任，但这种信任并不来源于甲方对专业知识的了解，而是来源于现代性确立的专业知识的可信任性（trustworthiness）。专业知识的可信任性源于其“放

① 这里的本地专家和外地专家都是针对国内专家而言的，国外专家则相对于国内专家而言。

之四海而皆准”的普世性和一般性，而不是与某种具体的地方性情景相关的特殊性。也就是说，专业知识的可信任性与其脱域程度具有正相关关系。本地专家、外地专家和国外专家在凝视旅游规划对象的过程中，分别代表着本地人、外地人和外国人的目光，三者与地方性情景的距离是由近及远的关系，或者说三者的脱域程度按由低到高的顺序排列。当然，这并不意味着本地专家只有地方性的视野没有全国视野和国际视野，外地专家没有地方性视野和国际化的视野，以及国外专家没有地方性的视野。

实际上，即使用脱域理论来看，本地专家、外地专家和国外专家也是各有优势，各有不足。本地专家虽然脱域程度低，但因此而带来的好处就是与地方性情景嵌入得好，最明显的优势就是比较了解情况。由于脱域程度低，可能导致本地专家在地方性情景中“嵌入”过深，或者说过于“域化”，存在视野不够开阔的问题。国外专家和本地专家的情况正好相反，其脱域程度高，与地方性情景保持着相当的距离，因此更能将自己的凝视与地方性情景保持距离，从而更具专家系统的权威性，但同时也可能面临着“域化”不足或者说“嵌入”不足的问题，导致对地方性理解不足甚至误解。对此，吴必虎在评价菲律宾亚太规划公司完成的《四川省旅游发展总体规划》时就明确指出：

> ……由于一些客观原因，特别是西方规划师对中国地理背景、文化本底、中国国情和国内旅游市场特点缺乏深刻的了解而产生了一些可以包涵的不足之处。……规划者在未能完整理解区域自然及文化特征的条件下，出现了资源评价、市场细分、形象定位和产品布局等方面的偏差……①

外地专家的脱域程度介于本地专家和国外专家之间，因此无论是对本土文化的理解还是与地方性情景的距离，都介于两者之间。一方

① 吴必虎：《〈四川省旅游发展总体规划〉述评》，《城市规划》2001年第4期。

面，和本地专家相比，外地专家与地方性情景保持着一定的距离，同时作为国内专家，对中国传统文化也拥有一种天然的理解力；另一方面，和国外专家相比，外地专家对中国地理背景、文化本底、中国国情和国内旅游市场特点有着深刻的了解，同时与地方性情景也保持着一定的距离（虽然“去情景化”的程度没有国外专家那么高）。正因为如此，从某种意义上说，外地专家兼具两者的优点并在一定程度上克服了两者的缺点，这或许就是那些国内知名旅游规划单位能够“规划全中国”的原因所在了。

理论上，为了避免不同专家系统的局限性带来的规划缺陷，在确定旅游规划的专家组成员时，应该打破本地圈子和外地圈子的界限，充分利用本地专家、外地专家和国外专家的优势组建多元化的规划团队。不过，这种美好的图景实际上却由于种种原因很难实现，除非是那些具有较大影响力的旅游规划项目，比如，同样是引入国外专家，《云南省旅游发展总体规划》的编制就充分利用了国外专家和国内本地专家的优势，较好地避免了国外专家对本土文化理解的不足和本地专家脱域程度低造成的视野不够开阔的问题，为中外合作编制旅游规划开创了一种成功模式。①

第三节　合作与出路

一　大圈子和小圈子

旅游规划圈子是中国圈子文化的产物。从全国范围来看，旅游规划圈子是个大圈子，其中又存在各种级别的小圈子。大圈子是全国范围内的甲方、乙方、评审专家及各级地方政府的组合体，基本上构成了一个职业圈；小圈子则是大圈子在地域、学派等内部分化而形成的。

从大圈子的角度看，旅游规划圈子存在一个可持续性的问题。从整个旅游规划圈子的发展来说，旅游规划圈子要可持续发展，应该朝着深

① 罗明义：《中外合作编制旅游规划的实践与体会》，《旅游学刊》2001 年第 5 期。

化、延伸，多领域、多项目咨询的方向发展，特别是对于以规划为主业的旅游规划企业来说更是如此。对于把旅游规划作为副业的学院派旅游规划圈子来说，旅游规划市场的波动还不至于影响圈子的生存，但对于以规划为主业的公司派而言，稳定、均衡的发展就显得十分重要。此外，中国的旅游规划圈子不能仅仅把眼光局限在国内，要敢于、善于走出去。首先，甲方要大胆引入外国规划专家及团队，为国内的旅游规划注入新的理念。四川、云南和山东在这方面进行了比较大胆而成功的尝试，为国内旅游规划圈子实行“拿来主义”开了个好头。其次，乙方要勇于走出国门，参与国际竞争。总体上，中国旅游规划圈子存在一种结构上的失衡：国外专家走进来的较多，国内专家走出去的较少。中国自古以来都不缺人才，缺的是自信心和勇气。多年来国内旅游规划团队只限于在国内的圈子里面活动，不仅是因为缺乏整体概念和整体包装，更重要的是一种自卑心理在作怪。鸦片战争以来，中国人一下子从天朝之国的顶峰跌落，民族心理从此一蹶不振，反映在个体和社会生活方面，就是崇洋媚外盛行，民族自信心缺失。事实上，作为一个政治、经济、文化方面的大国，国际舞台上缺少中国的声音，本身就是不正常的。站在21世纪初的中国，或许还不能称作一个强大的国家，但毫无疑问的是，中国已经大步走在伟大复兴的道路上，自我殖民式的自卑不仅不符合时代发展的潮流，而且将阻碍国家的真正和平崛起。

由于地区和学派等因素的差异，大圈子往往分化成若干小圈子。首先是因地域原因而形成的地域小圈子，比如云南的旅游规划圈子、北京的旅游规划圈子等。不同地域的旅游规划圈子有着各自的认同感，大都倾向于维护本地圈子利益，排斥外地圈子介入本地圈子的势力范围。其次是因为学派的原因，整个旅游规划圈子分为学院派圈子和公司派圈子两大阵营，两大阵营又依据地域等因素细分为不同的小圈子。最后，不同的旅游规划团队由于规划主持人之间的私交原因，往往形成交往密切的小圈子。这样的小圈子依托于项目主持人之间的友谊而存在，圈子内的团队也因此经常合作完成旅游规划项目，或者互相成为对方项目的评审专家。和大圈子相比，小圈子是利益的结合体，具体来说是利益的地方化和小集团化。

二　适可而止的竞争

竞争的根本动力源于利益争夺，但很多时候竞争本身是充满敌意的你死我活，因此过度竞争的结果必然是两败俱伤，没有赢家。奥地利动物行为学家洛伦兹在其经典著作《攻击与人性》中曾经说过："直接威胁物种生存的决不是捕食它的敌人，而是竞争者。"① 洛伦兹还以雄野鸡的进化为例说明了种内竞争可能引起的恶果。② 雄野鸡为了在争夺交配权的竞争中赢得雌野鸡的青睐，在进化过程中不断发展出更大的尾翼。一方面，拥有较大的尾翼可以使雄野鸡留下更多的后代，但是另一方面，尾翼太大使雄野鸡失去了敏捷行动的能力，在种间的生存竞争中丧失优势，从而更容易成为捕猎者的食物。显然，从种群的利益角度看，雄野鸡的尾翼进化违背了种群的根本利益，走进了灭种的死胡同，完全是进化失败的例子。对于人类来说，工业化和商业化使竞争成为一种社会默认的发展方式，虽然我们每个人都或多或少地感受到了竞争的"毒性"，但每一个人似乎都身不由己地陷入其中。对照雄野鸡类似于"内讧"的进化史，人类不得不反思自身行为。

在旅游规划圈子中似乎也存在着类似的恶性竞争。如前所述，某些旅游规划设计单位为了争取甲方的信任和青睐，往往罔顾事实，进行过度的自我包装和吹嘘，明明只有十来个人说成有三五十人，明明不是什么却说成是什么。这种自我包装和吹嘘，本质上是一种具有欺骗性的"自我赋魅"，如同雄野鸡的尾翼一样，一旦作为乙方的旅游规划编制机构热衷于追求华而不实的声名，对于整个旅游规划圈子来说无异于饮鸩止渴，将诱使旅游规划圈子走入泡沫化的浮夸泥潭。

对于旅游规划圈子而言，竞争无处不在，不仅国外专家和国内专家之间存在竞争，而且学院派、公司派和行政派之间，不同的规划团队之间，不同地域的小圈子之间都存在程度不等的竞争。借用生物进

---

① ［奥地利］康罗·洛伦兹：《攻击与人性》，王守珍、吴月娇译，作家出版社1987年版，第31页。

② 同上书，第47—48页。

化的术语来说，旅游规划圈子的内部竞争和优胜劣汰过程，是一种典型的"种内竞争"。

适度的竞争是旅游规划圈子在现代市场经济条件下可持续发展的必要条件。一方面，竞争本身是保持圈子活力的一种方式。圈子内的学院派和公司派之间、不同的规划团队之间，以及不同地域的小圈子之间，通过竞争不断地保持创新的动力，整体上可以促进旅游规划圈子向前发展。另一方面，为了圈子的长远利益，这种竞争又必须是适可而止的。没有节制的竞争源于无止境的欲望和人类的攻击本能，必须受到有效的约束。正因为如此，旅游规划圈子形成了一种共识：为了把旅游规划的蛋糕做大做强，合作是旅游规划圈子的唯一出路与选择。在旅游规划的评审过程中，评审专家一方面作为被评审方的潜在竞争者而存在，会有意无意地说些"贬低"对方的话，以一种曲线的方式宣传自己；另一方面，评审专家和被评审方同是"一根绳子上的蚂蚱"，会产生惺惺相惜的感觉，互相吹捧一下。总的来说，只要规划方案及文本不是太糟糕的话，互相肯定是主要的，因为为别人"捧场"的背后，实际上是一种社会资本投资，为以后别人"回报"自己奠定了人际基础。

三 合作与圈子的"内卷化"

人是习惯的奴隶，市场经济中甲乙双方的合作惯性使得甲方往往选择熟悉的乙方进行再次合作。习惯是人的一种"路径依赖"①，因为"过去的行为、文化信仰、社会结构和组织都影响着价值观念和社

① 路径依赖指在技术演进或制度变迁规律中，存在着类似于物理学中物体的惯性规律，人们一旦选择某种技术或者制度（无论是"好"还是"坏"），就可能对这种技术或制度产生依赖。路径依赖理论（Path Dependence）最初由美国经济学家 Paul A. David 给出证明，W. Brian Arthur 作了进一步的拓展。1985 年，Paul A. David 解释了 qwerty 型键盘成为技术标准的原因。他认为：今天主流的 qwerty 型计算机键盘在技术上并不是最好的，但由于某种原因，使用 qwerty 型键盘的人数占了优势，考虑到硬件、软件的兼容性，其他使用者也会选择 qwerty 型键盘，最终使这种键盘布局成为事实上的标准。David 把这种状态称为"锁定"。美国经济学家道格拉斯·诺思把路径依赖的技术变迁机制扩展到制度变迁中，成功地阐释了经济制度的演进规律，从而获得了 1993 年的诺贝尔经济学奖。

会实施机制的发展，从而压制了背离于旧有行为模式的灵活性”①。事实上，不仅技术和制度变迁存在着路径依赖的现象，人与人之间的合作也具有路径依赖的特性。

在笔者参与的旅游规划项目中，合作对象主要集中于几个区域和部门，也从一个侧面证明了甲乙双方合作的路径依赖特点。一般来说，第一次合作可能源于熟人介绍、公开竞标或者乙方的知名度，再次合作基本上都是合作惯性的结果。正如前文所说，旅游规划不仅是一个技术问题，旅游规划中甲乙双方的合作更是一个涉及社会关系和政治权力博弈的过程。甲方选择与谁合作，技术只是其中一个可能的影响因素，有时甚至不是考虑的因素，特别是权力介入项目委托过程时更是如此。从短期来看，甲乙双方的合作惯性降低了甲方的成本，并给乙方带来了直接的收益。但是，长远来看，如果旅游规划圈子沉迷于小范围自娱自乐的话，将无异于饮鸩止渴，最终将导致圈子的“内卷化”。

旅游规划圈子内卷化的后果，将直接导致旅游规划丧失本应有的意义和作用，最终使旅游规划丧失存在的合法性基础。用进化论的观点看，圈子的内卷化是一种自我封闭和强化，丧失了超越自身局限性的可能。而且由于合作惯性导致的旅游规划市场的“内循环”，使整个旅游规划圈子缺乏外来元素的注入，旅游规划市场有可能被“锁定”在低水平的小圈子之中，造成旅游开发的低效率甚至负效率。“内卷化”的旅游规划圈子通常表现为如下两个特征：

（1）旅游规划市场看似繁荣，但旅游规划质量并没有得到有效提高，很多时候仅仅是旅游规划项目数量的扩大和规划内容的重复。

（2）旅游规划圈子并没有与时俱进而是原地踏步，甚至是在逐渐倒退，旅游规划者通过做规划营利的冲动超越了创新的冲动，对东道主社会的规划往往停留在表面，流于形式。

旅游规划圈子要避免“内卷化”，就必须利用外部力量打破自我

① ［美］德勒巴克等：《新制度经济学前沿》，张宇燕译，经济科学出版社 2003 年版，第 110 页。

强化的“内卷化”结构和冲动，使旅游规划市场成为一个公平、公开、公正的自由市场，实现真正的优胜劣汰。唯其如此，旅游规划圈子才能保持不竭的进步力量，不断超越自身局限性，推动旅游规划质量的提高，最终促进旅游业的可持续发展。

第六章

旅游规划的文本

旅游规划的最终成果往往体现为承载文字和图像符号的文本，物化表现为印刷品或者信息媒介（如光盘）。作为旅游规划圈子的“终极圣物”，旅游规划文本具有图腾性质，是旅游业开发的“宪法”和“圣经”。旅游规划文本的“图腾化”过程，经历了从“文”到“图”的转变，本质上是旅游规划圈子为自身确立专业性和权威性，建构圈子话语权的一种“自我赋魅”。

第一节　旅游规划文本风格的变迁

一　从“文”本到“图”本

从旅游规划市场初期开始，甲方对规划文本的风格要求一直处在变迁之中。在旅游规划市场形成初期，甲方对大学类的旅游规划编制单位情有独钟，因此形成了具有学院派特色的文本编制风格，主要表现为偏好文字叙述和分析，文本厚实，定量和定性分析结合等特征；随着旅游规划市场的进一步发展，公司派逐渐形成并成为与学院派分庭抗礼的一支旅游规划力量，并将自己的旅游规划风格带进了旅游规划市场，打破了一直以来学院派制定的“潜规则”，旅游规划市场出现百家争鸣的局面。相对于学院派，公司派擅长图本的制作，迎合了“读图时代”甲方审美兴趣的转变。甲方对旅游规划文本从对文字的偏好转向对图件的偏好，从对文本“厚度”的偏好转向对文本“精干”的偏好，从对数字的偏好转向对思想创意的偏好。

文字作为人类历史上最为可靠和准确的信息传递工具，在人类几千年信息匮乏的历史长河中显得尤为神圣和珍贵，形成了人类对文字符号的天然偏好和崇拜。20世纪以来，由广播、电视、卫星通信、电子计算机通信等技术手段克服了传统的时间和空间障碍，信息量、信息传播的速度、信息处理的速度以及应用信息的程度等都以几何级数的方式在增长，特别是因特网和卫星电视在全球的普及，使人类进入了一个“信息泛滥”的时代。汹涌而来的信息使人无所适从，从浩如烟海的信息海洋中迅速而准确地获取自己需要的信息，变得非常困难。在不断更新的巨量资讯面前，现代人感到了从未有过的压迫感和焦虑感，时刻担心被日新月异的资讯时代所抛弃。于是，为了快速获取信息，应对不断更新的巨量资讯带来的压迫感和焦虑感，浅层次快速阅读（俗称“浅阅读”）成为信息时代人们获取信息的必然选择，微博的兴起在某种程度上就说明了这种趋势。与传统阅读相比，缩减文字、增加图像是浅阅读的一个重要特征，人们越来越习惯于看电视、看碟片、浏览网页，越来越喜欢用眼睛思维，而懒得用大脑思考，[①]“图像”取代“文字”成为人们感知事物和认识事物的常见方式，人类跨入了“读图时代”。在这种背景下，印刷文化也逐渐从“文字化”转向“图像化”，以迎合消费时代的需求。正因为如此，旅游规划圈子已经形成了这样的共识：在旅游规划文本的编制过程中，能用图表说明问题的绝不用文字叙述，即便是绕不开文字，也要高度提炼，像微博一样惜字如金。

二 给谁看的文本

旅游规划活动是甲方委托乙方进行的市场行为，原则上乙方只要为甲方负责，但实际上由于旅游规划的评审和实施还涉及评审专家和地方政府，因此事情并没有那么简单。为了顺利完成甲乙双方之间的“交易”，乙方的旅游规划编制必须要同时考虑甲方、地方政府（或者甲方的上一级政府部门）、评审专家的“口味”。

---

① 吴燕、张彩霞：《浅阅读的时代表征及文化阐释》，《南京大学学报》（哲学·人文科学·社会科学版）2008年第5期。

首先，旅游规划文本是给甲方看的。甲方作为委托方，对旅游规划的内容到形式都有权提出自己的要求，一般而言乙方也会尽其所能地满足。甲方会基于自己的利益诉求，在规划的内容方面发出自己的声音，要求乙方为自己的利益诉求进行充分的合理化论证。因此，乙方首先需要考虑如何使乙方满意，为其利益代言，文本要体现实用性。

其次，旅游规划文本还是给地方政府看的，具体来说是给当地政府“一把手”看的。作为政府主导型的旅游业开发，地方政府在其中是当家人的角色。即使是政府委托项目，一般来说都是旅游局出面作为甲方代表政府，但最终代表地方政府观点的，往往是当地政府的“一把手”。旅游规划要顺利结题，就必须站在政府的视角，切合“一把手”的施政思路和个人倾向。为了使地方政府满意，旅游规划文本就必须体现高度的政治性，要充分体现地方政府官员的诉求。为了方便“日理万机”的官员阅读，规划文本就需要简单明了，图文并茂，迎合官员们的浅阅读需要。

最后，旅游规划更是给评审专家看的。按照中国目前的旅游规划体制，专家评审会是唯一合法的旅游规划成果评价手段，因此，对于乙方来说，通过专家评审会是最基本的要求，也是最终目的。评审专家有着专业的视角和眼光，要得到专家的认可，旅游规划文本就必须充分体现专业性和合理性。

为了照顾左右旅游规划能否顺利结题的各方诉求，乙方就必须学会充当各种利益的缓冲器和调节器，八面玲珑，最终提供一份既能照顾各强势利益主体的利益诉求，又能尽可能考虑弱势利益主体的利益诉求，还能体现高度的政治性，并接受挑剔的专业眼光审视的规划文本。有时候，甲方、政府官员和评审专家之间的诉求差异无法调和，乙方就必须分别对待，各个击破。笔者在做 C 市 W 区的一个旅游景区策划时就遇到过类似的问题。乙方提供的旅游策划方案得到了甲方的高度认可，认为策划非常有创意并具有良好的市场前景，而且旅游局作为甲方，能够通过方案的实施实现自己的利益诉求。但是，当我们准备前往 W 区做方案汇报的时候，却得到旅游局领导的特别关照：

该方案得到了包括W区甲领导在内的高度认可，不过旅游局打算自己经营其中几个比较好的项目，所以现在不能让W区乙领导知道，否则该区乙领导有可能引入其他投资商来和旅游局竞争，旅游局将失去从中获益的机会。这就是说，我们的汇报必须准备两套方案：一套是给旅游局看的，可以将乙方所有精彩的想法和创意陈列其中；一套给将要出席评审会的W区乙领导和评审专家看，必须删除甲方认为暂时还不能透露的“商业机密”。实际上，由于更多地卷入了当地各部门的利益斗争和政治斗争，使整个旅游规划过程变得更加复杂并脱离了旅游规划的本质。

三 读图时代的文本风格反思

那么，身处读图时代，旅游规划文本应该采取什么样的风格呢？如前所述，受到消费主义浸染的现代人越来越懒于进行艰苦的抽象思考，越来越依赖轻松愉快的形象思维，习惯于浅阅读，排斥以抽象思维为基础的深阅读。因此，凭着现代科技的支撑，旅游规划文本风格自然要适应社会发展的潮流和方向，迎合娱乐时代人们的浅阅读需求。

旅游本质上是一种审美活动，因此旅游规划就成了一种基于审美的创造活动，这就决定了旅游规划文本随着技术发展，必然要从“文”本转向“图”本。文字表达营造的是一个开放的、相对不确定的、充满意义“空白”的审美空间，其中的意义和内涵，需要人们运用抽象思维，发挥想象力，反复思考后方可得出——这就拉长了从感知审美对象到得出意会中形象的思考长度，作者和读者都要经过很多中间的编码解码活动才能实现信息的交流，而且其中仍留有许多不确定的意义空间。① 相对于抽象的文字，图像符号营造的是一个相对确定且形象具体的审美对象，为作者和读者搭建了直观感性的沟通桥梁。也就是说，文字表达要经过多重编码和解码才能达到有效传播，

① 孔凡娟：《读图时代的到来——比较研究视野中的新解》，《宁波广播电视大学学报》2009年第4期。

但图像可以让人通过形象思维直接传递信息，具有更高的传播效率，如图 6 - 1 所示。

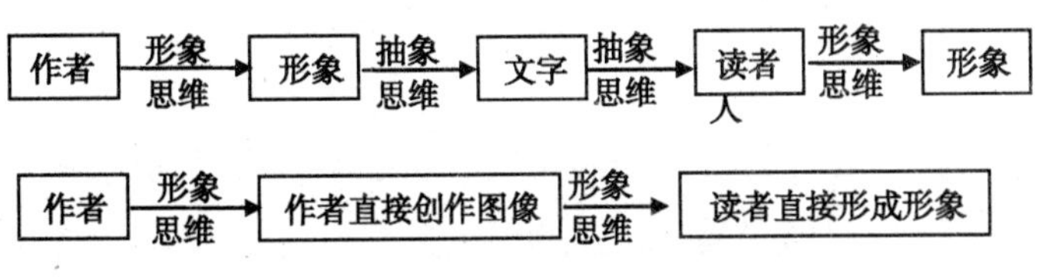

图 6 - 1　文字和图像思维过程对比

一方面，从历史上看，人类幼年总是先认识了动物形象，然后才认识代表动物的文字，是“图”启蒙了“文”，而不是相反（孙晓燕，2004）。从这个意义上说，“读图时代”的来临是弗雷德里克·詹姆森（Fredrick Jameson）所谓的“文化的回归”。形象直观的图本通过调动读者的内在欲望冲动，契合了旅游开发对新奇和刺激的追求。同时，图本更直观、更形象、更通俗、更明白，读起来省时、省力、省心，图本受到欢迎是历史的必然。另一方面，人类用了千百年的时间才将象形文字发展成抽象文字，从而使人类具备了抽象的符号编码和解码能力。然而，读图时代似乎又把我们带回到了象形文字时代，对图像的过度依赖已经造成了现代人解码能力的某种弱化，想象力的退化。[①] 笔者担心，对文字的漠视和对读图的过分推崇，有可能导致旅游规划丧失科学和理性，盲目追求视觉刺激，最终导致旅游目的地缺乏持续发展的动力。

文字和形象的不同表达方式使它们之间形成一种张力：文字的叙述紧张而有节制，画面的表达舒缓而生动，二者相辅相成才使规划文本对意义的阐释得以最终完成。虽然一般来说图像表达更直观，也更富有冲击力，但也不尽然。

> 2004 年 12 月 26 日的印尼海啸，举世震惊。在各大媒体，不论是电视，还是报纸，都充斥着发自海啸现场的各种图片。唯有

① 王俊玮、吴三军：《读图时代的意义解码能力探讨》，《新闻界》2007 年第 2 期。

一家报纸，独辟蹊径，没有单靠图片取胜，而是在头版引用了一位海啸幸存者的话语，做成引人瞩目的大标题：“我看见平静的大海突然走到我们面前，猛地站了起来。”①

任何人读到这句触目惊心的文字，都会有身临其境之感——这句话足可以准确传递海啸爆发的瞬间给予人们的生理和心理冲击。显然，海啸幸存者的话语起到了“一言胜千图”的效果。因此，虽然“图本”的确比“文本”更易阅读，但“读图时代”的来临并不意味着文字的没落，旅游规划丰富的思想内涵还是需要文字来表达，规划文本中的图像和表格还需要文字来阐释。

第二节　旅游规划的语言与话语

一　不仅仅是修辞问题

旅游规划过程中经常涉及旅游景区景点的命名问题，对此，旅游规划者应该采取什么样的态度？是尊重地方性知识而采取原住民的称谓，还是迎合大众游客的审美趣味“创造”一个新的名词？这不仅是一个语言修辞问题，而且是涉及地方性传统文化的开发和保护问题。如某公司在没有征询当地村民意见的情况下，擅自在《千湖山旅游区开发总体规划》中将香格里拉县千湖山的很多地名重新命名，激起了当地村民的不满，村民代表泽仁平措说：

> 我们的神山圣湖都是千百年的名字，命名都举行过隆重的仪式。……丢了的垃圾可以捡起来，砍了的树可以重新种，但文化的断代却可能毁灭更重要的东西。②

---

① 王俊玮、吴三军：《读图时代的意义解码能力探讨》，《新闻界》2007年第2期。

② 张文凌：《吉沙村民集体聘律师对阵开发商》，《中国青年报》2004年8月30日。

另外，就文字表达本身而言，规划语言是一种“说服性”语言，一种为了“说服”甲方、领导和评审专家的语言。为了说服甲方，规划语言要具有一种“规划创造美好未来”的煽动性；为了说服领导，规划语言要以“主旋律”的叙事风格服务于政治需要；为了说服评审专家，规划语言则需要具备相对严谨的学术风格。为了赢得权力（领导）、资本（甲方）和知识（评审专家）的一致喝彩，规划文本最终必须选择一种尴尬的妥协，选择一种融合了诗意语言、政治语言和学术语言风格的“旅游规划语言”，使其自身的表述既屈服于政治价值的话语模式，又屈服于旅游产业价值的话语模式，但由于政治和产业利益控制了规划的运作方式，规划文本越来越多地屈服于权力和金钱强加在文本上的限制。

“此外，××旅游局应会同××其他相关部门，制定出一套完整的旅游危机应急处理机制，做到有备无患，发生安全事故时把负面影响降低到最低程度。”就这样一句很“合理”的文字，因为涉及增加甲方的工作量及“额外的”责任和风险，甲方坚持要求乙方删除。

二　文本和说明书

按照正常的理解，“文本”指的是承载规划方案的文字和图像，有时特指其物质载体，包括了所有以印刷品形式出现的规划成果，上文中的“文本”用的就是这个含义。按照《旅游规划通则》的规定，旅游规划的成果应包括规划文本、规划图表及附件，其中附件包括规划说明和基础资料等。很明显，这里的“文本”和日常用法有点出入，内涵和外延更加狭窄，特指一种规划方案的叙述和呈现方式。而且在具体的实施过程中，不知从何时起，旅游规划的成果要求变成了文本、说明书、规划图件及附件四个相互独立的单元，并逐渐演变成旅游规划圈子的一种“潜规则”。某种程度上，旅游规划圈子对《通则》的这种个性化解读和实践，为确立旅游规划文本的专业性和权威性奠定了基础，是旅游规划圈子的一种“自我赋魅”。

在旅游规划圈子的“自我赋魅”中，狭义“文本”用法律条款的表述方式，将每段独立叙述都冠以“第×条”字样，使得狭义

“文本”从广义“文本”中独立了出来。狭义“文本”的“独立”，不仅奠定了旅游规划成果的专业性和权威性，而且还建构了圈子的专业性和权威性。实际上，旅游规划作为甲方委托乙方进行的一种市场行为，只是得到了资本（财富）的支持，本质上是一种没有可靠保障的买卖行为，但是一旦将旅游规划政策化和法规化，就意味着取得了政治力量（权力）的支持，获得了政治性的保障。旅游规划圈子通过“自我赋魅”，实现了知识、财富和权力的结合，为自己建构了不可动摇的话语权支撑体系。

通过圈子的“自我赋魅”，旅游规划文本、说明书、规划图件及附件之间有了清晰的分界线：文本是规划方案的法规化文字表述；说明书则是对文本图文并茂的解说；规划图件是规划方案的图像化；附件则是相关补充说明材料。按照圈内一些专家的解释，说明书是给专家看的，所以采用解释性的语言；而文本则是给政府官员看的，所以采用规定性语言。因为旅游规划最后要提交主管部门审议、批准和实施，重要的旅游规划要交由当地人大表决通过，因此旅游规划作为一种具有政策指导性质的地方行业规范，必须以法律条款的形式来表达。由于文本是规定性文字，因此文本一般会比说明书少那么一章两章，主要是背景分析等解释性和分析性的章节。

不过，并不是每个人都认可这种“自我赋魅”，文本和说明书之间毫无意义的重复受到了不少圈内圈外人的质疑。在笔者参与的旅游规划编制经历中，曾经有甲方和政府官员不止一次地提出我们提交的文本和说明书重复了，笔者只好以“国家标准规定”来解释。有趣的是，国家林业局2006年提出的《自然保护区生态旅游规划技术规程》对规划成果要求与《旅游规划通则》有了明显的区别。《规程》规定，生态旅游规划文件包括说明书、附表、附图及附件，其中附件包括建立及规范自然保护区的有关法律法规和政策文件、生态旅游规划专家评审意见等。有了这样的国家标准支持，乙方在做自然保护区的生态旅游规划时，完全有理由停止“无聊”的文本和说明书游戏。和《通则》相比，《规程》解放了乙方（减少了乙方工作量），同时也在某种程度上对旅游规划进行了“祛魅”，为旅游规划揭开了“神秘的面纱”。不过，和普通的旅游规划相比，作为自然保护区发展的辅助专项规划，自然保护区生态旅游规划对于规划对象的话语权事实上是下降了。

三　规划文本的个性化

我国进行旅游规划文本编制的旅游规划人员来源于许多相关领域，包括城市规划与设计、风景园林规划、地理学、区域规划、地质学、地貌学、林业部门、经济学等领域，在国内曾经形成了以经济学、地理学和风景园林、城市规划为主的三大流派：经济学界的旅游规划往往以宏观层次的分析为主，而以中、微观层次的分析为辅，强调旅游目的地资金、人力资本、技术、制度资本以及为减小交易成本的信息技术和现代化交通通信技术对旅游地发展的作用，并强调旅游目的地旅游供给和需求之间的互动；地理学界旅游规划人员编制的旅游规划，往往以中观层次的空间分析和产业分析为主，而以宏观和微观层次的分析为辅，强调旅游产业关联、旅游业结构以及旅游空间相互作用对旅游目的地旅游业发展的作用；风景园林、城市规划学界旅游规划人员编制的旅游规划常以微观层次的旅游区吸引源、设施、服务综合体组合分析以及旅游景区组织分析（包括旅游景区空间组织分析、旅游景观意象分析、旅游景观文脉分析、旅游景观组合分析）来安排旅游服务设施、旅游基础设施以及旅游景观。①

2003 年 5 月，随着国家标准《旅游规划通则》的颁布实施，由于《旅游规划通则》对旅游规划的基本组成要件作了明文规定，对旅游规划文本有着较为具体的内容要求，在一定程度上避免了旅游规划文本编制的“随心所欲”。不过，虽然在某种程度上不同规划团队所做的规划文本有相互融合的趋势，但不同的团队编制的旅游规划文本不仅在叙述风格上大相径庭，而且在章节结构、撰写格式、图表附件上也花样百出。很多规划团队为了打造独具特色的“品牌”，增加

---

①　李强：《理论与实践：旅游规划编制结构的比较研究》，硕士学位论文，西安建筑科技大学，2001 年。

本团队在以后旅游规划市场竞争中的“口碑”，常常超越《旅游规划通则》的基本要求，“买一送一”，高标准地为甲方提供很多“美感十足”的“赠品”，如效果图、鸟瞰图、透视图等多种非规定性图件。

虽然在某种程度上规划文本是甲方意图的反映，但总体而言，规划文本是规划者对旅游开发的一种个性化观点表达。特别是优秀的规划文本，一般都具有相当明显的个性特征，而这种个性特征与规划团队特别是规划主持人的性格、气质、学术素养关系密切。在旅游规划圈子，所谓的“规划名家”都有一套属于自己的规划风格，包括文本措辞、创意、制图风格等。

第三节　文本权威和政治生态

一　文本权威的建构

旅游规划文本作为旅游规划成果的最终表现形式，其最终命运首先取决于文本本身所具有的权威性。在旅游规划文本的权威性背后，是统治人类世界的三种力量——权力、知识和财富。

首先，旅游规划文本的权威是权力建构的结果。在政府主导型的旅游开发模式下，旅游开发实际上就是政府意志的反映，具体来说就是领导意志的反映。抽象的权力通过文本表述得以形式化，具体表现为承载权力话语的政策、法律文本。权力通过掌控媒体宣传影响公众思想，控制话语权，在社会生活诸领域按照旅游规划文本设定的“蓝图”建构自己的权威。在全球化的今天，政治权力无孔不入，作为政府主导型的旅游业发展更是如此，旅游规划文本的权威说到底还是政府的权威，是权力建构的产物。

其次，旅游规划文本的权威是知识建构的结果。虽然本质上旅游规划文本的权威是权力建构的产物，但其具体实现还是必须通过媒体宣传影响和控制公众思想才能建构起自己的权威，具有说服性的知识论证是权力建构产生作用的基础。或者换句话说，权力要通过专家系统发生作用，知识被权力利用了。这似乎有点可悲，不过事实的确如此，乙方从知识的各个层面对甲方和地方政府的诉求进行充分的论证，使旅游规划文本看上去成为一个毫无纰漏的“科学文本”，实际上却是一个充满权力话语的政治文本。

同时，旅游规划文本的权威还是财富建构的结果。毫无疑问，对于目前国内的旅游业开发现状，无论是地方政府还是旅游开发商，发展旅游业的原动力就来源于对“财富”的追逐。对于从事旅游规划编制的乙方来说，希望通过旅游规划编制获得经济上的回报也是最主要的动机。此外，旅游规划的评审、实施都离不开财富的支持。一般来说，投资额度越大的旅游开发项目，越能得到地方政府、甲方和乙方的重视，社会影响也就越大，其规划文本的权威也就更加容易形成且更加稳固，因此，旅游规划文本的权威也是财富建构的结果。

在制度层面，旅游规划文本权威的制度性依据来源于《旅游发展规划管理办法》和《旅游规划通则》。《旅游发展规划管理办法》第二十四条规定：

> 旅游发展规划经批复后，由各级旅游局负责协调有关部门纳入国土规划、土地利用总体规划和城市总体规划等相关规划。旅游发展规划所确定的旅游开发建设项目，应当按照国家基本建设程序的规定纳入国民经济和社会发展计划。

《旅游规划通则》第8.2条则规定：

> 旅游规划文本、图件及附件，经规划评审会议讨论通过并根据评审意见修改后，由委托方按有关规定程序报批实施。

也就是说，旅游规划一旦通过专家评审会，就应该成为地方性政策和国民经济和社会发展计划的一部分，具有“法”定的权威和执行力。不过，由于这里的“法”只不过是约束力较弱的“办法”和几乎没有约束力的推荐性国家标准，因此旅游规划文本的权威实际上并没有可靠的保障。

二 基于政治生态的文本命运

理论上，旅游规划文本作为旅游业发展的操作手册和政策指南，是政府意志和甲方诉求的反映，虽然没有严格的法律制度保障，但也有一定的规章制度约束，应该得到不折不扣的贯彻执行。但是，由于旅游规划文本的权威性缺乏可靠的制度性保障，加上中国现阶段普遍存在权大于法、干部评价的唯经济论等现象，使本来应有的法定权威不敌权力的更迭带来的政治生态波动，导致旅游规划文本的命运往往呈现不确定的状态。

第一种情况亦即最理想的情况，就是旅游规划文本成为旅游业发展的“圣经”，得到了不折不扣的贯彻执行。这种情况有可能是文本的因素，也有可能是源于良好的政治生态。如果规划方案的实施不仅能较快见到收益，而且还具有一定的可持续性，同时还符合政府意志，那么旅游规划文本就不会被束之高阁，会受到各方利益主体的支持。另外，如果旅游业在地方经济结构中的比重不大的话，旅游业发展的好坏对官员政绩评价影响就不大，地方官员就很少冒险挑战旅游规划文本的“法”定权威，表现出“遵纪守法”的一面。

第二种情况，旅游规划文本仅仅作为旅游业发展的参考指南被部分实施，还有部分没有实施或者根据政府意志修改后实施。导致这样的结果，有可能由于种种原因使旅游规划文本没有充分反映政府意志，政府在实施过程中则按照自己的想法操作；或者由于地方主政者的更替而出现政府意志没有延续性，后来者改变了开发思路。H乡“男人狂欢节”的策划方案在后来的执行过程中就偏离了规划者的初衷，被发明出来的“男人狂欢节”由于缺乏民众基础，并没有得到很好的域化，没有内化到民众生活之中，民众对被强加给自己的节日缺乏足够的认同感，难以被东道主社会所接受，背后隐藏着巨大的社会及文化风险。

第三种情况，旅游规划文本成了一种纯粹的象征、一种“图腾”。这种情况下，地方政府官员往往将旅游规划当作政治任务，有了评审通过的规划文本，主管旅游的官员就可以对外宣称“我们做过旅游规划，文本就是明证”。在编制M县旅游发展规划时，该县旅游局局长曾经对规划组炫耀，说在她的主持下M县曾经做过旅游规划，自豪之情溢于言表。细问之下，才知道所谓的旅游规划是一份M县的重点旅游资源调查评价及开发利用规划，规划编制年代久远（1999年），而且基本没有实施，是典型的“纸上画画，墙上挂挂”型规划。

三　被修编的旅游规划文本

《旅游规划通则》第8.3条明确规定：“在规划执行过程中，要根据市场环境等各个方面的变化对规划进行进一步的修订和完善。”该规定无论是从学理方面还是从市场实践方面来看都没有任何问题。实际上，这样的规定出现在作为旅游规划圈子的“圣经”里，客观上起到了保障旅游规划市场规模的作用。新入门的规划新手总是担心旅游规划不是一个很好的职业，原因是随着省级规划、地市级规划、县级规划和景区级规划的完成，旅游规划市场将逐渐萎缩甚至消亡。深谙其中窍门的专业人士就知道，因为旅游规划有修编的需要，而且没有时间间隔的限制，因此从理论上讲，旅游规划的市场需求是无穷无尽的。

首先，旅游地发展的生命周期律决定了旅游规划存在修编的必要。巴特勒（1980）的旅游地生命周期理论表明，旅游目的地的旅游业发展一般要经过探索（exploration）、起步（involvement）、发展（development）、稳固（consolidation）、停滞（stagnation）、衰落（decline）或复兴（rejuvenation）六个阶段，[①] 不同阶段的旅游业发展所面临的问题不一样，根据实际情况因地制宜地对旅游规划进行修编成为旅游业发展的客观要求。

其次，随着地方政府或者甲方对旅游发展态度的变化，旅游规划

① Butler R. W.，“The Concept of A Tourist Area Cycle of Evolution: Implications For Management of Resources”，*Canadian Geographer*，1980，24（1）：5-12.

文本就有修编的必要。在旅游业发展过程中，只要地方政府或者甲方觉得有必要进行修编，无论是为了实施还是纯粹为了完成一种政治任务，都有充分的理由对旅游规划方案进行修编。出于实施的需要导致旅游规划存在修编的需要自不必说，有时候旅游规划修编完全是为了完成政治任务，或者为了争取上级政府的扶持资金而做的“道具”。比如，2000 年国家安排了两期 13 亿旅游发展国债，在全国安排了 110 个旅游发展项目，但地方政府要获得上级政府的项目扶持资金，前提是必须得有规划，没有规划，在旅游国债申报过程当中就叫手续不全，根本不予讨论。因此，为了迎合政治需要，为地方发展争取权益，旅游规划的编制和修编就成为一种理所当然的选择。

最后，政治生态的改变导致旅游规划的修编。中国目前的旅游业采取的是政府主导型发展模式，在实际操作中一般都需要政府“一把手”来具体推动，因此地方领导的个人意志往往影响甚至控制了旅游目的地的发展方向。由于国内法制建设不够完善的缘故，地方政府人事的变动往往导致地方政策波动，缺乏政策的连续性。在全国上下“唯经济增长论英雄”的政绩观指导下，地方官员为了在短短的几年任期内做出“令人瞩目”的成绩，就必须把工作重心转移到“短、平、快”的发展项目。对于前任的政绩工程，特别是那些暂时看不到“收成”甚至是有“烂尾工程”嫌疑的项目自然是唯恐避之不及。

第七章

权力、话语和公平

由于经济发展水平和文化传统的差异，不同的国家和地区在不同的历史阶段发展旅游业的出发点都不尽相同。有的国家和地区发展旅游业以满足政治需要为主要目标。例如，改革开放前中国的旅游事业就是要通过发展同友好国家和国际友好人士的交往，粉碎“帝国主义”孤立和封锁中国的阴谋。有的发达国家和地区把发展旅游业作为满足国民旅游权利、增进国民福利和提高国民素质的基本手段。例如，法国政府就曾经提出，发展旅游业旨在提高人民的生活质量。[①] 对于大多数发展中国家和欠发达国家来说，发展旅游业的最主要动机就是通过扩大外汇收入来源、增加国民就业机会和缩小地区差别来促进经济发展。对于改革开放后的中国而言，追求经济利益是旅游开发热背后最强大的动力。在旅游业开发过程中，各相关利益主体为了争取更多的利益，就必然运用各种资源在权力、话语和公平方面进行博弈。

第一节　从大众旅游到生态旅游

一　传统大众旅游的利益主体观

根据张伟和吴必虎的研究，利益主体理论的基本思想来源于19世纪，当时盛行一种协作或合作的观念。[②] 从此以后，这种思潮一直

---

① 李天元：《旅游学概论》，南开大学出版社2000年版，第174页。

② 张伟、吴必虎：《利益主体（Stakeholder）理论在区域旅游规划中的应用——以四川省乐山市为例》，《旅游学刊》2002年第4期。

没有受到重视，甚至被人遗忘，直到1963年斯坦福研究所首次使用了“利益主体理论”这个术语。弗里曼（Freeman，1984）是把利益主体理论应用于美国的先行者，他认为一个组织的利益主体是指任何可以影响该组织目标的或被该目标影响的群体或个人，包括员工、客户、供应商、政府和社区成员。[①] 基于所有的利益主体都具有本质上相同的价值的理念，索特和莱森（Sautter，Leisen，1999）两人绘制了一幅旅游业利益主体图，如图7－1所示。

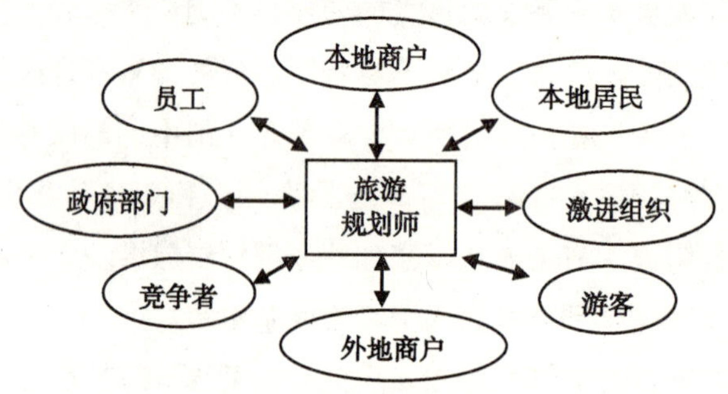

图7－1 旅游业利益主体

资料来源：Sautter & Leisen，1999。

在这幅图中，利益主体包括了旅游业开发牵涉的所有人类组织和个人，其中旅游规划师处于中心位置，是其他利益主体的利益协调者。理论上，利益主体理论充分考虑到了与人相关的利益相关者，但实际上由于市场经济中利益主体的“唯利是图”，旅游业利益主体受到的关注严重失衡。事实上，传统大众旅游业的兴起是以游客需求为导向的，这就决定了地方政府、旅游开发者及经营者、企业员工以及本地居民各利益主体都奉行“游客至上”的理念，游客成为事实上真正的“主体”，成为“上帝”。因此，在传统大众旅游中，只有游客是最受到优待的利益主体，其次是能够直接从游客身上得到好处的其他利益主体，主要有政府部门、开发商、旅游经营者等，而作为旅游地主人的东道主往往被忽略了。

① Freeman，R. E.，*Strategic Management：A Stakeholder Approach*，Boston：Pitman，1984：46.

二　生态旅游的社区参与

工业革命以来，人类的自我中心主义极端膨胀，导致人类生存的自然生态环境急剧恶化，使人类面临严峻的生态危机，迫使人类反思工业革命以来的人类中心主义。人们认识到，狭隘的人类中心主义是导致当代环境问题的深层根源，要想使全球环境恶化的趋势得到有效的遏制，必须摒弃传统人类中心主义，接受生态人文主义。

同时，随着大众旅游产业的进一步普及和深化，其弊端也逐渐凸显出来。首先，传统大众旅游业对东道主利益的漠视，导致旅游开发最终失去东道主的支持，为旅游业发展埋下了不可持续的种子。其次，传统大众旅游业的利益主体观固有的缺陷导致了旅游业无法可持续发展。传统大众旅游业的利益主体观只关注人本身，无视旅游开发的环境代价，将旅游业看作“无本万利”的“无烟工业”，加速了旅游地自然生态环境的恶化。

在这样的背景下，生态旅游成为传统大众旅游发展的必然选择。首先，生态旅游放弃了人类中心主义，以尊重自然、尊重生态平衡为前提，把旅游地的生态系统也作为“沉默的利益主体”和人类主体相提并论。其次，生态旅游强调社区参与和受益，并明确提出社区参与和受益是生态旅游的本质特征之一，与传统大众旅游漠视社区参与和受益形成鲜明对比。

正是因为有了这样的社会环境，作为旅游业发展的“第一道工序”，旅游规划也一改传统的利益主体观，将生态环境保护和社区参与提到了前所未有的高度，逐渐形成了一套圈子公认的旅游规划价值体系。从理论上讲，生态旅游的利益主体观是一种完美的理想主义价值观，以生态旅游的原则进行旅游规划编制，完全符合生态、经济、公平的价值观，但实际上往往不可能达到理想状态。

三　可持续发展观与霸权

在工业社会初期，人们一度将“发展”和社会经济在数量上的增长等同，随着工业文明导致环境不断恶化，人们才开始反思传统的发展观，并逐渐形成了可持续发展观。可持续发展是既满足当代人的需要，又不构成危及后代人需求的发展，包括生态的可持续、经济的可持续和社会的可持续三方面内容。可持续发展观中“发展”的内涵也不仅仅是经济的增长，而是包括了经济增长、社会变革以及自然生态环境保护三方面的内容，发展意味着社会整体资财和福利的综合进步。到20世纪末，可持续发展观已经成为国际社会的普遍共识。2002年在约翰内斯堡举行的可持续发展世界首脑会议上，从联合国秘书长安南先生到所有的峰会首脑，都无一例外地对会议主题作出了最高评价，都认为21世纪人类最大的挑战就是能否实现可持续发展。①

可持续发展观作为一种首先产生于发达国家的意识形态，通过发达国家在国际经济社会中掌握的话语权，使第三世界国家和地区接受发达国家首先“发现”的“真理”，进而加强对第三世界国家和地区实施影响和控制。冷战后环境问题在国际关系中的位置迅速上升，出于对自身环境安全的考虑，发达国家频频展开外交攻势，与环境有关的多边国际协议纷纷出台，使各国面临了前所未有的高密集度的国际环境准则、规范和制度的约束。② 事实上，在貌似大公无私的可持续发展观的背后，是发达国家实行环境霸权主义和环境利己主义，是一种新殖民主义。比较明显的例子就是发达国家的代表——美国：在对待各种生态环境问题方面，美国总是把本国利益放在首位，而且还通过环境手段来扩大美国在第三世界国家和地区的区域性利益。

因此，传统大众旅游向生态旅游的过渡，不仅是人类从工业文明迈向生态文明的必然选择，同时也是发达国家保持和形成新的霸权的过程。首先，通过意识形态上的先入为主，发达国家在生态旅游规则的制定和倡导方面获得了话语权，形成了一种强势环境文化。面对发达国家的这种强势环境文化，发展中国家和欠发达国家显得一筹莫

① 任雪萍、杨素群：《论当前可持续发展领域的南北矛盾》，《世界经济与政治论坛》2003年第5期。

② 同上。

展，只有被动地接受这种外在的挑战，使民族心理处于弱势的地位。其次，发达国家通过向第三世界国家和地区输出可持续发展观，在第三世界国家和地区普遍接受了这种外来的价值观之后，就奠定了向第三世界国家和地区推销可持续发展所依赖的高新技术，形成新的殖民和被殖民关系。

另一方面，可持续发展观已经成为旅游规划的主流价值观，成为评价旅游规划是否合格的基本要素。这本来没有问题，问题在于：在主流文化意识下，可持续发展观是外来的先进思想，是现代文明和科学的代名词。如前所述，在中国旅游规划圈子中，很少有人类学背景的规划人员。也正是因为这个原因，在旅游规划的编制过程中，东道主社会的地方性知识经常被有意无意地漠视。事实上，在很多规划人员看来，东道主社会的地方性知识仅仅具有向游客展览的观赏价值，完全不能和现代文明和科技相提并论。殊不知，地方性知识作为人们在长期生产生活中适应所处自然环境，创造、积累、运用和传习的知识和技能，不仅使东道主人民持续发展了上千年，而且还很好地保护了当地的生态环境。

实际上，地方性知识不仅不是落后的，恰恰相反，和全球化的现代性知识相比，地方性知识往往具有高超的先验生存智慧，是“大音希声，大象无形”[①]。中国各族人民长期生活在特定的环境中，与当地自然环境建立了和谐共处的关系，他们在自然资源的可持续利用方面，自觉或不自觉地积累了丰富的传统知识和经验。刀耕火种、轮歇农业及传统动植物利用方式等是当地居民对其所处自然环境的认识，并经过了长期的实践检验，是符合当地人与自然环境可持续发展的资源利用方式。这些传统知识、经验和实践不仅为当地资源的保护做出了巨大的贡献，也为人类寻求相关资源的管理和可持续利用对策提供了范例。

例如，在中国56个民族中，西双版纳傣族是具有栽培薪炭林传统的唯一民族，他们从不砍伐森林作薪材，却发展了一种叫作“铁刀

---

① 语出《老子·四十一章》。

木”的人工薪炭林技术。这类人工薪炭林有以下优点：容易栽培、管理；便于采伐、运输、储存，使用时不需再加工；树干萌发力强，无病虫及动物侵扰的影响；木材易燃，热量大、用量节省。这种人工栽培薪炭林是傣族的一项特有传统栽培技术，为村民们所普遍采用，成为傣族农业生态系统中的一个重要组成部分。这一传统栽培技术不仅充分利用了这种树木的生物学和生态学特性，而且在经济上划算，减少了对森林资源的过度利用和破坏，对当地热带森林的保护有益。

如此看来，似乎我们的旅游规划人员有着自我殖民的倾向，但笔者根据自己的观察和体验判断，这种看法似乎也不正确。很多次，笔者在规划项目团队的内部讨论会上提出了在人类学者看来几乎是“公理”的观点，强调要充分尊重和利用原住民的地方性知识的时候，得到的反应首先是惊讶，然后几乎一致认同。这说明中国的旅游规划人员并非有意识地在进行自我殖民，而是旅游规划者本身就已经被西方的话语霸权给控制了，而且无意识中成了这种霸权的积极宣传者和实践者。

第二节　为谁规划的问题

一　甲方导向

从理论上说，旅游规划是基于旅游目的地的资源条件，为了实现可预期的经济、社会及生态目标而进行的筹划活动，其出发点应依据旅游业发展的客观规律而非某个特殊群体的利益。但是由于各种因素的影响，实践中却做不到如此的不偏不倚。首先，旅游规划是甲方和乙方之间的一种市场行为，现实中甲方和乙方之间的这种买卖关系往往演变成甲方用钱交换在规划方案中的话语权。甲方的心理是“我出钱你就得为我说话”，而乙方在某种程度上也接受“拿人钱财，替人消灾”的古训，通过“准确把握甲方意图”，在法律和政策框架内尽量为甲方多说好话。

本来，由于甲方和乙方特殊的利益关系，乙方对甲方有所偏袒是情理之中的事情。但是，利益和情面的力量过于强大，使这种偏袒往往走过了头。一般来说，无论是作为政府的甲方，还是作为投资旅游开发的甲方，往往更为关注眼前利益，对旅游开发的长期效应缺乏应有的关注。作为政府的甲方关注眼前利益，是因为政府官员为了获取政绩，必须在任期内见到“成果”。在中国现行干部评价体制下，这个“成果”指的就是地方经济社会的发展特别是经济发展，改革开放以来被提到了史无前例的高度，具体讲就是国内生产总值（GDP）的增长。作为旅游开发的投资方，更是“唯利是图”，希望尽快收回投资实现盈利，环境和社会责任以及义务只是作为一种投资和交换条件而被关注。

更为严重的是，由于过于关注甲方利益，势必导致规划失去客观性和公平性，使旅游规划沦为部分人牟取私利的工具，严重地损害了公众利益。据报道，在以阳光、沙滩和海水为主要吸引物的海南岛，从海口到三亚，美丽的公共海滩在地方政府的默许和支持下，成了旅游开发商牟取私利的工具，沦为供有钱人享受的“私有空间”。可以肯定的是，在这样的背景下，任何乙方对这些被高档度假区和酒店侵占的公共海滩进行规划，都避免不了被甲方挟持和绑架，公共利益受到严重损害也是必然的结果。①

二　游客导向

如前文所述，一般来说，乙方在旅游规划的编制过程中总是以维护甲方利益为己任，但通过什么来实现甲方利益呢？众所周知，旅游业因为游客的持续到来和消费才得以存在，因此甲方要通过旅游业获得收益，就要求乙方在规划编制过程中要想方设法吸引游客，以游客为导向。因此，从这点上说，旅游规划的甲方导向和游客导向本质上是一致的，两者是目的和手段的关系，以游客为中心则是实现甲方利益的手段。

---

① 中央电视台经济信息联播：《海南：不花钱难进海滩　高尔夫球场遍地开花》，http：//house. focus. cn/news/ 2010 －05 －31/947804. html，2011 年 5 月 31 日。

马克思曾经说过，“忧心忡忡的穷人甚至对最美丽的景色都没有什么感觉”。[①] 旅游业天生就是“嫌贫爱富”的产业，是经济上欠发达的人们专门为“有钱有闲”的人们服务的一种经济关系。在资本主义的市场经济道德体系下，代表财富的货币被人格化进而被神格化，因此“顾客就是上帝”的价值观大行其道。对于广大的东道主社区来说，游客代表着财富、文明及现代化。有钱有闲的游客是旅游业的“上帝”，加上“年接待游客人次”成为评价旅游业成败的指标，地方政府和旅游经营者更加有充足的理由把游客尊为“上帝”。另一方面，对于乙方而言，甲方就是顾客，就是“上帝”，乙方在旅游规划的编制过程中，为了使地方各利益主体特别是甲方从旅游业中受益，吸引游客前来旅游消费成为最重要的事情。虽然适度的游客导向是发展旅游业的一种技术策略，也是旅游开发的必要手段，但手段毕竟不是目的，至少不是唯一的目的。在消费主义的洪流下，加上利益的驱使，甲方和乙方都被裹挟着以游客为导向，本末倒置，将取悦游客当成旅游规划的最终和唯一的价值标准，以至于有学者明目张胆地提出“旅游规划应该是为旅游者而编制”[②] 的“帝国主义”观点，这势必使旅游规划的价值导向偏离正确的方向。

必须承认，在现代消费主义盛行的都市社会，“顾客就是上帝”已经成为一种受到追捧的“商业守则”。商家（服务者）和消费者这样的关系放在同样的文化背景下，似乎只是主流文化中的亚文化的问题，但当服务者变成处于社会边缘的“他者”，消费者变成高高在上的“外来者”时，这种服务与被服务的关系似乎就深深陷入了“权力话语”的语境之中，更容易受到世人的关注。用人类学的视角来看待东道主和游客的关系，似乎更加强了两者之间的反差和对比，更显得两者关系不平等。实际上，旅游业开发如果一味地迎合游客、片面追求游客至上的话，将会使游客和东道主本身就不平等的地位更加失

① ［德］马克思：《1844 年经济学哲学手稿》，人民出版社 1985 年版，第 83 页。

② 董观志：《旅游规划的理念导向问题》，见《“2001 年中国旅游规划高峰研讨会”部分主要发言摘要》，《旅游学刊》2001 年第 4 期。

衡，两者将更加难以产生平等的对话。东道主和游客之间能够平等而自由地对话将是生态旅游由初级走向成熟的必然趋势，是未来深度体验利益的必然要求。虽然东道主社会“毫无原则”地取悦游客有可能在短期内赢得一部分游客，取得相当可观的旅游业“政绩”，但长远来看将得不偿失，不仅将失去市场，连东道主社会聊以自慰的传统和文化都将丧失殆尽。

另一方面，虽然甲方可以通过满足游客的旅游需求而获得经济上的好处，但甲方和游客有着各自的利益诉求，在某些情况下甚至是冲突的。就两者的关系而言，过分强调甲方利益，势必影响游客的旅游体验，甚至损害游客的合法权益，最终失去游客；而过分讨好游客，则可能使甲方难以得到合理的回报，同样也会使甲方利益受损。

三　社区导向

在传统大众旅游的发展过程中，和地方政府及游客相比，东道主处于天然的弱势地位，因此东道主社区的权益往往没有引起足够的重视。但随着社会的发展和旅游业可持续发展的要求，客观上要求旅游发展逐渐朝着社区导向转变。一方面，随着可持续发展观的深入人心以及第二次世界大战后风起云涌的族群自觉潮流，与主流社会相对的非主流社会和弱势群体受到越来越多的关注，旅游开发首先要让东道主社区获益的思想逐渐深入人心；另一方面，传统大众旅游开发由于忽视社区居民利益，社区居民对旅游开发开始抵触，从而导致旅游者的满意度下降，最终影响旅游目的地对旅游者的吸引力，旅游开发缺乏可持续的动力。

根据李九全的研究，20 世纪 70 年代初，一些西方学者在早期旅游度假区规划研究的基础上，针对大众旅游的背景，提出了支撑旅游地社区发展的规划范式。① 70 年代后期 Gunn（1979）在旅游规划的基础概念与案例中，倡导旅游规划中更广泛的社区群体参与。Rose-

① 李九全：《国外社区旅游规划的研究进展及其主要理念》，《经济地理》2008 年第 1 期。

now与Pulsipher指出社区参与对旅游产品的优化具有重要意义。Seeking（1980）强烈赞同社区参与，他认为一个“真实”合理的旅游规划中必须依靠普通社区居民、私营机构、非营利组织的多方参与。80年代中期，墨菲（Murphy）系统地提出社区生态旅游规划方法，揭示了社区旅游规划与发展之间互动的内在规律性，并将其视为社区居民参与的蓝图。在随后的10年间社区旅游规划成为研究热点，90年代墨菲的社区规划理念受到可持续发展思想的支持。从90年代中后期开始，国外学者在实证研究的推动下，紧紧围绕社区旅游可持续发展这一中心主旨，以当地社区居民的广泛参与和利益均衡分配为前提，借鉴管理学、社会学、组织行为学、生态学、人类学、经济学、心理学的相关理论，试图建立社区旅游规划过程中社区居民及相关利益人参与互动的实施、监管、感应、评价、整合方面的相对完整的理论体系，从而标志社区旅游规划研究进入成熟阶段。

社区导向的旅游规划思想核心是社区参与及受益，本质是社区居民作为开发主体和管理主体，民主地参加确定发展目标和建设项目、制定有关政策，选择与实施项目建设内容，并作为主要的利益主体公平地分享旅游收益。旅游活动说到底是东道主和游客之间在一定时空条件下的“相遇”，双方通过旅游业各取所需。主客双方在法律上是平等的，但主人永远是主人，客人始终是客人，各自有着不同的“权益”。作为生于斯长于斯的东道主，如果不能从旅游开发中公平地分享旅游收益，甚至游客凌驾于东道主之上，东道主就只有主人之名而无主人之实，不仅游客得不到好的旅游体验，而且旅游开发也将不可持续。

应该说，中国旅游业发展经过改革开放以来30多年的发展，社区参与旅游并获益的理念已经得到一致的认同。在笔者近年来参与及看到的旅游规划文本中，“社区参与”都被提到了非常重要的位置，并有具体的保障措施来保证社区居民能够参与旅游业发展的决策和管理，最终公平地分享旅游业发展收益。但笔者在多年的旅游规划实践中深切地感受到：“社区导向”往往理论上讲得多，实践操作中做得少。无论从法律角度还是道义角度，政府部门、旅游开发商、游客等利益主体都认为东道主社区应该从旅游业中获得足够的好处，但实际上政府部门和旅游开发商往往出于自身利益的考虑，在实际操作中有意弱化东道主的应得利益，最终导致“社区参与并获益”成为画中之饼。正因为如此，作为国内真正的社区参与旅游甚至主导旅游业发展的典型案例，云南梅里雪山雨崩藏族社区的旅游业发展受到了国内外学者的广泛关注。雨崩村是云南省迪庆藏族自治州德钦县梅里雪山深处的一个藏族村寨。20 世纪 90 年代末，随着徒步爱好者的进入，旅游业逐步代替了传统的农牧业，成为雨崩村最重要的产业。由于一直未通公路，雨崩村民在游客住宿、租马等经营方面实施了相对均衡的利益共享的措施，控制了外来投资，并逐渐发展成社区自主的、自我实现的可持续性旅游社区，与政府主导型旅游发展模式形成了鲜明对比。①

第三节　权力失衡下的隐忧

一　被胁迫的旅游规划

在旅游规划热的背后，实际上是巨大的利益诉求，各利益主体都努力在旅游规划的编制和实施中表达和争取尽可能多的利益。由于各利益主体之间在信息占有、话语权等方面的不均衡，处于强势地位的利益主体胁迫和绑架了旅游规划，利益的天平过分向那些拥有话语权的组织和个人倾斜。

首先，在中国目前的旅游业发展格局下，地方政府和旅游开发商处于绝对的强势地位，在旅游规划的编制过程中往往成为规划意图的幕后主使，而处于弱势地位的社会公众和东道主社区居民往往“被失声”或者“被代表”。实际上，旅游规划人员心里未必不清楚旅游规

① 陈飙、杨桂华：《梅里雪山雨崩村旅游社区参与的组织形式与分配制度》，《思想战线》2008 年第 3 期；保继刚、孙九霞：《雨崩村社区旅游：社区参与方式及其增权意义》，《旅游论坛》2008 年第 4 期。

划真正应该担当的使命和职责，但却往往因为来自政府和甲方的压力放弃了原则，使社会公共利益和东道主社区权益不能得到有效保障。比如，在海南国际旅游岛的开发热潮中，本该属于公共空间的阳光沙滩被规划成了仅供少数人私享的风水宝地，公共利益受到严重侵害。[①]同时，在公开的殖民主义和剥削已经式微的今天，明目张胆地忽视东道主利益的做法已经难见踪影，隐秘的压迫和剥削逐渐成为不平等的根源。就旅游规划而言，在目前国内的旅游规划文本中，社区参与和公平受益已经成为最基本的建构原则。不过在具体的表述中，更多的笔墨却用在了如何让政府和开发商获取更多利益上，而社区参与和受益的文字描述则相对形式化，总体上成了一种证明"旅游规划在为社区谋福利"的"标签"。稍微可以引以为幸的是，由于种种原因，目前很多旅游规划方案大多停留在"纸上画画、墙上挂挂"的状态，很多即使是有悖于公平合理的规划方案没有真正地"祸国殃民"。

其次，在旅游规划的实施过程中，地方政府和旅游开发商往往以"救世主"的身份对东道主社区的旅游开发大包大揽，有意或无意地淡化东道主的主人身份。作为土地和社区的主人，东道主无疑具有最充分的话语权和自决权，但出于对利益的追求，地方政府和旅游开发商往往本能地压制和屏蔽东道主的声音。国内逐渐增多的群体性事件已经十分清楚地表明，随着受教育程度的普遍提高，中国基层民众的民主权利意识已今非昔比，靠简单的连哄带骗加威胁的方式已经不可能造就"和谐"社会。不与民争利、藏富于民应该成为各级政府的共识，只有这样，旅游业乃至于社会全方位的可持续发展才不至于成为空中楼阁。

最后，开发商利用地方政府招商引资心切，以撤资相威胁或者以增加投资进行利诱，对地方政府进行要挟、绑架，以至于政府不得不将旅游开发的利益大幅度地朝开发商倾斜。在这种情况下，政府不仅会最大限度地为开发商提供全方位的便利条件和支持，而且为了吸引

① 中央电视台经济信息联播：《海南：不花钱难进海滩　高尔夫球场遍地开花》，http：//house. focus. cn/news/ 2010 - 05 - 31/947804. html，2011 年 5 月 31 日。

外来资金对地方发展的支持，不惜牺牲地方的长远利益和损害东道主的权益。为了支持旅游招商，海南省国土环境资源厅曾发文明确表示，“沿海一线海景和具有特色优势资源的土地应优先安排作为高端度假休闲旅游项目用地”。[①] 这样的规定无疑助长了旅游开发商对公共海滩的侵占。

二　旅游规划失灵

旅游规划失灵[②]是指由于旅游规划制定主体、旅游规划实施主体、旅游规划环境（包括制定实施环境）中某一方面或者多方面的不合理行为和原因，导致旅游规划效果远没有达到预期目的的现象（陆相林，2007）。用熵理论来看，旅游规划失灵就是旅游规划无法为旅游目的地的旅游业发展注入足够具有“负熵”性质的信息，使旅游业发展走向有序可持续发展的轨道。笔者认为，按照旅游规划失灵的程度和造成的损害，旅游规划失灵可以分为三种情况：一是旅游规划直接就没有起到任何作用，旅游规划难逃“纸上画画，墙上挂挂”的命运；二是旅游规划没有完全达到预期目标，但没有明显的负面效应；三是旅游规划的实施给旅游目的地造成了损失，形成“吃力不讨好”的局面，对此，有人讥笑“规划”就是“鬼话”，不仅花了甲方的钱，还祸害了一方百姓。

石美玉和陆相林两位学者对旅游规划失灵作了初步研究。石美玉认为，旅游规划失灵源于各利益主体之间的矛盾，包括政府部门、游客、东道主居民、当地精英（专家和权威人士）、旅游开发商、规划团队等各相关群体之间的矛盾。[③] 陆相林则从经济学和管理学视角分析了旅游规划失灵的原因，他认为，从经济学视角看，旅游规划失灵划分为市场失灵和政府失灵两类，市场失灵的原因是市场发育不充

---

① 海南省国土资源厅：《关于充分发挥土地调控作用促进房地产业平稳健康发展的通知》，http：//www. hainan. gov. cn/data/news/ 2010/03/98537/，2010 年 1 月 29 日。

② 刘锋在“2001 年中国旅游规划高峰研讨会”上发言中首次明确使用了该概念，之后石美玉（2004）和陆相林（2007）等多位学者对此进行了较为深入的探讨。

③ 石美玉：《旅游规划失灵与利益主体分析》，《思想战线》2004 年第 2 期。

分、信息不对称或信息扭曲，以及业主经济行为的非理性，政府失灵的原因则是旅游规划政策失效、旅游规划实施的低效率、旅游规划管理部门的内部性、寻租和腐败以及评审机制缺陷等；① 从管理学视角，旅游规划失灵可以归结为旅游规划过程中计划职能、组织职能、领导职能、控制职能的缺失和不足。② 笔者认为，旅游规划失灵可以归结为以下三方面的原因。

第一，旅游规划失灵源于旅游规划主体方面的原因。为了顺利结题，对于甲方提出的要求，乙方往往“顺杆子爬树”，总是想方设法地为甲方的意图进行论证，不论甲方要求有多么大的不确定性或限制性，最终导致旅游规划失灵。如 B 市某知名旅游规划公司在为 C 市做一个景区规划时，由于景区和传说中的夜郎文化有着千丝万缕的联系，甲方奉为至宝，乙方在规划方案中就生搬硬套地想象了一个夜郎主题公园，设计不可谓不精美，想象也是天马行空，投资也是大手笔……但是，该方案完全无视临近的 T 县和 D 县夜郎文化旅游开发的强势和先入为主，没有对方案的可行性和风险进行充分的分析，为了迎合甲方（表现为领导）的意志而放弃最起码的职业责任，必然导致规划无法实施或者导致开发商投资失败，劳民伤财。

另一方面，由于规划主体没有达到相应的资质要求，单一规划编制团队的局限容易使旅游规划缺乏科学合理性，无法承担指导和促进当地旅游业发展的任务，也可能导致旅游规划失灵。按照国家旅游局颁布的《旅游规划设计单位资质等级认定管理办法》规定，从事旅游规划设计业务的甲级、乙级和丙级资质旅游规划设计单位，均需具备旅游经济、市场营销、文化历史、资源与环境、城市规划、建筑设计等方面的专职规划设计人员，其中甲级、乙级和丙级分别要求必须至少有五名、三名和一名专职规划设计人员从业经历不少于三年。表

① 陆相林：《旅游规划失灵的经济学分析及其对策探讨》，《国土资源科技管理》2007 年第 1 期。

② 陆相林：《基于管理学视角的旅游规划失灵分析及对策》，《特区经济》2007 年第 1 期。

面上看，各旅游规划项目的规划人员包含各专业背景的人员，然而在实际规划中，规划项目组的人员构成往往被大大简化，通常是以项目负责人所在单位或其所学学科方面的专家为主，由于多种原因，很少能有多学科的专家参与学科之间、专家之间和部门之间实际的交流和合作，相互间的本位主义现象非常突出。管婧婧认为，旅游规划虚拟团队通过借助电子信息技术可以跨越时间、空间或组织边界的障碍，可以有效解决单一规划团队人力资源不足的问题，可以形成学习型团队，有利于旅游规划的创新和突破，而且具有弹性应变的优势。[①] 但在实际操作中，旅游规划编制方出于成本等多方面因素的考虑，加上对传统模式的依赖，一般很少组建虚拟团队进行旅游规划活动。对于一些小项目，甚至可能出现“一人打天下”的极端情况，规划主持人既是规划组长，也是唯一的规划组成员，一个人包干包括文本撰写和制图工作在内的所有规划工作。

第二，民主和法律制度不完善是造成旅游规划失灵的制度性因素。这体现在以下三个方面：一是缺乏完善的规划实施的评价制度，使规划实施缺乏制度层面的保障；二是权力对知识的干扰使由政府组织编制的、反映政府价值取向的规划方案缺乏科学性；三是由于权力缺乏有效的监督和制约，权大于法使地方政府官员可以随意处置原本具有法律效力的旅游规划文本，规划的实施无法得到保障。正因为民主和法律制度的缺失，导致无法可依、有法不依、执法不严，规划的频繁调整和违反规划现象的发生就在所难免了。

第三，现行政府官员考核制度的不科学是旅游规划失灵的政治性因素。一方面在现行的地方政府官员政绩考核体系中，地方经济的发展状况是其考核的核心内容。在这样的考核机制作用下，地方官员执政方针往往以谋求任期内经济发展的最大化为目标，一些短期内无法取得良好经济效益的旅游规划方案就容易被束之高阁。旅游业是一种高投入高产出的服务产业，投资回报周期长，在现行干部评价考核制

① 管婧婧：《旅游规划虚拟团队初探》，《桂林旅游高等专科学校学报》2005 年第 2 期。

度下，对于只有四五年任期的官员来说，无异于为人作嫁衣裳，地方官员无视旅游规划的法律效力，也成为情理之选。另一方面，继任官员和前任官员在执政理念上的差异也会导致继任者无视前任所做的规划工作。由于规划编制方即乙方与规划委托方即甲方之间的规划委托关系是一种商业行为，乙方往往把甲方要求当作规划编制的标准，而甲方要求本质上是项目所在地的政府官员意志。不同的官员具有不同的执政理念，由于“权大于法”在中国基层政权泛滥的现实，很多时候，换了领导就意味着换了发展思路，前任领导主持下的旅游规划方案被修改甚至被抛弃也成为必然。

总之，旅游规划失灵是一个复杂的制度问题、社会问题和政治问题，决定了克服旅游规划失灵是一个错综复杂的系统工程。首先应改变旅游规划制度，废弃现行的旅游规划编制单位资质的限制，转向个人执业水平的认定。唯其如此，才能充分调动规划人员的积极性，也能刺激大批优秀的规划人才脱颖而出，从而促进旅游规划水平的整体提高。其次，应积极推进全社会的民主和法律制度建设，完善社会主义民主，从根本上消除旅游规划失灵的制度因素。最后，积极推进吏治改革，改变现行干部评价制度的不合理之处，使干部的权力得到有效的制约和监督。

三 旅游“废都”的背后

按照巴特勒的旅游地生命周期理论，随着旅游业的发展，一些旅游目的地必然会逐渐老化，相继进入旅游衰退期，部分旅游目的地的旅游业甚至会从国民经济体系中彻底退出。旅游业的退出将全面而深刻地影响东道主社会和旅游企业等旅游利益相关者，并伴随着一系列经济的、社会的、文化的和环境的“旅游后现象”的产生，极端情况下甚至会使东道主社会经济失力、社会失调、文化失色、环境失衡，沦为旅游“废都”。[①] 李柏文认为，旅游“废都”现象是否产生取决于城镇内外因素博弈的结果，而“社区自我管理能力和文化自

---

① 田里、李柏文：《旅游后现象理论及其实证研究》，《思想战线》2009 年第 5 期。

觉”是防止旅游“废都”现象产生的重要因素。[①] 实际上，旅游“废都”的产生，固然和旅游目的地的产业结构、社区管理能力、文化自觉、环保意识和能力密切相关，但逐级深究会发现，旅游规划在旅游“废都”的形成过程中有着不可推卸的几宗罪。

一是本末倒置，以偏概全。旅游业属于典型的外向型经济，需求弹性大，容易受到外围经济景气指数的影响。作为东道主社会来说，经济结构的多元化程度决定了其社会经济的稳定性和抵御风险的能力。旅游目的地过于依赖旅游业，放弃了辩证的发展观，把外因作为发展的动力，违背“内因是事物变化的根据”这一唯物辩证法的客观规律，是本末倒置的错误做法。一个社会经济多元化程度较低的东道主社会，面对旅游需求的高弹性，必然会导致社会经济发展的高脆弱性和高风险性。在任何时候，旅游业都只能为一个国家和地区的发展锦上添花，只能是地区发展的促进剂和催化剂，是发展的外因和条件，而不是发展的根本决定因素。如果旅游规划人员认识不到这一点，单纯以狭隘的旅游眼光看旅游，或者为了迎合地方政府的短期逐利行为，把旅游业在国民经济发展中的地位和作用提高到一个不适当的位置，东道主社会在旅游需求发生萎缩或者转移时就容易成为旅游“废都”，不仅造成“旅游毁灭旅游”的直接恶果，而且长期来看还会造成地方发展的历史悲剧。

二是唯利是图的规划观。改革开放以来，旅游业以一种产业的身份和地位出现在中国市场经济体系中，而且社会也将其称为最有希望的“朝阳产业”。既然是产业，其价值取向就是以功利性为基本导向，经济属性是第一位的。但是，旅游和休闲本质上是人的一种基本需要，是增进社会福利的重要方面，应该以弱功利性为基本价值导向，社会属性是第一位的。过分强调旅游业的经济属性，势必使旅游业发展陷入唯利是图的恶性循环，无法真正体现旅游的社会属性。综观全世界，各国发展旅游业的动机和出发点不尽相同，采取的开发模

① 李柏文：《旅游“废都”：现象与防治——基于云南国家级口岸打洛镇的实证研究》，《旅游学刊》2009 年第 1 期。

式也大相径庭，其中富裕的国家如美国、加拿大、英国、法国、挪威、日本等，更注意旅游业在政治、文化方面的意义，[①] 社会属性第一，经济属性第二，其旅游开发理念更接近旅游业的本质。例如美国不仅把旅游作为满足国民旅游需求的手段，还把发展国际旅游业作为促进经济稳定、发展友谊与了解、提高国家声誉的手段；英国把发展旅游作为扩大就业的重要途径；日本则把发展旅游，特别是出国旅游，作为提升国民生活品质和改善日本在国际社会中的形象以及改善公民文化素质的手段。欧美发达国家的旅游小镇，不像国内的旅游目的地人满为患，旅游业在当地人的生活中所占比例不大，不会让游客感觉到背后有一双双利欲熏心的眼睛在盯着自己。在这样的开发理念下，东道主和游客都能各得其乐，旅游目的地在看似平淡的时光流逝中实现了可持续发展。

三是单纯追求旅游人次。改革开放以来，中国的旅游业发展掉进了人次论的泥潭，地方政府发展旅游业盲目地追求旅游接待人次，评价官员政绩大小的标准也是旅游接待人次的多少。结果旅游人次倒是上去了，但旅游目的地的社会、经济及生态并没有得到应有的改善和提高，甚至给旅游目的地造成环境污染、经济形势恶化以及文化的不良变迁，为旅游“废都”的生成推波助澜。在 H 乡“男人狂欢节”的旅游规划及开发过程中，吸引尽量多的游客成为当地政府的目标。官方报道称，2004 年男人狂欢节期间共接待游客 4.5 万人，实现旅游收入 150 余万元。[②] 不过，在一位 H 乡本地人看来：

> ……（男人狂欢节那天）野林腹地只见人头见不到树，真是人山人海，……我们 H 乡自古以来就是这一天最热闹了。……据说发请帖请来的贵客逛野林和吃住不交钱，其他人每张门票上印着的交费金额是十五元。至于人家收得多少钱，只有天知地知，我们 H 乡的大头百姓咋会知道。只听到一位知内情的人含糊地漏

---

① 李肇荣、曹华盛：《旅游学概论》，清华大学出版社 2006 年版，第 285 页。

② 数据来源于 P 县旅游局网站。

了一句：创收计划的气泡破了，还倒贴了“黄瓜”几条。我们眼睛看得见的只是野林中不少地方被踏得满地都是灰尘。①

一些思想敏锐的本地人也认为：

任人随心所欲折腾野林造成的恶果是有目共睹的，野林原始生态在持续退化，自然景观逐渐失去迷人的魅力。满怀兴致到野林中猎奇观景的人，已经明显地逐年减少了。②

综上所述，要从根本上防止或者减少旅游“废都”的出现，首先要从根本上扭转传统的旅游发展观，使旅游业回归到彰显社会属性的道路上来。其次，旅游规划人员应该树立全局观和长远观，在名和利面前确保规划道德底线，不能为了一时的名利而附和当地政府的短期逐利行为，违心地为东道主社会建构“毁灭之路”。最后，旅游业应摒弃传统的旅游人次评价政绩观，以社会、经济及生态综合效益作为旅游业开发成败的评价标准。

---

① 饶佐、饶雨亭：《古州遗韵》，中国文联出版社2009年版。

② 同上。

第八章

旅游规划的人类学反思

改革开放以来，中国的旅游规划圈子伴随着旅游业的快速发展，从无到有，从小到大，经历了从功利主义到人本主义的转变，旅游规划圈子的人员构成也由最初的以地理学者为主逐步过渡到涵盖理、工、文、管诸多学科。可以肯定的是，在21世纪，随着科技的进步和社会经济水平的提高，旅游和休闲将越来越大众化和日常化，旅游规划产业将具有巨大的发展空间。不过，随着旅游业发展阶段的深刻转变，旅游业的发展也面临着更深层次的压力和挑战，单纯的自然科学技术手段已经无法解决旅游业发展所面临的问题，旅游规划需要全面引入人文价值理念。通过引入人文价值理念，不仅可以消解功利主义给旅游业发展带来的社会压力，而且也有利于旅游业发挥更大的社会、经济和生态效益。本章的目的就是要在多角度分析旅游规划本质的基础上，讨论旅游规划理论的发展前景以及人类学视野下的旅游规划价值取向。

第一节　旅游规划的本质

一　旅游规划的物理本质

为了对旅游规划的物理本质进行深入探讨，笔者试着引入熵的概念。1850年，德国物理学家鲁道夫·克劳修斯在研究卡诺循环时首次提出熵的概念，熵等于热温比，即 $Ds = \frac{d}{QT}$，反映的是热量传递方向问题，熵增加原理说明的是能量退化规律。后来玻尔兹曼又从分子运动理论的角度，用统计的方法推导出熵的公式，确定熵是反应物质粒子混乱程度的物理量。熵理论表明，系统的熵值直接反映了它所处状态的均匀程度，系统的熵值越小，它所处的状态越是有序，越不均匀；系统的熵值越大，它所处的状态越是无序，越均匀。一个体系的能量完全均匀分布时，这个系统的熵就达到最大值。随着人类科学研究的深入，熵理论不仅在自然科学方面，如物理学、化学、医学、农学、工程技术、宇航、超导、激光、新能源探索中有所应用，还被运用到社会科学方面，如历史、文艺、哲学、教育、经济以至神学中，人们猜测它将揭示自然科学与社会科学本质的某种内在联系。①

1944 年，薛定谔首次提出了负熵说，他认为，负熵就是"取负号的熵，它本身是有序的一个量度"。"一个生命有机体在不断地增加它的熵——你或者可以说是在增加正熵——并趋于接近最大值的熵的危险状态，那就是死亡。要摆脱死亡，就是说要活着，唯一的办法就是从环境里不断地吸取负熵。""有机体就是赖负熵为生的"。② 当一个系统与外界交换物质、能量、信息后，若系统的总熵减小，或者系统的总熵保持不变，或者系统的总熵变小于系统内部的熵增时，就可断定该系统产生了负熵。负熵与正熵两者是辩证统一的关系，在一定条件下可以相互转化，如家禽的粪便，对家禽来说是正熵，可它却能促使农作物茁壮成长，从而成为农作物的负熵。③

后来，人们在研究通信问题时，遇到了量度从某信源发出的信号所含信息量大小的问题。由于信息量的大小与信号源信号的不确定性被消除的多少有关，而这种不确定性与熵的微观解释在思维方法上有类似的地方，即信源的不确定与粒子运动的混乱程度是可以类比的，因此，1948 年信息论的创始人申农（Shannon）引入了"信息熵"概念来描述这种不确定性。申农认为，信息是用以消除随机不确定性的东西。20 世纪 50 年代，在申农信息论的基础上，布里渊、维纳等人

① 陈建珍、赖志娟：《熵理论及其应用》，《江西教育学院学报》2005 年第 6 期。

② 薛定谔：《生命是什么?》，上海人民出版社 1973 年版，第 78 页。

③ 赵佩华：《熵理论与可持续发展》，《现代哲学》1999 年第 4 期。

明确指出“信息即负熵”的观点。[①] 因此，“熵的获得永远意味着信息的丢失，而不是别的”，“熵是一个系统失去信息的量度”（玻尔兹曼语）。[②]

旅游目的地的社会生态系统是一个多成分、多变量、具有耗散结构的开放系统，也必然存在着熵增现象。作为一种智力劳动过程，旅游规划是一项复杂的信息组织、运用及创新活动，表现为人们试图通过知识（信息）来指导旅游地的旅游业发展，最大限度地抵消旅游目的地社会生态系统的熵增，对旅游地的旅游业来说意味着输入一种负熵，以消除旅游业发展过程中的不确定性，本质上是为旅游地寻找、开发、创造负熵的过程。那么，旅游规划能使旅游目的地的社会生态系统逃脱熵增的宿命吗？对此，国内外学者运用“超循环”[③] 理论进行了具体的研究，并都得出肯定的答案：人类社会与自然生态系统完全能够形成一个两者互为对方的负熵的良性循环系统，从而实现人类社会与自然生态系统可持续发展。[④] 超循环理论的研究成果不仅打破了“热寂说”[⑤] 的悲观论调，也为旅游规划的合理性和必要性提供了可靠的物理学依据。旅游业发展到一定阶段，科学合理的旅游规划方案不仅是旅游地竞争获胜的基本保障，而且还是旅游目的地可持续发展的必要条件。

可以肯定的是，长远来看，旅游目的地的旅游业发展所面临的环

---

① 黄沛天、胡利云：《对负熵、信息熵和熵原理等概念之厘清》，《现代物理知识》2004 年第 3 期。

② 程民治：《简论物理学中熵概念的泛化》，《现代物理知识》1997 年第 4 期。

③ 超循环理论是关于非平衡态系统的自组织现象的理论，20 世纪 70 年代德国科学家艾根（Manfred Eigen）在生物化学领域的研究中提出。超循环理论认为：在生命现象中包含许多由酶的催化作用所推动的各种循环，而基层的循环又组成了更高层次的循环，即超循环。艾根在分子生物学水平上，把生物进化的达尔文学说通过巨系统高阶环理论进行数学化，建立了一个通过自我复制、自然选择而进化到高度有序水平的自组织系统模型，以解释多分子体系向原始生命的进化。该理论仍存在争议，但无疑它把系统科学的研究推进了一步。

④ 赵佩华：《熵理论与可持续发展》，《现代哲学》1999 年第 4 期。

⑤ 热寂说认为：宇宙作为一个巨系统，其熵会不断地增加，意味着越来越多的能量不能再转化为有效能，最终一切运动都将停止，宇宙将走向热寂。

境必然越来越复杂，旅游规划面临的挑战也将越来越大。要使旅游目的地的旅游业健康可持续发展，就必须通过从外部引入负熵流，使之在旅游目的地的社会生态系统内部流通、转化、做功，并以各种形式消耗、降低不断增长的系统总熵，使旅游目的地的社会生态系统处于有序状态，并保持相对稳定性。一个好的旅游规划方案能够为旅游目的地输入足够多的有益信息，即负熵，因势利导、趋利避短，最大限度地降低旅游业开发的盲目性，使旅游业发展科学、合理、有序。

二　旅游规划的经济属性

旅游业的经济属性似乎无须赘言，即便是中国的旅游业，1985年后也正式从“事业”转变为国民经济体系中的一个产业。与此相适应的是，作为旅游业的“第一道工序”，旅游规划的经济属性也不言而喻。

首先，旅游规划是市场经济条件下各级政府和旅游开发商作为甲方委托乙方完成规划编制工作的一种市场交易行为。也就是说旅游规划活动本身就是一种经济行为，甲方出钱，乙方提供规划成果。

其次，旅游规划作为旅游业的“第一道工序”，不仅本身是旅游产业的一部分，而且其作用对象也是具有经济属性的旅游产业。作为消费主义背景下的旅游产业，其产业属性决定了旅游规划的经济性特征。

从某种意义上说，旅游规划的物理属性和经济属性使外界对于旅游规划圈子产生了一种信任与怀疑交错的矛盾心理。一方面，旅游规划的物理属性让人们坚信旅游规划需要专家系统的支持，因此对旅游规划圈子产生了一种信任和依赖心理。利用现代化背景下人们对各种专门知识的尊重与信任，旅游规划圈子通过旅游专家系统获得了人们的信任。另一方面，旅游规划圈子的逐利性也让人们对旅游专家系统的权威性产生了怀疑，怀疑旅游专家系统是否会为了经济利益而“背叛”他们所信任的专门知识系统。

对于改革开放后的中国而言，“以经济建设为中心”成了全社会的普遍共识，在全国一片旅游规划热中，各级地方政府及旅游开发企业更多的是强调旅游的经济属性，甚至将旅游业当作贫困地区迅速致富走向繁荣的唯一“捷径”，那些景色优美的景区景点马上摇身一变，从全民共享的开放空间变成仅供有钱人享用的专属乐园。应该说，改革开放以来，特别是20世纪90年代后期以来，中国旅游业高速增长导致的旅游资源恶性消耗、环境破坏和旅游地生命周期短暂，主要原因就是旅游的经济属性被抬高到了一个畸形的高度，旅游规划在其中充当了推波助澜的角色。中国的旅游业发展到今天，是重提和重视旅游业社会属性的时候了。对于整个社会而言，旅游规划最重要的不是其经济属性，而是其社会属性。

三　旅游规划是一种社会公器

顾名思义，“社会公器”有“社会公共器物”的含义，是指在社会系统中，以维持社会公共秩序、维护社会公共利益为根本目标的组织形态、规则、机制和制度，具有公共性和工具性双重属性，而公共性是其根本属性。[①] 基于这样的理解，可以说，所有为社会公众及全人类谋福利的事业，都是在打造社会公器。旅游规划表面上只是甲乙双方之间的一种市场行为，但由于旅游规划的对象是具有公共性质的旅游目的地，终极目的是服务于社会公众（包括东道主和游客），因此本质上应该是一种为社会公众提供旅游服务并使相关利益主体公平受益的实践活动，具有典型的公共服务性和社会共享性，是一种社会公器。

第一，旅游资源属于公共资源，具有典型的公共性特征。人类只有一个地球，在众多的旅游资源中，自然景观资源是大自然历史变迁的结果，人文景观资源则是人类文明的遗存，不应该属于某个个人或者团体。旅游资源存在所依托的土地资源本身也具有公共性特征，特别是在社会主义中国，土地资源属于国家或集体所有，其所有权本身就具有公共特征。即使在以私有制为特征的资本主义国家，像国家公

① 高炜：《社会公器与新闻媒介》，《内蒙古大学学报》（人文社会科学版）2008年第1期。

园、历史纪念地等都是一种公共资源，公益性是其主要特征。

第二，旅游产品具有公共产品属性。在公共经济学中，公共产品（Public Goods）是指同时具有两大基本特征的产品——即消费的非排他性（Non-excludability）和消费的非竞争性（Non-rivalness）。所谓非排他性是指产品的消费效用在不同的消费者之间不能分割，任何人都可以无偿使用；所谓非竞争性是指当使用某种产品的消费者不断增加时，不会影响原有消费者对该产品的消费。[①] 比如，旅行社推出的旅游线路产品就是一种具有非排他性和一定范围内非竞争性的公共产品；免费的博物馆、科技馆、革命教育基地等旅游产品也是一种具有公共产品属性的“公益性旅游产品”。

第三，旅游业影响面的广泛性决定了旅游业具有公共服务性和社会共享性。旅游业的受益主体包括游客、东道主、旅游开发商和地方政府，不仅各利益主体要获得经济效益，而且还要产生良好的社会效益和生态效益。在旅游业发展早期，旅游业的经济属性被过分强调，生态属性和社会属性被有意无意地忽略，特别是社会属性，直到今天在很多发展中国家都仍未得到足够的重视。实际上，早在1980年的《马尼拉世界旅游宣言》中，就已将公民的旅游、度假和休闲权看作基本人权的组成部分，呼吁各国通过立法来保障实现这一权利。发达国家的旅游业实行低价门票政策，就是政府通过财政补贴旅游，实现其公益属性的一种表现。在2009年12月国务院出台的41号文件中，对我国发展旅游业作了明确的定位，即“战略性支柱产业”和“人民群众更加满意的现代服务业”，初步体现了中国旅游业的公益性发展方向。

第四，旅游规划作为旅游业开发的“第一道工序”，旅游资源、旅游产品以及旅游业的公共产品属性决定了旅游规划的公益属性。旅游规划是旅游产业链条上的第一环，以开发旅游资源、向旅游市场推出旅游产品为手段，以旅游业可持续发展为最终目标，通过使各利益

---

① ［美］保罗·萨缪尔森：《经济学》，萧琛译，人民邮电出版社2008年版，第13页。

主体公平受益，使旅游目的地经济、社会、生态协调可持续发展从而实现其"公共性"。因此，旅游规划的公益属性和工具属性，本质上是旅游产业公共性的内在要求。

旅游规划作为一种社会公器，承担着为社会提供公共产品的责任和任务，特别是在实行政府主导型发展策略的当代中国更是如此。虽然旅游业发展离不开开发商的支持，但是，从根本上说，旅游业发展所依托的有形资源（旅游资源、基础设施、服务设施等）和无形服务（法律、政策和秩序）都是花费纳税人的税款，由公共权力部门提供的、服务于社会公共利益的物品或服务，旅游业提供的也是具有公共消费品性质的旅游产品和服务。旅游规划热的背后，实际上是旅游产品和服务作为一种公共消费品的短缺所造成的社会现象。从这个意义上说，旅游规划不能也不应该成为利益集团和少数人损害公众利益的私器，而应该回归其社会公器本质，承担应有的角色职能和社会责任，这既是社会发展的客观要求，也是旅游规划圈子可持续发展的客观需要。

第二节　旅游规划的理论体系

一　旅游规划的学科地位

学科是指学术和教育门类的科别或属性区分。[①] 由于人类社会的知识体系日趋复杂化，基于整理、学习和传承的需要，对知识分类的要求迫切和实在。无论是中国古代的"六艺"[②]，还是古希腊的"七艺"[③]，都是一种知识分类体系，已经初步具备了现代学科分类的雏形。在古今中外的知识分类体系中，有按照知识的经济属性、教育属性、科研属性、形态属性、研究方法和结构体系分类的，也有按照知

① 栾栋：《人文精神与学科建设》，《华中师范大学学报》1996 年第 6 期。

② 中国古代儒家要求学生掌握的六种基本才能：礼、乐、射、御、书、数。

③ 指逻辑、语法、修辞、数学、几何、天文、音乐七门学科。

识的哲学属性分类的，还有按照自然现象分类成社会现象分类或按照学科未来的发展趋势分类的。自德国哲学家威廉·狄尔泰提出知识的二分法以来，将人类知识划分为自然科学和人文社科的学科分类方法成了全世界最通行的做法。以二分法为基础，有学者又提出了三分法，将人文学科从社会科学中分离出来，把学科划分为人文学科、自然科学和社会科学三大类。[①] 1998 年中国教育部颁布的《普通高等学校本科专业目录》把学科专业分为哲学、经济学、法学、教育学、文学、历史学、理学、工学、农学、医学、管理学 11 个基本学科门类。2012 年正式执行的第四版《普通高等学校本科专业目录》在 1998 年修订版的基础上增加艺术学，一共有 12 个基本学科门类。[②]

时至今日，在我国现行的学科分类体系《学科分类与代码 GB/T 13745 - 2009》、学位管理体系《学位授予和人才培养学科目录（2011 年）》以及《中国图书馆分类法》（第四版）中都没有设置旅游学学科。在《学科分类与代码表 GB/T 13745 - 2009》中的 62 个一级学科、676 个二级学科、2382 个三级学科中，与旅游研究相关的只有一个二级学科——旅游经济学（代码 79067）和一个三级学科——旅游地理学（代码 1704539）；在《学位授予和人才培养学科目录（2011 年）》的 110 个一级学科中，没有和旅游相关的学科设置；在《中国图书馆分类法》（第四版）的 22 个大类中，也无旅游学一类。作为上游学科的旅游学都还没有得到一个社会公认的学科“名分”，处在下游的旅游规划更是可想而知。

那么，旅游规划到底算不算一个学科？算一个单独的学科还是已有学科的子学科？应该说，国内外的任何学科划分体系都不可能成为绝对的标准，只能提供一种现实的参考，仅代表当时的社会需求和关注点。不同的经济发展水平、科学技术水平和文化价值观等多方面因素，决定了不同的学科划分标准和体系。在每一种学科划分体系中，

---

① 栾栋：《三大学科群方法问题沉思录》，《华中师范大学学报》（人文社会科学版）2001 年第 4 期。

② 刘昊：《学音乐舞蹈改授“艺术学士”》，《北京日报》2010 年 12 月 18 日第 6 版。

反映了不同社会所看重的“基本学科单位”。从科学发展的角度看，随着人类知识体系的复杂化，学科发展出现了从高度分化走向交叉综合的发展趋势，单一的典型学科统治时代势必被交叉学科时代所取代，21 世纪将是一个交叉科学时代。

由于旅游规划涉及旅游学、经济学、管理学、地理学、生态学、人类学、社会学、心理学、历史学、考古学、风景园林学等学科知识，具有典型的学科交叉性质，要将旅游规划归入某一已有学科存在很多问题。这一点从全国各高校的旅游规划专业设置情况就可以看出来，各高校不同学科背景的院系都有设置旅游规划专业的情况，涵盖经济学、管理学、地理学、生态学、农学、历史学和文学等学科背景。旅游规划学虽然已经具备独立的学科属性，但就目前旅游规划的发展和研究规模来看，旅游规划学还远远没有成为一个独立的基本学科门类，只是一个新兴的以管理学、旅游学和规划学为主的交叉研究领域。即便是旅游学和规划学，目前也没有足够的支撑成为一个独立的基本学科门类。不过，随着人类规划意识的提升，可以预见，包括各种硬规划（园林规划、城市规划等针对具体的物质世界的规划）和软规划（社会发展规划等针对抽象的社会范畴的规划）在内的规划学学科地位将日益彰显，最终有望独立成一门独立的二级学科甚至是一级学科。长远来看，旅游规划学科依托自然科学、社会科学和人文学科的研究成果，将成为一门融合管理学、旅游学与规划学的独立的边缘学科和交叉学科。

二 旅游规划的方法体系

旅游规划是一项复杂的活动，是“技术过程、社会过程和政治过程的统一”，不仅涉及大量社会科学方法，而且还需要利用自然科学方法来帮助认识、分析、解决规划中的问题，这两个领域的学科和理论通过概念、变量、原理、陈述这一系列抽象的形式建构，以规划学为中心，涉及经济、环境、人文三大理论板块的建构，已初步形成哲学、科学和技术三个层次的旅游规划理论体系和方法体系。哲学层次的旅游规划理论及方法，为理论体系的发展及其本质特征提供根本方法和最一般的理性认识；科学层次的理论及方法，为旅游规划理论体系的发展提供了环境、形式和内容范畴的理性认识；技术层次的理论及方法则提供把握旅游发展的实践原则与途径。[①] 因此，旅游规划方法总体上是一个由不同层次、不同类型方法构成的综合体系，它既包括了战略思想的层次，也纳入了大量应用技术方法，并在规划的不同阶段被广泛地使用。[②]

哲学层次的理论及方法从宏观层面对旅游规划进行定位，往往决定着旅游规划的“境界”是否高远，具有影响旅游规划成败的根本作用。这样的理论及方法一般都是以学术创新的方式出现并逐渐得到业界认可，如俞孔坚教授的“反规划”理论和“白话景观”理论，吴必虎教授的环城游憩带（ReBAM）理论和“1231”工程模式理论，还有同济大学刘滨谊教授的“三元”理论和“三力”理论，宁波远见袁健“三轴”理论等。这些理论为旅游规划注入了全新的理念，是根本性的旅游规划理念和方法。

科学层次的理论及方法主要解决旅游规划过程中某一特定的理论问题，介于哲学层次和具体的技术层次之间，包括旅游系统及其发展的理论、旅游规划评价理论、预测理论、模拟理论、决策理论等，如旅游地生命周期理论、旅游动机理论、景观生态学理论、区位理论、劳动地域分工理论、4C 营销理论、旅游地吸引力模型、态势分析法（SWOT 分析）、层次分析法等。

技术层次的理论及方法是针对某一特定的技术问题，指导哲学和科学层次的理论及方法物化为技术。作为旅游规划技术操作过程的理论依据，旅游规划技术主要来源于三大方面，即科学理论层面的具体化、相关学科理论与技术的应用化以及对旅游规划实践的经验归纳，[③] 如旅游资源调查中的卫星遥感技术，市场调查中的问卷调查法、专家

① 吴人韦：《旅游规划理论的发展》，《城市规划汇刊》2000 年第 2 期。

② 唐代剑、池静：《旅游规划方法研究进展》，《北京第二外国语学院学报》2005 年第 3 期。

③ 吴人韦：《旅游规划理论的发展》，《城市规划汇刊》2000 年第 2 期。

意见法，制图过程中的地理信息系统辅助制图技术、三维动画技术，数据处理的SPSS软件分析技术、时间序列法等。

拥有系统的研究方法论是一门学科成熟的标志之一。随着旅游规划的学科地位逐步确立和凸显，旅游规划的理论及方法将更加系统和完善，旅游规划研究方法论的系统和完善，又会反过来促进旅游规划学科地位的确立。

三 旅游规划学科的未来

大众旅游发展到今天，旅游活动本质上还是一种“神圣的旅程”，是对日常世俗生活的一种“出轨”。一旦我们的生活变得普遍休闲化，旅途不再是“神圣的旅程”，会不会导致“旅游的终结”？日常化的休闲体验会不会让人产生“饭后思味，则浓淡之境全消”的疏离感？笔者对此抱有乐观的态度，毕竟，“浓淡之境全消”也只是针对“酒足饭饱”的即时状态，不用多久，饥饿感就会重新袭来，一时的“饱食”并不意味着美食的终结。事实上，长远来看，人类对欲望的“满足感”永远都只是暂时的，欲望将生生不息，美食不仅不会终结，“饱食终日”的状态反而会促使人类对美食提出更高的要求。同样的道理，休闲的普遍化也不会导致旅游的“终结”，只会刺激人们追求更高品质的旅游和休闲生活，对旅游规划提出更高的要求。

因此，我们有足够的理由相信，旅游产业拥有坚实的社会需求背景，不会因为休闲的普遍化而导致旅游及旅游规划的衰落。旅游规划学科所面临的挑战，不是存废问题，而是如何根据环境变化进行自我调整的问题。旅游规划圈子需要关注的是规划技术和方法如何与时俱进的问题，如何使旅游规划能够在面对旅游业发展越来越复杂化的情况下输入足够的信息负熵，保证旅游业的可持续发展。

旅游规划学科的未来发展空间取决于旅游规划的理论研究和规划实践两个方面。一般来说，从事旅游规划理论研究的学者往往都具有丰富的旅游规划实践经验，因此我们可以认为旅游规划的理论研究和规划实践具有统一性。旅游规划理论研究取得的重大进展，将直接体现在旅游规划的实践中，表现为旅游规划水平的提高；旅游规划实践层面的创新也将直接促进旅游规划理论的进展。因此，旅游规划学科要取得大发展，就必须在理论和实践两方面同时进步，互相促进。

对于旅游规划人员来说，在具体的旅游规划实践过程中，应根据资源和市场的特殊性，充分运用多学科知识进行规划创新，并及时总结经验，促进旅游规划理论的不断进步。旅游规划人员处在旅游业的"第一道工序"上，如果无法适时地发现和捕捉市场潜在的旅游需求，不能提出满足这种需求的对策和方案的话，将直接导致旅游业"输在起跑线上"。对于主要进行旅游规划理论研究的学者而言，仅仅停留在思辨的层面进行理论探讨是不够的，旅游规划理论与实践的不可分割性决定了旅游规划的理论研究要从实践中来，接受旅游规划市场的检验，通过实践反复锤炼旅游规划理论，使理论更趋完善，更切合实际。

第三节　旅游规划的价值取向

一　旅游规划的弱功利性

从历史上看，在不同的时期，旅游规划或类旅游规划（如园林规划等）具有不同的功能需求和价值取向（表8-1），既有强经济功利性的，也有弱功利性的。[①] 改革开放初期，人民群众日益增长的物质文化需要同落后的社会生产之间的矛盾成为中国社会的主要矛盾，其中物质匮乏是矛盾的核心，"以经济建设为中心"的工具理性因此自然而然地成了整个社会的主流价值观。旅游业一下就从事业变成了一项重要的经济产业，并且被各级地方政府当成是"一本万利"甚至是"无本万利"的买卖，旅游的本质——社会属性往往成为一种装饰，一种对外宣传的"标签"，成为掩饰唯利是图的美丽外衣。不过，随着改革开放的不断深入，中国社会生活的主要矛盾已经逐渐由

① 叶文、谢军：《旅游规划的价值取向》，《人文地理》2003年第6期。

私人品的匮乏转到公共品的匮乏，[①] 唯利是图的工具理性受到越来越多的质疑。另一方面，随着生态价值观、可持续发展观的日渐深入人心，人们也逐渐形成这样的共识：旅游业本质上是满足人类基本需要的公益性行业，[②] 是一种人性的回归，旅游规划的目的是为人类提供一种休闲空间，为东道主和游客建构一个平等互惠的交流平台。

表 8－1　不同历史时期旅游规划（园林规划）性质对比

类型	经济功利性	产业时代	服务对象	功能	指导理论	拥有者	创造者
私家园林	弱	农业时代	贵族阶层	审美休憩	艺术美学	贵族	工匠
城市公园	弱	工业时代	城市大众	绿化环境、休憩	园林美学	政府	园林规划师
旅游地	强	工业—后工业时代	旅游者	旅游	商品美学	投资者	旅游规划师
休闲地	弱	后工业时代	大众	休闲康乐	环境美学	大众	休闲规划师

资料来源：叶文、谢军：《旅游规划的价值取向》，《人文地理》2003 年第 6 期。

理论上，旅游规划的社会公器属性决定了旅游规划的弱功利性，其最终目的是要取得可持续的整体利益最大化，而不是眼前物质上的功效和利益。但是在现实情况下，规划人员在制定旅游规划时会受到来自政府、开发商、旅游者、当地社区居民等不同利益主体的压力，不同利益主体为了满足自身利益而从各自的角度出发给规划人员提出了不同的要求，“可持续的整体利益最大化”往往只是一种理想。如果规划人员单纯屈从于政府的利益，规划的价值取向就会服务于政府的政治目标；如果规划人员完全向旅游开发商妥协，那么获取最大的经济利益就是其价值取向的基本原则；如果规划人员较多地考虑到旅游者的利益，可能导致一味迎合消费者，最终弄得无所适从；如果过分偏袒东道主社区利益，可能会直接损害旅游者权益，导致旅游体验质量下降。因此，为了兼顾各方利益，规划人员在进行旅游规划设计时，其价值取向往往需要进行综合考虑，但也绝对不是整体效益的最

① 杨鹏：《中国社会当前的主要矛盾是什么》，《中国青年报》2005 年 11 月 16 日《冰点》。

② 同上。

大化，而是各种力量博弈的结果，是一种妥协和折中。这就要求旅游规划者在进行旅游规划的编制过程中，尽可能地避免非理性的传统行为和情绪化行为，以价值理性为体，工具理性为用，[①] 站在历史的维度看，树立“吾离今人远，而离后人近”的旅游规划学术自信、超前意识和休闲价值取向，[②] 并在实践中予以应用。另一方面，基因在生物学意义上的自私性表明，指望依靠道德体系维持社会规则必然行不通，要实现多利益主体公平受益的规划取向，仅仅依靠旅游规划者的个人修养是远远不够的，必须制定公平合理的游戏规则，通过程序的公平正义来逐步实现内容的公平正义。

二　旅游规划的发展趋势

进入 21 世纪，中国的城市化进程加快，旅游业朝着更加大众化和普及化的方向快速发展，旅游规划市场面临着巨大的发展机遇。对于中国的旅游规划圈子而言，需要思考一个问题：在 21 世纪，中国的旅游规划将如何发展？圈子中的各方应如何应对？魏小安将旅游规划的未来发展归纳为十大趋势：规划需求的普遍化、规划产品多样化、专家学科多样化、组织模式多样化、规划趋向的差异化、规划核心人本化、开发保护一体化、技术手段全面化、规划人才国际化以及规划市场规范化。[③] 吴人韦则认为，旅游规划进一步发展的四大趋势是：从目标优化走向系统优化，从部门规划走向整合规划，从规划文本走向过程和参与，从经济效益走向可持续发展。[④] 笔者认为，十大趋势也好，四大趋势也罢，21 世纪旅游规划的进一步发展，本质上是旅游规划专家系统进一步全球化的过程。

我国现阶段的旅游规划理念仍然属于政府主导体制下的专家规划

---

① 张瑛：《民族旅游的工具理性和价值理性与管理的作用——以云南少数民族旅游开发为典型案例》，《广西民族研究》2006 年第 1 期。

② 叶文、谢军：《旅游规划的价值取向》，《人文地理》2003 年第 6 期。

③ 魏小安：《中国旅游规划发展的现状与趋势（一）》，http：//weixiaoan. blog. sohu. com/ 109067112. html，2011 年 2 月 28 日。

④ 吴人韦：《旅游规划的发展历程与趋势》，《旅游科学》1999 年第 4 期。

范畴，针对目前专家规划中存在的问题与缺陷，彼德·M. 彭斯的“第三条道路”[①] 规划理念值得借鉴。“第三条道路”的核心理念是“没有义务就没有权利”，包括“从实用主义角度对全球化进行积极的理解；评估旅游产业在人类可持续发展过程中的作用；建立旅游体系与机制必须考虑地方—全球的参与与合作；消费模式及其对目的地社会文化的影响”。[②]

按照 Jean Gottmann 的观点，合理的旅游规划通过内化于旅游发展的过程，可产生七大作用，包括：吸取历史教训，确定合理的发展目标，调节旅游系统的结构，促进相邻产业间的整合，修正发展偏离，增强环境变化适应性，维护旅游系统的稳定。合理的旅游规划将指引旅游系统不断地规避风险，正确地走向上升性的演化历程。[③] 吴人韦认为，旅游规划至少应体现出五大社会功能：（1）旅游规划要为旅游系统注入正反馈、前馈和负反馈机制，为旅游系统提供良好的发展框架，以避免自然演化的旅游系统所必经的粗放型、随机型、破坏性、波动性的发展道路。（2）旅游规划要在充分研究旅游系统内部条件和外部市场环境可能性的基础上，为该旅游系统确定既理想又可达的发展目标，特别是投资效益目标的可达性、生态环境保育目标的可达性及社会发展目标的公正合理性。（3）旅游规划应能合理调动社会经济系统中已有的支持力量，或组合、创建新的支持力量，指导和强化有关各方的协同关系，降低成本，提高效能，以缩小产品质量、产业能力、市场可接受价格之间的差距。（4）旅游规划要顺应规划目标本身的随机变化甚至跳跃性变化这个现实，为旅游规划的实

---

① 最早提出“第三条道路”理论的是英国伦敦经济学院院长安东尼·吉登斯（Anthony Giddens）。他在 1994 年出版了《超越左与右》（*Beyond Left and Right*）一书，对社会经济的“保守主义”和“新自由主义”进行了分析和批评，试图构建一种既包含“左”也包含“右”的独特的思想体系。1998 年 5 月，吉登斯又出版了《第三条道路：社会民主主义的复兴》（*The Third Way: the Renewal of Social Democracy*）一书，从理念上构建了“第三条道路”理论。

② Peter, M., Burns, “Tourism Planning: A Third Way”, *Annals of Tourism Research*, 2004, (31): 26—38.

③ 转引自吴人韦《旅游规划的定位与定向》，《人文地理》2000 年第 2 期。

施过程留有必要的弹性空间，并主动、及时地调整规划本身，使旅游系统的实际发展，能够不断地缩小与目标的距离以及方向偏差。(5) 旅游规划要协调与解决在市场经济条件下通常无法自动解决，或难以局部解决的一系列矛盾，如环境成本的外在化、不可再生资源的损耗、垄断经营等，以维护生态环境秩序、社会文化秩序和经济竞争秩序，不断储备后续发展的资源条件及增长动力。①

对于甲方而言，随着旅游业发展的进一步深化，对旅游规划的需求、参与及实施也应该朝着更加理性的方向发展。首先，对旅游规划的作用和预期应该有理性的认识，不能指望旅游规划“包治百病”。旅游规划方案是基于规划对象客观条件限制的有限创新，旅游规划对当地旅游发展的促进作用，首先取决于规划对象的“先天素质”。一个资源品位不高、位置偏远、可进入性差、社会经济发展水平又不高的地方，指望单纯地靠一个旅游规划就使旅游业发展走上“康庄大道”，显然不现实。其次，甲方不仅应当充分参与旅游规划过程，反映自己的诉求，而且应该创造条件让各相关利益主体也参与其中，使旅游规划方案能够充分反映各方诉求，实现旅游规划方案的可操作性和旅游业开发的可持续性。最后，没有实施，再好的规划也没有意义，甲方对旅游规划应抱着“始于需要，止于实施”的态度。虽然旅游规划的目的五花八门，有完成政治任务的，有立项要钱的，也有补办手续的，不一而足。不过，无论什么目的，如果规划方案只是“墙上挂挂”的话，即便从甲方角度已经实现了其目的，但也使旅游规划偏离了方向，长此以往将不利于旅游规划的发展，不利于旅游业的健康可持续发展，最终损害的也是全社会的整体利益。

三　超越现代性的旅游规划观

吉登斯认为，在资本主义、工业主义、监督制度和军事力量四个

① 吴人韦：《旅游规划的基本功能》，《地理学与国土研究》2000 年第 2 期。

制度性维度[①]的影响下，现代性得以在全球范围内加速发展和扩张，并使现代社会陷入经济增长机制崩溃、生态破坏及灾难、极权主义扩张、核冲突及大规模战争[②]的风险之中。为了驾驭现代性这头“猛兽”，我们需要通过“解放的政治”[③] 和“生活的政治”，创造出乌托邦现实主义的模式来，[④] 或者说我们需要一种共产主义的价值观，实现一种超越现代性风险的“后现代”社会。

现代大众旅游业作为一种现代性的后果，在商品化和标准化的道路上越走越远，逐渐偏离了其本质：公益性。大众旅游业的全球化，一方面展示了现代性的优越性，另一方面也暴露了现代性的弊端，使一种超越现代性的“后现代旅游”逐渐获得广泛的认同和发展。后现代旅游拒绝过分依赖技术理性和工具理性，排斥传统大众旅游的过分商业化，是一种回归旅游业公益属性的新型旅游行为方式、旅游价值观和旅游发展模式。传统大众旅游业超越现代性的发展转型，使作为旅游业“第一道工序”的旅游规划也面临着价值取向的转变，需要通过“正本清源”，实现旅游规划的社会公器属性，为旅游业回归其公益属性保驾护航。

不过，旅游规划能在多大程度上表现出其作为社会公器的意义和作用，取决于方案的编制和实施是否公平合理。要实现旅游规划编制和实施的公平合理，就要求其编制者及其实施者应超越旅游产业经济

① 按照吉登斯在《现代性的后果》中提出的观点，资本主义之所以具有强大的全球性影响力，正是由于它是一种经济秩序，而不是一种政治秩序；在现代性条件下，工业主义是现代人类与自然相互作用的主要方式；监督制度指现代社会无所不在的注视/监视的建制力量，包括直接的监督和间接的监督；军事力量是指现代国家通过暴力工具的成功垄断，实现对市民权威所具有的内在霸权的一种间接性支撑。

② ［英］安东尼·吉登斯：《现代性的后果》，田禾译，译林出版社 2000 年版，第 150 页。

③ 吉登斯认为，解放的政治指的是激进地卷入从不平等和奴役状态下解放出来的过程，笔者理解为一种社会革命；而生活的政治指的是激进地卷入进一步寻求完备和令人满意的生活可能性的过程，笔者理解为个体的完善和自由。

④ ［英］安东尼·吉登斯：《现代性的后果》，田禾译，译林出版社 2000 年版，第 135—137 页。

属性的传统思维模式，以一种价值至上与社会良心的姿态，“为天地立心，为生民立命，为往圣继绝学，为万世开太平”①，体现终极关怀的人文精神。本质上，旅游规划的根本目的应该是基于东道主社会和谐幸福的前提下，追求多目标（生态目标，社会目标、经济目标）和谐发展，为旅游地建构多主体（包括生态系统、游客、东道主、旅游开发商、政府）互生共赢的发展系统，并最终促进全人类福利的可持续发展。

首先，旅游业开发应该是生态、社会及经济目标和谐并存的可持续过程，其中生态是基础、社会目标是体，经济目标是用。随着人类生存环境的复杂化，使旅游业发展所面临的困境也不可能是单一的。良好的生态环境不仅是旅游业发展的基本条件，而且还是地球上一切生命系统得以延续的基本保障，因此，无论是今天还是遥远的未来，保持生态平衡永远是旅游规划首先应该关注的核心问题。旅游开发的社会目标和经济目标，说到底还是价值理性和工具理性之间的关系。追求经济目标是现代性条件下工具理性膨胀的必然产物，但工具理性过分膨胀，价值理性相对暗淡将会打破价值和工具间的二元平衡。② 因此，在旅游规划过程中，工具理性应以价值理性为导向，既要注重实际利益，又要坚持美好的价值追求，以实现旅游业的可持续发展。

其次，旅游规划要为旅游地建构多主体（包括生态系统、游客、东道主、旅游开发商、政府）互生共赢的发展系统。如前所述，旅游开发涉及多利益主体，因此旅游规划必须平衡和协调各利益主体之间的利益得失，特别是关注被传统大众旅游一直忽视的“沉默的利益主体”——旅游地的生态系统。大自然在人类面前虽然是沉默的一方，但它就像一面镜子，人类的每一举动都会精准地反馈到人类身上。人类友好，大自然报以微笑；人类不负责任地贪婪索取，大自然就毫不留情地用自然灾害作为回报。因此，即便出于一种“高尚的自私”，

---

① 张载：《张载集》，中华书局 1978 年第 1 版，第 320 页。

② 张瑛：《民族旅游的工具理性和价值理性与管理的作用——以云南少数民族旅游开发为典型案例》，《广西民族研究》2006 年第 1 期。

作为主动的利益主体，人类也有责任和义务为“沉默者”说话，关怀大自然，具体表现在关注受旅游开发影响的动植物权利。长远来看，人类的这种出于自私目的的“关怀”，受益最多的还是人类自己。至于人类主体之间的互生共赢，主要是一种政治权力的博弈和平衡，但旅游规划者应尽量避开权力、利益和情绪的干扰，站在中立者的角度为旅游地开发制定“游戏规则”。

最后，旅游规划最终要能够促进全人类福利的可持续发展。人类历史已经充分证明，和其他物种一样，人类本质上也是一种自私自利的物种。几千年来，中国古老的文化传统一直主张对大自然心存敬畏，与自然和谐相处，这种大智若愚的智慧，要么是出于对自然规律的洞悉而产生的明智之选，要么就是科技落后导致的无奈权宜之计，要么二者兼而有之。不过，无论哪一种可能，都是人类谋取自身福利最大化的表现，是一种或有意或无意的“高尚的自私”。从人类的角度出发，人类的政治、经济、文化活动，都是为了人类作为一个物种的可持续发展，都是为了谋取更多更好的全人类福利，旅游规划活动自然也不例外。

结　语

罗伯特·墨菲曾经这样写道："我们人类学家是以科学的名义写作挽歌。"[①] 本书作为国内第一份带有探索和实验性质的旅游规划民族志，是旅游规划圈子的一份自我反思和自我批判的文本，书中批判的地方多，赞扬的地方少，并不是因为笔者"为赋新词强说愁"，更不是有意哗众取宠，而是人类学的反思性决定了文本特殊的写作方式。如同刮骨疗伤一样，这种自我反思和自我批判并不意味着笔者对旅游规划持有简单的否定态度。恰恰相反，笔者作为同时涉足旅游规划和旅游人类学的新学人，无论是对旅游人类学理论还是对旅游规划实践，都涌动着一股发自内心的激情和热爱，"爱之深"，所以才"责之切"。作为从事旅游研究和旅游规划实践的学者，笔者希望并且也相信旅游规划的民族志永远不会成为旅游规划的挽歌，而仅仅是我们在旅游消费时代自我激励、自我批判和自我反思的工具。

在现代性全球化的今天，权力、知识和财富作为统治人类世界的三种根本力量，其中权力和财富就像拥有巨大能量的洪水，知识则是能够防止洪水泛滥的河流堤坝。或者说，在现代性全球化的背景下，权力和财富是统治人类世界的硬件，恰如人的身体；知识则是软件，恰如人的灵魂。旅游规划作为现代性的权力、知识和财富共同作用下的产物，三者的关系决定了旅游规划的性质和方向。人类的历史表明，权力和财富必须在知识的规范和引导下才能造福于人类。权力和财富主导下的旅游规划观，将使旅游规划失去正确的方向，成为为权力和财富张目的工

① 詹姆斯·克利福德：《论民族志寓言》，康敏译，见詹姆斯·克利福德及乔治·E. 马库斯编《写文化——民族志的诗学与政治学》，商务印书馆2006年版，第155页。

具，其结果将如同洪水泛滥，导致旅游目的地"生灵涂炭"，社会偏离正义和公平的轨道。权力和财富所构成的"野蛮的身体"，必须在知识这一"文明的灵魂"的规范和引导下，才不至于恣意妄为，泛滥成灾。

回首旅游规划的前车之鉴，展望未来的各种风险和可能，我们都没有理由对旅游规划的前途感到灰心。即便历史写满了教训，未来荆棘丛生，笔者仍然坚信，"沉舟侧畔千帆过，病树前头万木春"，旅游永远是值得人类珍惜的并不多的几种美好事物之一，值得全人类为之而坚守，我们因此也有充分的理由为旅游和旅游规划的明天充满信心。为了坚守人类这份难得的美好，对于旅游规划的编制者及其实施者而言，使各相关利益主体能够共享旅游业发展带来的好处的同时，尽量规避各种旅游业开发风险，不仅是其职业技术要求，更是对人类发展的一份责任和担当。笔者坚信，只要旅游规划圈子能够形成超越自身利益的传统和文化，以宽广和长远的眼光进行旅游规划的实践活动，时刻惕厉，避免成为赫伯特·马尔库塞（Herbert Marcuse）所谓的"单向度的人"，勇于、善于进行自我反思和自我批判，就一定能实现旅游规划圈子的可持续发展，并使旅游活动成为推动人类社会和谐幸福的强劲动力，最终实现"各美其美，美人之美，美美与共，天下大同"① 的理想社会。

---

① 费孝通：《"美美与共"和人类文明》，《费孝通九十新语》，重庆出版社2005年版，第316页。

主要参考文献

1. Block M. , "Symbols, Song, Dance and the Features of Articulation: Is Religion An Extreme Form of Traditional Authority", *European Journal of Sociology*, 1974: 15 (01) .

2. Butler R. W. , "The Concept of A Tourist Area Cycle of Evolution: Implications For Management of Resources", *Canadian Geographer*, 1980.

3. Cairncross F. , *The Death of Distance*, London: Orion, 1997.

4. Center for Civic Education, *National Standards for Civics and Government*, Calabasas, Calif: Center for Civic Education, 1994.

5. Daniel J. Boorstin, *The Image: A Guide to Pseudo-events in America*, New York: Atheneum, 1987.

6. Darya Maoz, "The Mutual Gaze", *Annals of Tourism Research*, 2006, 33 (10) .

7. Frank A. Salamone, "Authenticity in Tourism: The San Angel-inns", *Annals of Tourism Research*, 1997, 24 (2) .

8. Freeman R. E. , *Strategic Management: A Stakeholder Approach*, Boston: Pitman, 1984.

9. Hans Jonas, "The Nobility of Sight: A Study in the Phenomenology of the Senses", *Philosophy and Phenomenological Research*, 14 – 4 (1954).

10. Jafar Jafari, *Encyclopedia of Tourism*, London: Routledge 11 New Fetter Lane, 2000.

11. Klaus Westerhausen, *Beyond the Beach: An Ethnography of Modern Travellers in Asia*, Bangkok (Thailand): White Lotus Press (Studies

in Asian Tourism Series, No. 2), 2002.

12. L. L., Wynn, *Pyramids and Nightclubs: A Travel Ethnography of Arab and Western Imaginations of Egypt, from King Tut and a Colony of Atlantis to Rumors of Sex Orgies, Urban Legends about a Marauding Prince, and Blonde Belly Dancers*, TX: University of Texas Press, 2007.
13. Lacan, J., *The Four Fundamental Concepts of Psycho-analysis*, London: Penguin Books, 1979.
14. Lewin K., *Field Theory in Social Science: Selected Theoretical Papers*, Westport, Conn: Greenwood Press, 1975.
15. Lin Nan, *Social Capital: A Theory of Social Structure and Action*, Cambridge: Cambridge University Press, 2001.
16. Malam, Linda, "Bodies, Beaches and Bars: Negotiating Heterosexual Masculinity in Southern Thailand's Tourism Industry", *Gender, Place & Culture: A Journal of Feminist Geography*, Dec. 2008.
17. Nick Clarke, "Free Independent Travellers? British Working Holiday Makers in Australia", *Transactions of the Institute of British Geographers*, 2004, 29 (4).
18. Peter M. B., "Tourism Planning: A Third Way", *Annals of Tourism Research*, 2004.
19. Sally Ann Ness, *Where Asia Smiles: An Ethnography of Philippine Tourism, Philadelphia*, P. A.: University of Pennsylvania Press, 2003.
20. Samuel R., *Theatres of Memory*, London: Verso, 1994.
21. Schellengberg J., *Masters of Social Psychology*, Oxford University Press, 1978.
22. Wang N., "Rethinking Authenticity in Tourism Experience", *Annals of Tourism Research*, 1999, 26 (2).
23. [美] H. Robinson:《旅游业规划》,张克东译,《经济地理》1984 年第 3 期。
24. [英] John Urry:《游客凝视》,杨慧、赵玉中、王庆玲、刘永青译，广西师范大学出版社 2009 年版。

25. ［美］ L. 辛厄：《“原始赝品”、“旅游艺术”和真实性的观念》，章建刚译，《世界哲学》1995 年第 S1 期。

26. ［美］ Nelson Graburn：《人类学与旅游时代》，赵红梅等译，广西师范大学出版社 2009 年版。

27. ［英］ 阿诺德 · 汤因比：《历史研究》（上、下），郭小凌等译，上海人民出版社 2010 年版。

28. ［英］ 安东尼 · 吉登斯：《现代性的后果》，田禾译，译林出版社 2000 年版。

29. ［美］ 保罗 · 萨缪尔森：《经济学》，萧琛译，人民邮电出版社 2008 年版。

30. ［美］ 丹尼尔 · 贝尔：《后工业社会的来临——对社会预测的一项探索》，高铦、王宏周、魏章玲译，新华出版社 1997 年版。

31. ［美］ 丹尼逊 · 纳什：《旅游人类学》，宗晓莲译，云南大学出版社 2004 年版。

32. ［美］ 德勒巴克等：《新制度经济学前沿》，张宇燕等译，经济科学出版社 2003 年版。

33. ［英］ 格雷厄姆 · 默多克：《“后现代死了”》，章戈浩译，《社会科学报》2005 年 9 月 1 日第 7 版。

34. ［美］ 郝瑞：《人类学研究的种种困惑（一）》，张海洋译，《民族艺术》2004 第 1 期。

35. ［英］ E. 霍布斯鲍姆、T. 兰格：《传统的发明》，顾杭、庞冠群译，译林出版社 2004 年版。

36. ［奥］ 康罗 · 洛伦兹：《攻击与人性》，王守珍、吴月娇译，作家出版社 1987 年版。

37. ［美］ 理查德 · 弗罗里达：《创意经济》，方海萍、魏清江译，中国人民大学出版社 2006 年版。

38. ［美］ 利福德 · T. 曼拉夫：《视觉“驱动力”与电影叙事：在拉康、希区柯克和穆尔维作品中读解“凝视理论”》，潘源译，《世界电影》2009 年第 2 期。

39. ［美］罗纳德·伯特：《结构洞：竞争的社会结构》，任敏、李璐、林虹译，格致出版社、上海人民出版社 2008 年版。

40. ［德］马丁·海德格尔：《海德格尔选集》，孙周兴选编，生活·读书·新知三联书店 1996 年版。

41. ［德］马克思：《1844 年经济学哲学手稿》，人民出版社 1985 年版。

42. ［德］马克思：《路易·波拿巴的雾月十八日》，见《马克思恩格斯选集》第 1 卷，人民出版社 1972 年版。

43. ［美］马歇尔·萨林斯：《甜蜜的悲哀》，王铭铭、胡宗泽译，生活·读书·新知三联书店 2000 年版。

44. ［英］迈克·费瑟斯通：《消费文化与后现代主义》，刘精明译，译林出版社 2006 年版。

45. ［法］米歇尔·福柯：《临床医学的诞生》，刘北成译，译林出版社 2001 年版。

46. ［法］皮埃尔·布迪厄、［美］华康德：《实践与反思——反思社会学导引》，李猛、李康译，中央编译出版社 1998 年版。

47. ［英］齐格蒙特·鲍曼：《流动的现代性》，欧阳景根译，生活·读书·新知三联书店 2002 年版。

48. ［美］乔治·E. 马尔库斯、米开尔·M. J. 费希尔：《作为文化批评的人类学：一个人文学科的实验时代》，王铭铭、蓝达居译，生活·读书·新知三联书店 1998 年版。

49. ［法］让·鲍德里亚：《消费社会》，刘成富、全志钢译，南京大学出版社 2008 年版。

50. ［美］沙伦·特拉维克：《物理与人理——对高能物理学家社区的人类学考察》，刘珺珺、张大川等译，上海科技教育出版社 2006 年版。

51. ［英］特里·伊格尔顿：《后现代主义的幻想》，华明译，商务印书馆 2000 年版。

52. ［美］瓦伦·L. 史密斯：《东道主与游客——旅游人类学研究》，张晓萍等译，云南大学出版社 2002 年版。

53. ［美］亚历山大·温特：《国际政治的社会理论》，秦亚青译，上海人民出版社 2000 年版。
54. ［英］约翰·霍金斯：《创意经济：如何点石成金》，洪庆福、孙薇薇、刘茂玲译，生活·读书·新知三联书店 2006 年版。
55. ［美］詹姆斯·克利福德、乔治·E. 马库斯：《写文化——民族志的诗学与政治学》，高丙中等译，商务印书馆 2006 年版。
56. 安素霞：《社会资本与人力资本的协同互动效应分析》，《商业时代》2010 年第 3 期。
57. 白光润、李仙德：《后现代旅游探析》，《旅游科学》2007 年第 3 期。
58. 保继刚、孙九霞：《雨崩村社区旅游：社区参与方式及其增权意义》，《旅游论坛》2008 年第 4 期。
59. 毕天云：《布迪厄的“场域—惯习”论》，《学术探索》2004 年第 1 期。
60. 边燕杰、洪洵：《中国和新加坡的关系网和职业流动》，《国外社会学》1999 年第 4 期。
61. 曹晋、曹茂：《从民族宗教文化信仰到全球旅游文化符号——以香格里拉为例》，《思想战线》2005 年第 1 期。
62. 陈飙、杨桂华：《梅里雪山雨崩村旅游社区参与的组织形式与分配制度》，《思想战线》2008 年第 3 期。
63. 陈建珍、赖志娟：《熵理论及其应用》，《江西教育学院学报》2005 年第 6 期。
64. 程民治：《简论物理学中熵概念的泛化》，《现代物理知识》1997 年第 4 期。
65. 陈庆德：《经济人类学》，人民出版社 2001 年版。
66. 陈晓亮：《关于旅游规划中若干理论问题的讨论》，《甘肃农业》2006 年第 12 期。
67. 段松廷：《丽江启示录——从丽江现象到丽江模式》，《中国民族》2002 年第 1 期。
68. 范亚辉：《“花腰傣”文化与新平经济发展》，《云南社会科学》

2001 年第 2 期。
69. 费孝通:《乡土中国》, 上海人民出版社 2006 年版。
70. 费孝通:《费孝通九十新语》, 重庆出版社 2005 年版。
71. 冯学钢、于秋阳:《论旅游创意产业的发展前景与对策》,《旅游学刊》2006 年第 12 期。
72. 高丙中:《民族志发展的三个时代》,《广西民族学院学报》(哲学社会科学版) 2006 年第 3 期。
73. 高丙中:《人类学国外民族志与中国社会科学的发展》,《中山大学学报》(社会科学版) 2006 年第 2 期。
74. 高静、梁昭:《我国国际旅游服务贸易的竞争力分析——加入 WTO 后的比较分析》,《国际贸易》2006 年第 9 期。
75. 高炜:《社会公器与新闻媒介》,《内蒙古大学学报》(人文社会科学版) 2008 年第 1 期。
76. 高宣扬:《后现代论》, 中国人民大学出版社 2005 年版。
77. 龚德全:《后现代语境中的民族志生产: 一个困惑的追求》,《广西民族研究》2009 年第 3 期。
78. 郭来喜:《中西融通互鉴, 加快旅游规划体系建设》,《国外城市规划》2000 年第 3 期。
79. 管婧婧:《旅游规划虚拟团队初探》,《桂林旅游高等专科学校学报》2005 年第 2 期。
80. 光映炯:《旅游人类学再认识——兼论旅游人类学理论研究现状》,《思想战线》2002 年第 6 期。
81. 何传启:《第二次现代化理论与中国现代化》,《世界科技研究与发展》1999 年第 6 期。
82. 何光暐:《中国旅游业 50 年》, 中国旅游出版社 1999 年版。
83. 何世辉、陈琼、曾润民:《丽江成改革开放十八个典型地区之一》, http://www.yn.xinhuanet.com/nets/2008—10/09/content_14593484.htm, 2010 年 12 月 20 日。
84. 黄福东:《旅游、人类学与中国现实的有关理论浅述》,《广西民族研究》2005 年第 1 期。

85. 黄惠焜：《调整视角——让文化人类学积极介入云南旅游资源的开发》，《云南民族学院学报》（哲学社会科学版）1995 年第 3 期。
86. 黄沛天、胡利云：《对负熵、信息熵和熵原理等概念之厘清》，《现代物理知识》2004 年第 3 期。
87. 贾婷婷、蔡君：《国外旅游规划的发展历程及主要规划方法评述》，《河北林业科技》2010 年第 1 期。
88. 焦兵：《现实建构主义：国际政治的权力建构》，《世界经济与政治》2008 年第 4 期。
89. 劲松、张凌飞、高峰：《“骆马”谐音“落马”，“骆马湖”要改成“马上湖”?》，《扬子晚报》2010 年 5 月 23 日 A7 版。
90. 孔凡娟：《读图时代的到来——比较研究视野中的新解》，《宁波广播电视大学学报》2009 年第 4 期。
91. 李柏文：《旅游“废都”：现象与防治——基于云南国家级口岸打洛镇的实证研究》，《旅游学刊》2009 年第 1 期。
92. 李九全：《国外社区旅游规划的研究进展及其主要理念》，《经济地理》2008 年第 1 期。
93. 李立：《小说化：民族志书写的一种可能性》，《云南民族大学学报》（哲学社会科学版）2006 年第 5 期。
94. 李强：《理论与实践：旅游规划编制结构的比较研究》，硕士学位论文，西安建筑科技大学，2001 年。
95. 李天元：《旅游学概论》，南开大学出版社 2000 年版。
96. 李银兵：《云南新平花腰傣花街节研究》，博士学位论文，中央民族大学，2009 年。
97. 李肇荣、曹华盛：《旅游学概论》，清华大学出版社 2006 年版。
98. 李志飞：《甲方期待与乙方执著：旅游规划中的博弈》，《旅游学刊》2008 年第 7 期。
99. 厉无畏：《创意产业导论》，学林出版社 2006 年版。
100. 刘丹萍：《旅游凝视——中国本土研究》，南开大学出版社 2008 年版。

101. 刘锋：《新时期中国旅游规划创新》，《旅游学刊》2001 年第 5 期。
102. 刘锋：《中国旅游业发展回顾与前瞻》，《新经济导刊》2003 年第 13 期。
103. 刘昊：《学音乐舞蹈改授“艺术学士”》，《北京日报》2010 年 12 月 18 日第 6 版。
104. 刘晓明：《对旅游规划热的冷思考》，《特区经济》2005 年第 6 期。
105. 陆军、潘善环：《多维视野中的民族旅游开发》，《桂林旅游高等专科学校学报》2003 年第 5 期。
106. 陆相林：《基于管理学视角的旅游规划失灵分析及对策》，《特区经济》2007 年第 1 期。
107. 陆相林：《旅游规划失灵的经济学分析及其对策探讨》，《国土资源科技管理》2007 年第 1 期。
108. 栾栋：《人文精神与学科建设》，《华中师范大学学报》（人文社会科学版）1996 年第 6 期。
109. 栾栋：《三大学科群方法问题沉思录》，《华中师范大学学报》（人文社会科学版）2001 年第 4 期。
110. 罗明义：《中外合作编制旅游规划的实践与体会》，《旅游学刊》2001 年第 5 期。
111. 马翀炜、张帆：《想象的真实与真实的商品——经济人类学视野中的现代旅游》，《思想战线》2004 年第 4 期。
112. 马梅：《旅游规划委托合约问题研究》，《旅游学刊》2003 年第 1 期。
113. 纳日碧力戈：《人类学理论的新格局》，社会科学文献出版社 2001 年版。
114. 牛健鸿：《俞孔坚：为绿色奥运奉献“白话景观”》，http：//epaper. rmzxb. com. cn/ 2008/20080815/t20080815_ 205289. htm，2010 年 4 月 9 日。
115. 彭兆荣：《民族志“书写”：徘徊于科学与诗学间的叙事》，《世界民族》2008 年第 4 期。

116. 平红红：《领导行为、团队认同与团队公民行为的关系研究——基于对旅游规划团队的实证研究》，硕士学位论文，浙江大学，2007 年。

117. 饶佐、饶雨亭：《古州遗韵》，中国文联出版社 2009 年版。

118. 任雪萍、杨素群：《论当前可持续发展领域的南北矛盾》，《世界经济与政治论坛》2003 年第 5 期。

119. 师守祥：《国标〈旅游规划通则〉反思》，《地域研究与开发》2009 年第 1 期。

120. 师霞：《“四个现代化”是怎么提出来的?》，http：//cpc. people. com. cn/GB/ 64156/64157/4418435. html，2011 年 1 月 1 日。

121. 石美玉：《旅游规划失灵与利益主体分析》，《思想战线》2004 年第 2 期。

122. 寿志钢、苏晨汀、周晨：《商业圈子中的信任与机会主义行为》，《经济管理》2007 年第 11 期。

123. 孙九霞：《旅游人类学在中国》，《广西民族大学学报》（哲学社会科学版）2007 年第 6 期。

124. 孙九霞：《族群文化的移植：“旅游者凝视”视角下的解读》，《思想战线》2009 年第 4 期。

125. 孙晓燕：《解读“读图时代”》，《编辑学刊》2004 年第 3 期。

126. 唐代剑、池静：《旅游规划方法研究进展》，《北京第二外国语学院学报》2005 年第 3 期。

127. 田里、李柏文：《旅游后现象理论及其实证研究》，《思想战线》2009 年第 5 期。

128. 王德利：《对安徽旅游规划的思考》，《财贸研究》1998 年第 2 期。

129. 王俊玮、吴三军：《读图时代的意义解码能力探讨》，《新闻界》2007 年第 2 期。

130. 王宁：《旅游、现代性与“好恶交织”——旅游社会学的理论探索》，《社会学研究》1999 年第 6 期。

131. 王兴中：《中国现代旅游地理学研究的发展与展望》，《人文地理》1996 年第 S1 期。

132. 王伊洛、张金岭：《关于旅游的后现代话语》，《东岳论丛》2004 年第 3 期。

133. 王岳川：《后现代主义文化与美学》，北京大学出版社 1992 年版。

134. 魏美仙：《他者凝视中的艺术生成——沐村旅游展演艺术建构的人类学考察》，《广西民族大学学报》（哲学社会科学版）2009 年第 1 期。

135. 魏小安：《关于旅游规划工作的一些看法》，《旅游学刊》2001 年第 2 期。

136. 魏小安：《旅游规划：市场、规范与创新》，《中国旅游报》2001 年 11 月 9 日 C03 版。

137. 魏小安：《中国旅游规划发展的现状与趋势（一）》，http：//weixiaoan. blog. sohu. com/ 109067112. html，2011 年 2 月 28 日。

138. 吴必虎：《〈四川省旅游发展总体规划〉述评》，《城市规划》2001 年第 4 期。

139. 吴次芳、叶艳妹、罗罡辉：《中国土地利用规划面临的基本矛盾问题及发展策略选择》，载吴次芳、张蔚文、丁成日编《“中国城市理性增长与土地政策”国际学术研讨会论文集》，中国科学技术出版社 2006 年版。

140. 吴人韦：《旅游规划的发展历程与趋势》，《旅游科学》1999 年第 4 期。

141. 吴人韦：《旅游规划的基本功能》，《地理学与国土研究》2000 年第 2 期。

142. 吴人韦：《旅游规划理论的发展》，《城市规划汇刊》2000 年第 2 期。

143. 吴燕、张彩霞：《浅阅读的时代表征及文化阐释》，《南京大学学报》（哲学·人文科学·社会科学版）2008 年第 5 期。

144. 许春晓：《当代中国旅游规划思想演变研究》，博士学位论文，湖南师范大学，2004 年。
145. 许春晓：《中国旅游规划的市场研究历程（上）》，《旅游学刊》2003 年第 3 期。
146. 许春晓：《中国旅游规划的市场研究历程（下）》，《旅游学刊》2003 年第 4 期。
147. 许韶立：《我国旅游规划市场中的“怪现象”剖析》，《中州学刊》2006 年第 6 期。
148. 薛定谔：《生命是什么?》，上海人民出版社 1973 年版。
149. 杨鹏：《中国社会当前的主要矛盾是什么》，《中国青年报》2005 年 11 月 16 日《冰点》。
150. 杨振之、邹积艺：《旅游的“符号化”与符号化旅游——对旅游及旅游开发的符号学审视》，《旅游学刊》2006 年第 5 期。
151. 叶文、谢军：《旅游规划的价值取向》，《人文地理》2003 年第 6 期。
152. 于定明：《旅游规划法律问题探析》，《旅游学刊》2004 年第 4 期。
153. 章尚正：《旅游规划评审中的“潜规则”质疑》，《黄山学院学报》2007 年第 1 期。
154. 张伟、吴必虎：《利益主体（Stakeholder）理论在区域旅游规划中的应用——以四川省乐山市为例》，《旅游学刊》2002 年第 4 期。
155. 张文凌：《吉沙村民集体聘律师对阵开发商》，《中国青年报》2004 年 08 月 30 日。
156. 张晓萍：《纳尔逊·格雷本的“旅游人类学”》，《思想战线》2000 年第 1 期。
157. 张晓萍、李伟：《旅游人类学》，南开大学出版社 2008 年版。
158. 张引：《西方课堂气氛研究评述》，《外国教育研究》1989 年第 1 期。
159. 张瑛：《民族旅游的工具理性和价值理性与管理的作用——以云

南少数民族旅游开发为典型案例》,《广西民族研究》2006 年第 1 期。

160. 张载:《张载集》, 中华书局 1978 年版。

161. 赵红梅:《旅游人类学理论概谈》,《广西民族研究》2008 年第 1 期。

162. 赵佩华:《熵理论与可持续发展》,《现代哲学》1999 年第 4 期。

163. 宗晓莲:《西方旅游人类学两大研究流派浅析》,《思想战线》2001 年第 6 期。

164. 宗晓莲:《西方旅游人类学研究述评》,《民族研究》2001 年第 3 期。

165. 邹统钎、万志勇:《中国旅游规划思想的演变(上)——中国旅游规划 30 年回顾与反思》,《北京第二外国语学院学报》2009 年第 5 期。

166. 邹统钎、万志勇:《中国旅游规划思想的演变(下)——中国旅游规划 30 年回顾与反思》,《北京第二外国语学院学报》2009 年第 7 期。

167. 左晓斯:《现代性、后现代性与乡村旅游》,《广东社会科学》2005 年第 1 期。

后　　记

本书是我攻读博士学位的最终成果，在书稿即将付梓之际，回首一路走来的艰辛历程，心中充满了感慨。对于民族学和人类学，我算是“半路出家”。正因为如此，在攻读民族学博士学位的道路上，面对相对陌生的学术领域，自感压力重重，战战兢兢，如履薄冰。对我来说，人类学著作的创作过程是一段“神圣的”心路历程，是对日常生活状态的“出轨”和超越。为了进入一种良好的创作状态，我努力使自己保持在一种宗教般的“阈限”状态，时时魂牵梦绕。时至今日，追求这种神秘的、令人心醉的“阈限”状态已经成为我日常生活的一部分。

回首来时路，我的导师杨慧教授为我开启了旅游人类学研究的大门，为我指明了前进的方向，在我陷入迷惘、几乎丧失前进动力的时候不断鼓励我，使我能够坚持到今天。杨慧教授深厚的人文素养和人类学家的宽容心态是我一生学习的榜样。在这里，我要对我的导师杨慧教授致以最真挚的谢意。

在旅游规划研究的田野实践方面，我要特别感谢我的硕士生导师杨桂华教授以及我工作的领导叶文院长，他们为我提供了多样化的田野机会和宽松的工作环境，使我能够拥有足够丰富的田野素材完成本书稿的创作。

感谢杨福泉研究员、王清华研究员、王文光教授、叶文教授、木霁弘教授、邓永进教授、李伟教授、陈刚教授、张晓萍教授和赵红梅博士对书稿提出的中肯意见和建议。感谢所有接受我访谈的旅游研究专家和报道人，出于学术规范考虑，他们将永远“隐姓埋名”。

感谢中国社会科学出版社的工作人员为本书出版付出的巨大辛

劳，特别要感谢本书的责任编辑任明老师。任明老师对书稿进行了十分认真细致的编辑校对，其专业的工作态度和工作水平让我受益匪浅。

我还要特别感谢我的家人和好友，亲情和友情的温暖永远是我前行的不竭动力，生命中有了他们的陪伴和鼓励，让我能够拥有一颗感恩和宽容的心。

历经风雨，面对未来，我将会继续前行，并且坚信：即使慢，驰而不息，人生终将辉煌。

成　海

2014 年 8 月于昆明